BASTEI
LÜBBE
TASCHENBUCH

Jackie Hance und Janice Kaplan

Ihr werdet immer bei mir sein

Wie ich den Tod meiner Kinder überlebte

Aus dem Amerikanischen von Veronika Dünninger

BASTEI LÜBBE TASCHENBUCH

BASTEI LÜBBE TASCHENBUCH
Band 60809

Dieser Titel ist auch als E-Book erschienen.

Originalausgabe

Vollständige Taschenbuchausgabe

Deutsche Erstausgabe

Textredaktion: Lisa Bitzer, Landau
Umschlaggestaltung: Christin Wilhelm, www.grafic4u.de
Titelmotiv: © Masterfile/Royalty-Free und © Jackie Hance
Fotos im Innenteil: Jackie Hance
Satz: hanseatenSatz-bremen, Bremen
Gesetzt aus der Adobe Garamond Pro
Druck und Verarbeitung: CPI books GmbH, Leck – Germany
Printed in Germany
ISBN 978-3-404- 60809-6

2 4 5 3 1

Für die Gemeinschaft
liebevoller Freunde und Familienangehöriger,
die uns geholfen haben,
das Licht im Dunkeln zu finden.

PROLOG

26. Juli 2009

Warren fährt wie ein Besessener zum Polizeirevier in Tarrytown, New York, das Lenkrad seines Acura fest umklammernd. Seine drei kleinen blonden Töchter sollten in diesem Augenblick auf dem Weg nach Hause sein, in einem roten Windstar, den seine Schwester Diane fährt, aber irgendetwas ist passiert. Er ist zu der Stelle an der Straße gefahren, wo er mit seiner Schwester vereinbart hat, dass sie warten solle, aber niemand ist gekommen. Keine Spur, weder von Diane, ihren beiden Kindern noch von seinen drei Mädchen.

Autos lösen sich nicht in Luft auf. Kinder werden nicht vom Erdboden verschluckt.

Das Polizeirevier taucht vor ihm auf. Warren stürzt hinein, gefolgt von seinem Vater, der ihn begleitet. Warren platzt mit seiner Geschichte heraus, aber die Polizisten stoppen seinen Redeschwall. »Jemand hat uns schon informiert«, sagt einer zu ihm. »Vermutlich Ihre Frau.«

Die Beamten erklären, dass sie eine Suche im Umkreis von fünfundzwanzig Meilen durchgeführt hätten, jedoch jede Spur von dem vermissten Wagen fehle. Später wird sich Warren fragen, wie sie das Wrack übersehen konnten.

Kinder werden nicht einfach so vom Erdboden verschluckt.

Nach dem letzten Telefongespräch mit seiner Schwester, als sie sich so krank anhörte, ist Diane nicht mehr ans Handy gegangen. Jetzt schlägt Warren der Polizei vor, es zu orten. Handys haben

GPS, und ein Signal zu senden, klappt in Filmen immer. Wenn sie das Handy ausfindig machen können, vielleicht können sie Diane dann finden. Im Hintergrund hört Warren, wie einer der Polizisten einen Notruf von Brad entgegennimmt, einem guten Freund der Familie, der ebenfalls angerufen hat, um die Situation zu melden. Vermisster Wagen. Vermisste Kinder. Riesige Sorgen.

Die Polizei, etwas weniger besorgt als Warren und Brad, fordert ihn sanft dazu auf zu gehen. »Etwa eine Meile die Straße hinunter gibt es ein Diner«, sagt einer der Cops. »Wenn Ihrer Schwester unterwegs schlecht geworden ist, ist sie vielleicht dorthin gefahren, um eine Pause einzulegen.«

Warren und sein Vater fahren zum Diner, aber der Windstar ist nicht auf dem Parkplatz. Während sie ein paar Minuten ziellos umherkurven, macht sich ein Gefühl von Nutzlosigkeit in ihnen breit, und Warren fährt zurück zum Polizeirevier. Als sie vorfahren, kommt ein Polizist herausgelaufen und öffnet die Tür des Streifenwagens.

»Steigen Sie ein«, ruft er Warren zu. »Ich muss Sie zum Krankenhaus fahren.«

Warren spürt, wie das Blut aus seinem Kopf weicht. »Es ist etwas Schlimmes passiert«, sagt er in einer düsteren Vorahnung zu seinem Vater.

Sie erreichen das Krankenhaus, und Warren stürzt hinein, brüllt nach seinen Mädchen – seinen Töchtern, seinem Leben. Niemand hat ihm irgendetwas gesagt.

»WO SIND MEINE KINDER?«, schreit er seine Angst hinaus.

Der dort wartende Polizist führt ihn in einen Nebenraum und erzählt Warren, was passiert ist.

Warren schlägt mit der Faust gegen die Wand. Und wieder. Und wieder. Er würde ein Loch ins Universum schlagen, wenn er könnte, die Zeit anhalten, die Uhr zurückdrehen. Der Polizist beginnt zu schluchzen, völlig verzweifelt. Er zeigt Warren ein Bild seines eigenen Babys, und Warren klopft ihm auf den Rücken, während der Polizist vor Mitgefühl und Angst und Frustration in Tränen ausbricht.

Eine seltsame Ruhe legt sich über Warren. Er will mit irgendjemandem über Organspende reden, will sehen, wie er helfen kann, selbst wenn gerade sein eigenes Leben zusammenbricht. Aber überall herrscht Verwirrung, und die Polizisten sind weg.

Er bittet um einen Raum mit einem Telefon, in dem er allein sein kann. Als Erstes ruft er zu Hause an.

Sein Vater schleppt anstelle eines Mobiltelefons einen Zettel in seiner Brieftasche herum mit den Telefonnummern aller Tanten und Onkel, Cousins und Cousinen. Er reicht ihn Warren, der jeden Einzelnen anruft. Er will derjenige sein, der es ihnen sagt.

Etwa eine Stunde später kommen drei seiner engsten Freunde zum Krankenhaus. Brad und Rob flankieren Warren und führen ihn nach draußen, wo ihr Freund Doug in einem Wagen wartet, um ihn schnellstens heimzubringen. Während sein Vater zurückbleibt, um bei Dianes Ehemann zu sein, kommt Warrens Clique bereits zusammen, um ihn zu beschützen.

Einhundert Meter weiter treffen die ersten Reporter beim Krankenhaus ein, mit Mikrofonen und Kameras ausgestattet. Es ist eine Riesenstory. Irgendjemand muss etwas zu sagen haben. Aber niemand bemerkt den trauernden Vater, während er das Krankenhaus verlässt.

ERSTER TEIL

2009

1

Ein Sommer sollte erholsam sein – warum ist dieser dann so hektisch?, dachte ich, während ich damit begann, Emmas, Alysons und Katies Sachen für einen Wochenendausflug mit ihrer Tante Diane, ihrem Onkel Danny und deren beiden Kindern zu packen.

Die Mädchen hatten mehr Aktivitäten als je zuvor, und ich schien den ganzen Tag damit zu verbringen, sie irgendwohin zu fahren. Der Campingausflug an diesem Wochenende würde für alle eine friedliche Pause sein, auch wenn mir die Vorstellung nicht behagte, dass Emma, Alyson und Katie – acht, sieben und fünf Jahre alt – ohne mich wegfuhren. Wir waren fast nie getrennt. Aber sie freuten sich darauf, mit ihrer Tante und ihrem Onkel zu dem Campingplatz oben im Norden zu fahren, und ich würde zwei ganze Tage haben, an denen ich niemanden irgendwohin kutschieren musste.

Ich nahm die Seesäcke der Mädchen aus dem Schrank und reihte sie auf dem Bett nebeneinander auf. Auf dem rosafarbenen Seesack stand in blauer Schrift *Emma.* Auf dem blauen stand in Rosa *Alyson.* Und auf dem kleinsten, violetten Sack stand in Pink *Katie.* Einfach niedlich. Genau wie meine Mädchen. Jeder Sack war ein Unikat, und zusammen bildeten die drei eine entzückende Harmonie.

Ich nahm Shorts, T-Shirts und Badeanzüge aus den Kommodenschubladen und stapelte sie auf den Betten, damit die Mädchen ihre Auswahl selbst treffen konnten. Obwohl sie noch klein waren, hatte jede meiner Töchter bereits ein Gefühl für Stil entwickelt und klare Vorstellungen davon, was sie tragen wollte, daher wollte ich nicht einfach für sie entscheiden.

Ein paar Minuten später stürmten meine Töchter plappernd und kichernd ins Zimmer und begannen zu packen. Die Geräusche dreier kleiner Mädchen erzeugen eine ganz besondere Art von Musik, und die Wände unseres Hauses hallten ständig wider von dem süßen Gelächter der Mädchen und dem Gekreische fröhlicher Stimmen. Ich freute mich nicht auf die Stille, die sich über mich legen würde, wenn sie weggefahren waren.

»Wir brauchen Badeanzüge«, sagte Emma. »Vergiss nicht die Badeanzüge, Mommy!«

»Sie liegen auf dem Bett«, sagte ich und zeigte darauf. Emma und Alyson waren bereits gute Schwimmerinnen, und Katie hatte es in diesem Sommer im Ferienlager gelernt. Ich selbst ging selten ins Meer oder in einen Swimmingpool, aber ich war froh, dass meine Töchter mehr Mut besaßen. Im Wasser musste ich mir um sie keine Sorgen machen.

»Du wirst allmählich eine richtig gute Schwimmerin«, sagte ich zu Katie. »Du wirst so viel Spaß an dem See haben.«

»Würdest du mit uns schwimmen gehen, wenn du mitkommen würdest?«, fragte Katie.

»Ich mag eigentlich keine Seen«, gab ich zu. »Sie sind so eklig auf dem Grund.«

»Oh, Mommy, du bist so dumm«, kicherte Alyson.

»Wir werden Badeschuhe anziehen, dann wird sich der See nicht eklig anfühlen«, sagte Emma pragmatisch.

Alyson wandte sich mit ihrem strahlenden Lächeln zu mir um. »Meinst du, der Krebs hätte dich nicht erwischt, wenn du Badeschuhe angehabt hättest?«

Ich lachte. Die Geschichte, wie Mommy von einem Krebs in den großen Zeh gebissen wurde, war Teil der Familienlegende. Als ich in Alysons Alter war und in New Jersey lebte, ging ich eines Tages in der Nähe des Hauses, in dem ich aufwuchs, ins Meer. Auf einmal spürte ich einen stechenden Schmerz an meinen Zehen und rannte schreiend aus dem Wasser. Als ich den Strand erreichte, sah ich, dass die Nägel an meinen beiden großen Zehen nur noch halb vorhanden waren. Ich kam zu dem Schluss, dass ein Krebs sie mir angeknabbert hatte. Und sie wuchsen nie wieder richtig nach.

Meine Angst vor Wasser war also nicht ganz unbegründet.

Jetzt sah mich Emma skeptisch an, während ich die Geschichte wieder einmal erzählte. Sie war alt genug – und hinreichend klug –, um viele Fragen zu stellen. »Wie konnte denn ein einziger Krebs deine beiden Zehennägel abknipsen?«

»Ich weiß nicht, aber so war es«, sagte ich.

»Mommy, in Seen gibt es keine Krebse. Das heißt, dir würde nichts passieren«, versprach Alyson.

Wir begannen, die Seesäcke mit allen Kleidungsstücken zu füllen, die drei kleine Mädchen in zwei Tagen tragen konnten. Ich sah mich im Zimmer um und vergewisserte mich, dass sie nichts Wichtiges vergessen hatten.

»Nimm deinen Bären mit«, sagte ich zu Katie, deren Lieblingsstofftier der selbst gemachte Teddy war, den wir im örtlichen Einkaufszentrum zusammengebastelt hatten. »Und nehmt alle eure Tagebücher mit, damit ihr über das Wochenende schreiben könnt.« Ich hoffte, dass sie mir jedes Detail erzählen konnten, wenn sie zurückkamen.

Während die Mädchen die letzten Dinge in ihre Campingsäcke stopften, eilte ich in die Küche hinunter, um Essenspakete für sie zu packen. Ich hatte Marshmallows gekauft, die sie sich über einem Lagerfeuer grillen könnten, was mir für ein Campingwochenende unerlässlich erschien. Außerdem Honey Nut Cheerios, ihr Lieblingsmüsli, und Erdnussbutter für Emma, die nichts lieber mochte als die fettarme feine Skippy-Erdnussbutter. Es war unmöglich, sie mit einer anderen Marke (oder gar Vollfett) auszutricksen, da sie den Unterschied sofort herausschmeckte. Da ich nicht wusste, was für eine Erdnussbutter meine Schwägerin Diane einpacken würde, entschied ich, lieber auf Nummer sicher zu gehen.

Auf einmal hatte ich ein flaues Gefühl im Magen. Nennen Sie mich sentimental, aber ich würde meine Mädchen übers Wochenende schrecklich vermissen. Natürlich, ich hoffte, sie würden Spaß haben, aber ich konnte es schon jetzt kaum erwarten, dass sie wiederkamen, damit wir unseren hektischen Sommer fortsetzen konnten.

Da die Mädchen wegfuhren, hätte ich mich eigentlich auf ein Wochenende allein mit meinem Mann freuen sollen. Aber meine Töchter waren der einzige Vollzeitjob, in dem ich derzeit arbeitete, und unsere gemeinsame Freude. Die Wochenenden waren im Allgemeinen den Sportveranstaltungen, Theaterproben und Partys der Mädchen gewidmet. Wir unternahmen fast alles zusammen, und die Mädchen füllten jede Minute von uns aus. Die Aussicht auf zwei Tage mit meinem Ehemann ohne die Kinder war für mich nicht aufregend, sondern beunruhigend.

Sie kommen am Sonntag wieder, rief ich mir in Erinnerung. Hör auf, dir Sorgen zu machen.

Warrens Schwester, Diane Schuler, hatte den Ausflug organisiert. Sie plante, mit unseren Töchtern und ihren beiden Kindern, Bryan und Erin, zu einem Campingplatz zu fahren. Ihr Mann, Danny, würde vorausfahren, um alles für ihre Ankunft vorzubereiten. Er und Diane hatten sich ein paar Jahre zuvor ein Wohnmobil gekauft, und im Sommer fuhren sie damit gern zu dem Campingplatz am Hunter Lake in den Catskill Mountains, den sie als Ausgangspunkt für zahlreiche Unternehmungen als ideal erachteten.

Die Mädchen hatten im Jahr zuvor mit Diane und Danny bereits einen ähnlichen Campingausflug unternommen und betrachteten das Wochenende als perfektes Sommervergnügen.

»Soll Mommy nächstes Mal mitkommen?«, hatte ich sie gefragt, als sie von ihrem letzten Ausflug nach Hause gekommen waren.

»Nein«, war Emmas und Alysons entschiedene Antwort. »Das ist unser besonderer Ausflug.«

Nur Katie war zögerlich gewesen. »Gehst du mit Daddy und uns einmal campen?«

»Ich glaube nicht. Dafür habt ihr Tanten und Onkel – um die Dinge zu tun, die eure Eltern nicht mögen.«

Der Onkel der Mädchen, Danny, ging gern jagen, angeln und wandern. Da Warren eher ein Football- und Baseballtyp ist, hatte er nichts dagegen, dass Danny für ein Outdoor-Wochenende mit den Mädchen zuständig war. Warren hatte als Kind mit seiner Familie zur Genüge Campingurlaub gemacht, da es damals das Einzige war, was seine Familie sich leisten konnte. »Der Grund, weshalb ich arbeite, ist, damit ich nie wieder campen gehen muss«, witzelte er manchmal.

Angesichts meiner eigenen Abneigung gegen Käfer und Schwimmen in der freien Natur unterstützte ich diese Einstellung von ganzem Herzen. Aber wir wollten, dass die Mädchen jede mögliche Erfahrung machen konnten, und wenn Diane und Danny sie mit der freien Natur vertraut machen wollten, waren wir voll und ganz dafür. Unsere Töchter hatten die ganze Woche aufgeregt davon geredet, wie sie angeln, schwimmen und rudern gehen würden, daher freute ich mich für sie, insgeheim erleichtert, dass ich selbst nicht teilnehmen musste.

Der Campingausflug würde jedoch auch eine der seltenen Zeiten sein, in denen die Mädchen und ich getrennt waren. Wir hatten immer Spaß zusammen, und egal, ob wir das Abendessen kochten oder Cupcakes backten, durch den Supermarkt stürmten oder neue Kleider kauften, sie hingen immer an meinem Rockzipfel und waren meine ständigen Begleiter. Ich würde sie vermissen, aber sie würden mit Erwachsenen zusammen sein, die sie liebten, an einem Ort, an dem sie schon einmal gewesen waren. Was konnte schon passieren?

Die Vorstellung, dass meine drei Mädchen zwei Tage auf einem Campingplatz verbringen würden, bereitete mir dieselben banalen Sorgen, die sich jede Mom machen würde. Brauchten die Mädchen extrastarkes Mückenspray? Würden sie an einem fremden Ort schlafen können? Wie würden sie mit schleimigem Zeugs auf dem Grund des Sees klarkommen? (Offensichtlich nur meine Sorge, nicht ihre.) Ich rief mir in Erinnerung, dass ein Ausflug in die Catskill Mountains mit fürsorglichen Familienangehörigen nun wirklich keine Trekkingtour in die Wildnis war.

Es hatte nur einen einzigen Haken gegeben, nämlich als Diane am Abend zuvor angerufen hatte, um zu sagen, dass ihr und Warrens Vater nicht mitkommen werde. Mr. Hance, wie wir Erwachsenen ihn bis heute nennen, war bei dem Ausflug im letzten Jahr dabei gewesen, als Emma, Alyson und Katie sich zum ersten Mal mit ihrer Tante, ihrem Onkel und deren Kindern an den Hunter Lake wagten. Fünf Heranwachsende, egal, wie gut erzogen, können in viele Richtungen davonspringen, und ich fühlte mich damals wohler, wenn drei Erwachsene zur Beaufsichtigung dabei waren.

»Ich werde jemand anders bitten, mitzukommen«, hatte Diane am Abend vor dem Ausflug gesagt und mehrere entferntere Familienangehörige aufgezählt, die sie fragen könnte. Kurz darauf, nachdem die Mädchen eingeschlafen waren, rief sie noch einmal an, um mir zu sagen, dass alle, die sie kontaktiert hatte, zu tun hätten. Sie werde die Kinder selbst hinfahren.

Ich verspürte ein irrationales ängstliches Unbehagen.

»Diane hat keinen anderen Erwachsenen im Wagen«, sagte ich zu Warren, nachdem ich aufgelegt hatte. »Vielleicht sollten die Mädchen besser nicht mitfahren.«

»Warum denn nicht? Du fährst ständig fünf Kinder«, erwiderte er.

Er hatte recht. Fahrgemeinschaften waren ein fester Bestandteil des Lebens in unserer kleinen Stadt, und Dianes Kinder oder die Freundinnen der Mädchen zwängten sich oft alle zusammen in unseren Minivan. Ich fuhr oft eine ganze Schar Kinder zum Fußballtraining, zum Turnunterricht oder zu einer Geburtstagsparty, ohne lange zu überlegen. Eine Fahrt in den Norden erschien mir irgendwie anders, aber Warren rief mir in Erinnerung, dass der Campingplatz nicht so weit entfernt war, vielleicht eine Stunde mit dem Auto. Ich sollte mich entspannen. Alles würde gut gehen. Auf Diane könne man sich verlassen.

Während die Mädchen am Freitag darauf warteten, zu ihrem Ausflug aufzubrechen, machten sie im Vorgarten Turnübungen. Emma und Alyson schlugen anmutig Rad, und Katie versuchte es mit ein paar Purzelbäumen. Beim Anblick meiner drei Töchter, die fröhlich zusammen spielten, wurde mir warm ums Herz. Meine Mädchen waren mehr als nur Geschwister, sie waren beste Freundinnen.

Diane schien fröhlich und bereit für das Wochenende, als sie mit ein paar Minuten Verspätung mit ihren beiden Kindern im Schlepptau vor unserem Haus vorfuhr. Da mein Wagen eine dritte Sitzreihe hatte, verfrachteten wir die Kinderschar und die Ausrüstung von ihrem Jeep in meinen roten Ford Windstar. Katie benötigte einen Kindersitz, den wir sicher befestigten. Stets gut organisiert, hatte Diane an jedem Platz Saftpäckchen bereitgestellt und in jeder der beiden Sitzreihen einen DVD-Player mit kleinem Monitor stehen, um die Kinder bei Laune zu halten.

»Jeder geht noch mal aufs Klo«, rief Diane munter. »Wir halten erst wieder an, wenn wir da sind!«

Emma nahm den Platz neben ihrer zweijährigen Cousine Erin ein. Hochgewachsen und schlank, schien und benahm sich Emma älter, als ihre acht Jahre vermuten ließen, und dank ihres aufgeschlossenen, reifen Wesens war sie die ideale Babysitterin im Auto. Sie war begabt in Sport und in der Schule und hatte etwas von meinem Perfektionismus geerbt. Sie strich sich das Haar morgens gern zu einem akkuraten Pferdeschwanz glatt (»Keine Knubbel!«, beharrte sie immer), und ihre Kleider wurden jeden Morgen sorgfältig ausgewählt. Sie zeigte schauspielerisches Talent, und seit sie im Schultheaterstück in diesem Jahr die Rolle der Cinder-Elly spielen durfte, wurde ich das Gefühl nicht los, dass sie vielleicht ihren späteren Beruf gefunden hatte.

Im Wagen sorgte Emma dafür, dass ihre Schwestern ihre eigenen iPods hatten, damit es keinen Streit darüber geben würde, welche Musik gehört wurde.

»Hat jeder sein Kissen?«, fragte sie, während sie sich umsah. Sie war wie immer die gute große Schwester und ältere Cousine, die sicherstellte, dass es alle auf der Fahrt bequem hatten.

Die siebenjährige Alyson schnallte sich mit ihrer üblichen vergnügten Art an. Unbeschwert und fröhlich war sie mit einem Lächeln auf die Welt gekommen, das nie zu verblassen schien. Ihre

Lehrerin in der ersten Klasse sagte einmal zu mir, dass Alyson das freundlichste Mädchen weit und breit sei – und das beliebteste. Selbst die Jungen wollten mit ihr befreundet sein, da sie schnell und sicher laufen, springen und am Klettergerüst hochklettern konnte wie kaum eine andere. Alyson konnte jeden – einschließlich ihrer Mutter – mit ihrem freundlichen Lächeln und ihrer großzügigen Wesensart aufheitern. Sie strahlte fast immer in die Welt hinaus, und heute war es nicht anders.

Als das Nesthäkchen in der Familie wurde die fünfjährige Katie manchmal etwas anhänglich, aber dieser Wochenendausflug verunsicherte sie kein bisschen. Nach einer großen Umarmung – sie war eine Expertin für Umarmungen – stieg sie in den Wagen, bereit für das lang ersehnte Abenteuer. Katie sprudelte über vor Liebe, bot freimütig Küsse an und bat oft um welche. Ihre großen Schwestern sagten immer, ich würde sie verhätscheln, aber welches dritte Kind wird nicht ein klein wenig anders behandelt? Da sich Emma und Alyson altersmäßig so nahe standen, hatten sie immer einander. Und während die großen Schwestern zur Schule gingen, blieben sie und ich zu Hause und verbrachten den Tag miteinander.

Warren fuhr in dem Moment vor unserem Haus vor, als Diane eben losfahren wollte. In der Annahme, dass sie nicht mehr da sein würden, wenn er nach Hause kam, hatte er sich bereits von ihnen verabschiedet. Doch durch Dianes Verspätung bekam er eine weitere Gelegenheit.

»Jetzt darf ich mich noch einmal von meinen Mädchen verabschieden«, rief er und lief zu meinem Wagen, um jede von ihnen zu umarmen und zu küssen und sich zu vergewissern, dass alle sicher angeschnallt waren. Wir winkten beide, als sie losfuhren.

Während ich zusah, wie der Wagen die Straße hinunter verschwand, verdrückte ich ein paar Tränen.

»Was ist los?«, fragte Warren.

Ich schüttelte den Kopf, außer Stande, es zu erklären. Ich wollte bei ihnen sein.

Ich ging zurück ins Haus und lenkte mich mit Aufräumen und Putzen ab. Nach nur wenigen Minuten, so schien es, rief Diane an, um zu sagen, dass sie den Campingplatz wohlbehalten erreicht hatten.

»Ihr seid schon da?«, fragte ich erfreut.

»Ich habe doch gesagt, es ist nicht weit.«

Wir plauderten ein bisschen, und ich verspürte eine Welle der Erleichterung darüber, dass das Wochenende reibungslos begonnen hatte. Als wir wussten, dass alles in Ordnung war, beschlossen Warren und ich, uns einen schönen Abend zu machen, und fuhren zu unseren engen Freunden Brad und Melissa Katinas, die in ihrem Garten eine Hummerparty gaben. Wir tanzten unter den Sternen, während sich unsere Freunde köstlich über Warrens Kleidung amüsierten. Aus irgendeinem Grund hatte er entschieden, mich an diesem Abend mit rosa karierten Shorts, einem weißen Gürtel und einem rosafarbenen Button-down-Hemd zu überraschen. Weiße Halbschuhe rundeten sein Outfit ab. Da er wusste, dass ich traurig sein würde, wenn die Mädchen nicht zu Hause waren, hatte er sich allem Anschein nach vorgenommen, mich zum Lachen zu bringen. Es klappte.

An diesem Abend ereignete sich nichts Außergewöhnliches – wir verbrachten einfach eine schöne Zeit mit Freunden. Wenn ich heute manchmal auf diese Party zurückblicke, frage ich mich, ob wir je wieder einen solchen Abend erleben werden. Genau diese Normalität ist das, was ich mir nicht mehr vorstellen kann. Die Schlichtheit eines glücklichen Abends, ungetrübt von Verlust, Leere und Schmerz.

Am Samstagmorgen stand Warren früh auf, während ich noch liegen blieb und mir den Kopf zerbrach. Obwohl ich wusste, wie glücklich ich mich schätzen konnte – meine Mädchen waren zufrieden und wurden geliebt –, wollte ich noch mehr für sie. Wie so viele Mütter überlegte ich ständig, was sie glücklich machen würde. Auch wenn sich mein Leben im Grunde um Ferienlager und Fahrgemeinschaften drehte, genoss ich all die Aufgaben der Mutterschaft. Aber meine Gedanken hörten nie auf, um »Was als Nächstes?« und »Mach ich das richtig?« zu kreisen. Da die Mädchen an diesem Wochenende nicht zu Hause waren und meine Kochkünste oder Ratschläge nicht benötigten, kreisten sie statt um all die kleinen Alltagsprobleme um ihre Zukunft.

Wir lebten in Floral Park auf Long Island, in dem Haus, in dem Warren aufgewachsen war und das von seinem Urgroßvater errichtet worden war. Warren mochte das Gefühl tief verwurzelter Tradition in den eigenen vier Wänden, aber Emma und Alyson teilten sich ein Zimmer, und Katies Zimmer war kaum größer als ein Wandschrank. War es nicht an der Zeit für einen Umzug? Brauchten sie nicht ihre eigenen Zimmer? Und dann kam die Frage nach den Schulen. Mehrere unserer Freunde waren bereits in eine nahe gelegene Stadt gezogen, in der es eine Middle School gab, eine weiterführende Einrichtung für die Zeit nach der Grundschule, die Floral Park nicht hatte. Katie ging noch in den Kindergarten, aber sollten wir nicht langfristiger planen?

Das Telefon klingelte ein paar Mal, aber ich nahm nicht ab. Meine Freundin Jeannine Votruba schrieb mir eine SMS, um zu hören, wie es Warren und mir ergehe, so ganz auf uns allein gestellt. Wir hatten uns vor Jahren im Mütterklub in der Stadt kennengelernt. Mit ihrer geballten Energie und ihrem entschlossenen Auftreten könnte Jeannine vermutlich jedes Unternehmen in Amerika leiten. Aber im Augenblick widmete sie ihre Managerqualitäten hauptsächlich ihren vier kleinen Kindern und ihren vielen Freundinnen, zu denen auch ich gehörte. Ihre Töchter Sydney und Nina standen Emma und Alyson so nah wie Schwestern.

Wir amüsieren uns prächtig, schrieb ich rasch zurück.

Sollte sie sich ruhig jede Menge Spaß, tollen Sex und romantische zweite Flitterwochen vorstellen. Wenn ich ihr gegenüber zugab, dass ich ohne die Mädchen in meiner Nähe Trübsal blies, würde sie prompt rüberkommen und mir sagen, ich solle mich wieder einkriegen. Und sie hätte recht. Ich wusste, dass ich versuchen sollte, diese ungestörte Zeit mit Warren zu genießen.

Du hast ein wundervolles Leben mit drei schönen Kindern, sagte ich mir. Genieß es einfach.

Ich wusste, dass ich gesegnet war. Meine Mädchen waren von Glanz umgeben und schienen vor Freude zu strahlen. Obwohl sie noch jung waren, hatten sie große Herzen und genügend Selbstbewusstsein, um den Benachteiligten zu helfen. Emmas Lehrerin in der dritten Klasse hatte uns einmal erzählt, wie unglaublich freundlich meine Tochter zu einem autistischen Jungen in ihrer Klasse sei. Er reagiere auf Emma besser als auf alle anderen – vermutlich, da sie sich immer die Zeit nahm, mit ihm zu reden und ihm besondere Aufmerksamkeit zu schenken. Ich war stolz darauf. Meine Töchter zu lieben und Spaß mit ihnen zu haben war wirklich ein Kinderspiel.

Ein paar Tage zuvor hatte mich eine Frau, die ich nicht kannte, in dem Strandklub angesprochen, in den die Mädchen zum Tages-Ferienlager gingen. »Sind Sie Alyson Hance' Mutter?«, wollte sie wissen.

»Die bin ich.«

»Es freut mich, Sie kennenzulernen.« Sie streckte mir die Hand entgegen. »Sie haben ein solch glückliches Kind. Ich habe mir schon ein paar Mal gedacht, dass Sie ein wirklich wundervoller Mensch sein müssen.«

Diese Worte kamen mir in den Sinn, während ich an jenem Samstagmorgen im Bett lag. Ich lächelte in mein Kissen. Ja, ich hatte glückliche Kinder. Und was könnte wichtiger sein als das? Alle bewunderten Alysons Leichtigkeit. Ihr Lächeln umarmte die ganze Welt. Um sie musste ich mir keine Sorgen machen. Und Katie, obwohl sie erst fünf war, erwartete stets, dass die Welt gut zu ihr war. Bis jetzt war sie nicht enttäuscht worden. Emma war das Energiebündel der Familie – sie war unglaublich unternehmungslustig. Ihre Tage begannen in diesem Sommer um acht Uhr mit einem Ergänzungsprogramm in der Schule, und dann, um halb zehn, fuhr ich meine Töchter zum Ferienlager, wo sie einen ganzen Tag lang schwimmen, Sport treiben und am Strand spielen konnten.

Jeden Tag um vier Uhr, wenn das Ferienlager zu Ende war, fuhren die anderen Mädchen in einer Fahrgemeinschaft nach Hause, und Emma sprang in meinen Wagen, verschlang rasch einen Snack und zog sich um, während ich sie zum Fußballtraining fuhr. Zwei Stunden später rasten wir in eine andere Stadt (wobei sie sich noch einmal umziehen musste), damit sie für ein Stück mit einer Kirchen-Theatergruppe proben konnte. Emma war eines der jüngsten Mitglieder der Schauspieltruppe, und da die Erwachsenen jeden Abend erst nach der Arbeit zur Bühne kommen konnten, dauerten die Proben bis zehn Uhr. Die Inszenierung von *Die Schöne und das Biest* würde bestimmt wundervoll werden, aber war es das alles wirklich wert?

»Ich bin so müde«, stöhnte Emma eines Morgens, als ich sie um sieben Uhr aus dem Bett holte.

Oh-oh. Worauf hatten wir uns da eingelassen? Ich wollte nicht, dass sie sich Stress und Druck ausgesetzt fühlte.

»Du unternimmst sehr viel.« Zärtlich strich ich ihr über den Kopf. »Vielleicht solltest du etwas kürzer treten. Sollen wir mit dem Ergänzungsprogramm aufhören?«

»Nein!« Sie richtete sich kerzengerade auf. »Dafür wurde ich eigens ausgewählt.«

»Dann mit dem Fußball?«

»Nicht Fußball«, sagte sie. »Ich habe mich für das Team beworben, und ich habe es geschafft. Ich kann damit nicht aufhören.«

»Aber das Ferienlager? Du musst nicht ins Ferienlager.«

»Neeeein! Ich liebe das Ferienlager.«

Na ja, das war's dann auch schon gewesen. Ich hatte sie gar nicht erst nach dem Theater fragen müssen. Keiner von uns wollte, dass sie das Stück aufgab. Emma war wie verwandelt, sobald sie die Bühne betrat. Ich liebte es, ihr dabei zuzusehen, und konnte mir gut vorstellen, dass sie eines Tages eine begabte Schauspielerin sein würde.

Warren, der an strikte Schlafenszeiten glaubte, war nicht einverstanden damit, dass die Tage und Abende immer länger wurden. Die Mädchen brauchten ihren Schlaf. Oder vielleicht versuchte Warren auch nur zu verhindern, dass seine kleinen Mädchen zu schnell erwachsen wurden. Emma war erst acht – wie viel würde sie um die Ohren haben, wenn sie fünfzehn war?

»Aber Daddy, ich will in dem Theaterstück mitspielen«, sagte Emma, als sie uns eines Abends darüber diskutieren hörte. »Ich weiß, es ist spät, aber ich werde jetzt gleich schlafen gehen. Ich werde nicht jammern.«

Zu viel? Zu wenig? Genau richtig? War Emmas Terminkalender zu voll, oder bekam sie genau die Anregung, die sie brauchte?

Bei dem Gedanken an die Mädchen wollte ich auf einmal ihre Stimmen hören. Ich sah auf die Uhr und rief Diane an. Meine Töchter waren noch zu jung, um ihre eigenen Handys zu haben, daher gab Diane ihr Handy an sie weiter, und wir unterhielten uns kurz über ihre Pläne für den Tag. Boot fahren! Schwimmen! Wandern! Ihre Begeisterung war geradezu durchs Telefon zu hören. Wir gaben uns Abschiedsküsschen durch die Leitung, und für den Rest des Tages lächelte ich, während ich mir vorstellte, wie sie fröhlich auf dem Campingplatz herumtollten.

Als wir uns an jenem Abend wieder sprachen, berichtete Alyson stolz von ihren Schwimm- und Paddelerlebnissen. Dass Emma und sie weit auf den See hinausgeschwommen seien und dann auf die Badeplattform kletterten, wo sie ihre Kopfsprünge und »Po-Bomben«, wie sie sagte, übten.

»Ich bin nicht bis zur Badeplattform geschwommen, Mommy, aber ich bin in den See gegangen«, berichtete Katie, als sie an der Reihe war, mit mir zu reden.

»Das ist ja toll«, lobte ich, während ich über die Freude in ihrer Stimme lächelte. »Und ich verspreche dir, nächstes Jahr wirst du das ganze Stück mit deinen Schwestern hinausschwimmen.«

Auf dem Campingplatz gab es eine kleine Spielhalle für Kinder, und sobald dieses Telefonat beendet wäre, würden sie rübergehen, um ein paar Münzen in die Automaten zu werfen.

»Ich habe Vierteldollarmünzen für euch eingepackt«, erinnerte ich Emma, die noch einmal das Telefon bekam. »Vergiss nicht, sie mit deinen Schwestern zu teilen.«

»Ich weiß, Mom, ich werde sie teilen«, sagte sie. »Und nach der Spielhalle werden wir Marshmallows grillen.«

Um Emma musste ich mir keine Sorgen machen. Sie übernahm immer die Verantwortung, wenn ich nicht da war, und stand ihren Schwestern bei. Ich freute mich erneut darüber, dass die Mädchen mit ihrer Tante und ihrem Onkel Erfahrungen machten, die sie mit Warren und mir nicht gemacht hätten.

Am Sonntagmorgen wachte ich in Hochstimmung auf. Das Ende des Wochenendes nahte. Die Mädchen würden bald zu Hause sein.

So besorgt ich auch gewesen war, dass die Kinder sicher zum Campingplatz kamen, hatte ich mir doch nie Gedanken um ihre Rückfahrt gemacht. Vielleicht ist Sorge eher eine irrationale Reaktion als eine echte Antwort auf die Realität. Als ich sie hatte abfahren sehen, hatte ich mich hilflos gefühlt, da ich sie nicht mehr beschützen konnte. Aber jetzt, wo sie auf dem Weg nach Hause waren, ging ich davon aus, dass ihnen keine Gefahr mehr drohte. Dass meine Schwägerin sie schon bald gesund und munter auf meiner Türschwelle abliefern würde. Vielleicht war das nicht logisch – aber wann war Sorge das überhaupt?

Am späten Vormittag rief Emma in Warrens Büro an, um ihm zu sagen, dass Tante Diane etwas verspätet gestartet war, sie jetzt aber alle im Wagen saßen und auf dem Weg nach Hause waren. Es war typisch Emma, sich Gedanken wegen der Zeit zu machen. Wie ihr Daddy war sie sehr pünktlich und muss sich Sorgen um ihre Theaterprobe gemacht haben. Warren rief mich an, um mir die Nachricht zu überbringen, und ich begann zu überlegen, wie ich den Tag umstrukturieren könnte. Kurz nach Mittag – um 12.08 Uhr, wie die Aufzeichnungen später zeigten – sprach ich mit Diane, um nachzufragen, was los war. Nur ein verspäteter Start, erklärte sie. Kein Problem und kein Grund zur Sorge.

Wir begannen die Art Gespräch, die man unzählige Male mit Freunden oder Familienangehörigen führen könnte. Zwei Moms, die über die Logistik plauderten. Wir redeten darüber, um wie viel Uhr sie zu Hause sein würden, und über Pläne für die kommende Woche. Diane wollte zu Emmas Theaterstück kommen, aber da sie Vollzeit arbeitete, fragte sie, ob sie vielleicht Karten für den nächsten Sonntag bekommen könne. Wir gingen durch, wie viele Tickets sie brauchen würde. Erin, die Kleine, könnte auf ihrem Schoß sitzen, und Danny und der fünfjährige Bryan würden zu Hause bleiben, daher genügte eine Karte.

»Ich werde sehen, dass ich auch zu dieser Vorstellung komme«, versprach ich.

»Wunderbar.«

Ich rief meine Freundin Melissa an, um ihr den geänderten Tagesablauf mitzuteilen. Melissa, eine hübsche Blondine mit einem perfekt eingerichteten Haus, das aussieht, als hätte sie Personal, das es rund um die Uhr putzt, hält alles so tadellos in Ordnung, dass ihr Mann Brad gern scherzt, sie würden in einem Museum leben. Aber sie ist einer der warmherzigsten Menschen, die ich kenne, und sie und Brad, ein erfolgreicher Wall-Street-Typ, zählen zu unseren engsten Freunden. Unsere ältesten Töchter waren damals im selben Alter und hatten denselben Namen, und beide Emmas hatten eine Rolle in dem Sommertheaterstück bekommen.

»Emma wird heute nicht zur Theaterprobe gehen«, erklärte ich Melissa die Situation. »Die Mädchen kommen erst spät nach Hause.«

»Ist alles in Ordnung?«, fragte Melissa.

»Alles bestens.«

Aber um 12.58 Uhr war nicht mehr alles bestens.

Das Telefon im Haus klingelte, und als ich abnahm, sagte Emma: »Mit Tante Diane stimmt etwas nicht.«

»Was? Was ist los?«, fragte ich.

»Ich weiß nicht«. Emma weinte, und sie klang verängstigt. Ich hörte Alyson im Hintergrund, ebenfalls weinend. Mein Herz begann zu hämmern. Was war da los?

Diane nahm ihr das Telefon ab. »Sie sind nur albern«, sagte sie. »Sie spielen.« Aber ihre Worte klangen lallend, fast wirr. Ich nahm an, dass sie auf dem Weg nach Hause waren und irgendwo am Straßenrand angehalten hatten.

»Geht es euch gut? Wo seid ihr?«, fragte ich immer wieder.

Ich bekam keine Antwort.

»Gib mir noch einmal Emma«, sagte ich.

Diane redete weiter, ihre Sätze klangen verworren, und ich suchte nach meinem Handy, um Warren anzurufen. Mein starker, fähiger Ehemann konnte sich darum kümmern. Er würde mit seiner Schwester reden und die Sache klären. Diane legte eben auf, als Warren zur Tür hereinkam.

»Ich habe eben mit deiner Schwester gesprochen, und sie lallt. Sie … sie klingt betrunken«, sagte ich, während ich immer nervöser wurde.

»Unmöglich!«

»Ich weiß, aber sie klang so seltsam. Vielleicht hat sie einen epileptischen Krampf. Oder einen Schlaganfall?«

Er schnappte sich das Telefon und rief sie sofort zurück. Sie nahm ab, und Warren wusste sofort, was ich meinte – dass irgendetwas nicht stimmte. Sie konnte kein zusammenhängendes Gespräch führen. Verängstigt, wie er war, ging er sofort zur Offensive über. Er würde hinfahren und sie holen.

»Bleib, wo du bist«, hörte ich ihn sagen. »Beweg dich nicht von der Stelle. Hast du verstanden, Diane? Steig nicht wieder in den Wagen. Beweg dich nicht von der Stelle!«

Er bat darum, mit Emma zu sprechen, um herauszufinden, wo genau sie waren. »Sag mir, was für Schilder du an der Straße siehst«, sagte er zu unserer Achtjährigen. »Lies mir alle Wörter vor, die du entziffern kannst.«

Anstatt auszuflippen, fühlte ich mich unerwartet ruhig. Es gab ein Problem, ja – aber Warren würde sich darum kümmern. Diane musste es zu einer Raststätte geschafft haben, was hieß, dass andere Erwachsene da waren, um die Kinder zu beruhigen. Ich stellte sie mir in einem McDonald's vor, mit vielen Leuten in der Nähe, die Mädchen in sicheren Händen. Irgendjemand half ihnen bestimmt.

Warren hörte zu, während Emma sorgfältig von den Straßenschildern ablas, die Wörter buchstabierend, die sie nicht kannte. Mein gutes Mädchen. Sie weinte nicht mehr und hörte sich gefasst an. Warren vermutete, dass sie an einer Raststätte in der Nähe der Tappan-Zee-Brücke in Tarrytown seien.

»Ich bin schon unterwegs«, sagte er, während er zur Tür stürzte. Er bat seinen Dad, ihn zu begleiten. Wenn Diane nicht fahren konnte, würden sie zwei Leute benötigen, um die Kinder und den Windstar zurück nach Hause zu bringen. Als er das Haus verließ, rief er mir zu: »Ruf die Polizei! Ruf den Rettungsdienst!«

Ich ging die Gespräche, die ich gerade mit Diane und mit Emma geführt hatte, in Gedanken noch einmal durch und kam zu dem Schluss, dass meine Schwägerin einen epileptischen Anfall erlitten haben musste. Das war die einzige logische Erklärung. Mit derlei Krampfanfällen kannte ich mich ein bisschen aus, da Danny vor nicht allzu langer Zeit aus heiterem Himmel einen erlitten hatte. Und eine meiner ältesten Freundinnen aus dem Kindergarten musste regelmäßig mit den Anfällen ihres Mannes, versursacht durch einen Gehirntumor, fertigwerden. Ich hatte von allen Symptomen gehört. Dianes schienen in das Muster zu passen.

Ich wählte den polizeilichen Notruf und platzte mit der Geschichte heraus. Wir brauchten Hilfe. Meine Schwägerin fuhr meine Kinder von einem Campingausflug nach Hause, und irgendetwas schien nicht zu stimmen.

»Ich glaube, ihr ist schlecht oder sie krampft. Ihr Bruder hat auch mit Epilepsie zu tun. Es ist auf jeden Fall ein medizinischer Notfall«, sagte ich.

Ich betonte, dass fünf Kinder im Wagen saßen. Fünf Kinder. Soweit ich wusste, hatte der Wagen an einer Raststätte in Tarrytown gehalten, aber ich konnte nicht sagen, wo genau.

Der Polizist hörte höflich zu, aber er reagierte nur lakonisch. »Sie wissen nicht, wo sie sind?«, fragte er gelangweilt.

»Nein. Nach dem, was meine Tochter gesagt hat, sind sie an einer Raststätte in Tarrytown«, wiederholte ich. Und dann fügte ich sicherheitshalber hinzu: »Sie ist acht Jahre alt.« Ob ich mit Emmas Alter die Gültigkeit ihrer Aussage bekräftigen oder die Dringlichkeit der Situation betonen wollte, weiß ich bis heute nicht.

»Na ja, da müssen Sie die Polizei in Tarrytown anrufen«, sagte der Cop. »Vielleicht kann man Ihnen dort weiterhelfen. Das ist außerhalb unseres Bereichs.« Er nannte mir eine Telefonnummer, unter der ich es versuchen sollte.

Ich legte auf, und auf einmal spürte ich, wie mich mein ruhiges Gefühl verließ, als eine Welle der Hilflosigkeit über mich hereinbrach. In Tarrytown anrufen? Ich musste alle Hilfe mobilisieren, die ich konnte, aber mir wurde bewusst, wie unglaublich meine Geschichte klang. Ratlos rief ich Melissa, Brads Frau, an und erzählte ihr alles, berichtete noch einmal die zusammenhangslosen Details. Brads Bruder war Cop, vielleicht hatte er ein paar Vorschläge. Was sollte ich der Polizei sagen, um ihre Aufmerksamkeit zu bekommen?

»Ich komme sofort vorbei«, sagte Melissa.

»Das ist nicht nötig«, versicherte ich ihr.

Ich versuchte meine Cousine Liz zu erreichen, die in der Nähe von Tarrytown lebte. Vielleicht konnte sie schnell zu dem Wagen gelangen. Aber ich erreichte nur ihren Anrufbeantworter. Also rief ich meine Mutter in New Jersey an und hoffte, dass sie mir sagen könne, wie Liz zu erreichen war.

»Soll ich zu dir kommen?«, fragte meine Mom mit leicht bebender Stimme.

»Nein, Mom, es wird alles gut gehen. Die Mädchen sind an einer Raststätte. Ich bin sicher, es kümmert sich jemand um sie. Dort müssen viele Leute sein. Warren ist in diesem Augenblick auf dem Weg dorthin.«

Ich wählte die Nummer der Polizei in Tarrytown, wurde ein paar Mal weiterverbunden und erzählte meine Geschichte noch einmal jedem, der bereit war, mir zuzuhören. Schließlich wurde ich mit einem Polizisten verbunden, der mich nach meinem Autokennzeichen und meinem Fahrzeugbrief fragte. Ich konnte mich an die Nummer nicht erinnern. Vielleicht war ich doch verunsicherter, als mir bewusst war. Ohne diese Information konnte er mir nicht weiterhelfen, und ich legte entnervt auf.

Melissa tauchte vor meiner Tür auf und trat ins Wohnzimmer. Sie wusste, wie sie ihr Haus tadellos in Ordnung hielt, aber im Augenblick konnte nicht einmal sie dieses Chaos lindern. Nach meinem Anruf bei ihr hatte Brad für mich den Notruf verständigt. Schließlich fuhr die Polizei zu der einzigen großen Raststätte an einem Highway in Tarrytown, fand jedoch nichts, was zu unserer Beschreibung passte.

Melissa wählte Dianes Handynummer. Keine Antwort. Ich wusste nicht, dass Warren es auf ihrer Nummer bereits immer wieder versucht hatte.

»Diane liegt vermutlich in einem Krankenwagen«, sagte ich noch einmal zu Melissa. »Ich nehme an, sie hatte einen epileptischen Anfall.«

Ich konzentrierte mich auf praktische Überlegungen, ging durch, was zu tun war. Mit Emmas Theaterstück und Alysons und Katies Aktivitäten war die vor uns liegende Woche bereits randvoll mit Verpflichtungen ausgefüllt. Aber wenn Diane im

Krankenhaus lag, dann würde ich einspringen und mich um Erin und Bryan kümmern. Dafür sind Familien da. Die ganze Sache schien eine kleinere Unannehmlichkeit zu sein, und vielleicht eine gute Geschichte, die man später erzählen konnte.

Was kann ich sonst noch tun?, überlegte ich. Danny war als Letzter mit ihnen zusammen gewesen, daher wusste er vielleicht etwas. Diane und die Kinder hatten vorgehabt, den Campingplatz als Erste zu verlassen, während Danny noch geblieben war, um das Wohnmobil zu packen. Aber jetzt schien alles unklar. Als ich Danny endlich erreichte, klang er benommen. Er war schon vor einer Weile nach Hause gekommen und auf dem Sofa eingeschlafen, bevor er an jenem Abend zur Arbeit musste.

»Diane ist nicht da?«, fragte er schläfrig. »Sie müsste längst zu Hause sein. Ich fahre los und suche sie. Ich weiß, welche Strecke sie nimmt.«

Warren rief mich vom Wagen aus an. Er hatte seinen Freund Doug Hayden kontaktiert, einen Jurist und Richter in der Stadt, der viele Leute kannte. Warren hatte Doug als einen der Ersten angerufen, da er dachte, er könnte ihm vielleicht einen Rat geben. Aber niemand wusste, wohin sie fahren sollten. Diane war nicht an der Raststätte, an der sie sein sollte. An der Warren sie beschworen hatte, zu bleiben.

Inzwischen war auch Melissas Mann Brad zu unserem Haus gekommen. Jeannine, die nicht wusste, was los war, rief von einem Klamottenladen aus an und begann, mir ein Kleid zu beschreiben, das sie eben anprobierte. Anstatt eine Meinung dazu zu äußern, erklärte ich ihr, was los war.

»Ich komme vorbei«, sagte auch sie. »Ich probiere diese Sachen später an.«

»Das ist nicht nötig«, beharrte ich. »Melissa ist hier. Wir kommen schon klar.«

»Zu spät«, sagte sie. »Ich bin schon auf dem Weg zum Parkplatz.«

Was war denn nur los? Es war ein schöner Sonntagnachmittag, und meine Freundinnen unterbrachen ihre Pläne, um bei mir vorbeizukommen. Ich verstand nicht, warum. Diane war vielleicht schlecht geworden, aber ich sagte mir immer wieder, dass alles gut werden würde. Ich gestattete mir nicht, das zu sehen, was andere Leute sahen.

Una, die Ehefrau unseres Freundes Doug, des Juristen und Richters, kam irgendwann zur Tür herein.

»O mein Gott, was tust du denn hier?«, fragte ich, als ich sie sah.

»Doug hat mir von Warrens Anrufen erzählt«, sagte sie. »Ich dachte, ich komme besser vorbei.«

Allmählich wurde ich immer ängstlicher. Jeannine, Melissa, Una – warum kamen diese ganzen Leute vorbei? Bekam ich hier irgendetwas nicht mit? Alle schienen mit ihren Handys zu telefonieren. Melissa versuchte immer wieder, Diane anzurufen. Una sprach mit Doug, um den neuesten Stand der Dinge zu erfahren. In der Zwischenzeit war Warren auf dem Polizeirevier in Tarrytown eingetroffen. Auf seinen Vorschlag hin versuchte die Polizei, Dianes Handy anzuzapfen. Doch dafür brauchten sie Dannys Zustimmung.

Irgendwie kam die Nachricht durch, dass es einen Unfall gegeben hatte. Noch mehr Anrufe, noch mehr Verwirrung. Ich fühlte mich unbehaglich, aber ich brach noch immer nicht in Panik aus. Autounfälle passierten ständig. Die Mädchen würden verängstigt und vermutlich ein bisschen außer sich sein, aber nichts, was wir nicht wieder einrenken konnten.

»Ich weiß, dass Emma sich das Bein gebrochen hat«, sagte ich, während ich hektisch durchs Zimmer lief. »Ich weiß es, ich weiß es einfach.«

Wenn Emma sich das Bein gebrochen hätte, dann wäre das karmisch. Ich bin eine erbärmliche Lügnerin, aber ein paar Wochen zuvor hatte ich eine dramatische Ausrede aus einer Verpflichtung gebraucht, und ich hatte geschwindelt und gesagt, Emma hätte sich das Bein gebrochen. Damals plagten mich Schuldgefühle. Jetzt war ich überzeugt, dass sich das Schicksal an mir rächte. Wenn Emma sich bei diesem Unfall das Bein gebrochen hatte, dann würde es meine Schuld sein.

»Emma hat sich das Bein gebrochen«, stöhnte ich, voller Angst vor ausgleichender Gerechtigkeit. Aber nein, alle würden es gut überstehen. Leichtere Verletzungen. Ein gebrochenes Bein. Damit würden wir schon klarkommen.

Dann überschlugen sich meine Gedanken. »Bitte, Gott, lass niemanden gehirntot sein«, flüsterte ich.

Una tätschelte meine Schulter. »Jackie, denk gar nicht erst dran. Es wird alles gut gehen.«

Aber sie griff zum Telefon und rief eine Krankenschwester, die sie kannte, im Westchester Medical Center an, in der Hoffnung, ein paar Details zu erfahren.

Ich beugte mich zu Una vor, während sie das Telefon hielt, und umklammerte ihren Arm mit beiden Händen. »Sag mir, ist irgendjemand verletzt? Ist irgendjemand gehirntot?«

Sie hatte keine Informationen. »Meine Freundin weiß nichts«, sagte Una. »Bleib ruhig.«

Ich begann, in der Küche auf und ab zu laufen, ins Wohnzimmer, dann in Kreisen durchs Arbeitszimmer. Hin und her, hin und her, wie ein Hund, der seinem eigenen Schwanz nachjagt, drehte ich mich ständig im Kreis und suchte nach etwas, das ich nicht finden konnte.

»Es geht ihnen gut, es geht ihnen gut, es geht ihnen gut«, skandierte ich immer wieder, während ich meine Arme umklammerte und die Hände an ihnen rieb.

Irgendjemand sagte mir, Warren sei auf dem schnellsten Weg zum Krankenhaus, daher würden wir es sehr bald erfahren.

»Es geht ihnen gut, es geht ihnen gut, es geht ihnen gut«, fuhr ich mit meinem Sprechgesang fort. »Ich weiß, dass es ihnen gut geht.«

Dann sah ich Brad an seinem Handy und hörte ihn sagen: »Warren?« Angst und Besorgnis schwangen in Brads Stimme mit, als wäre die Person am anderen Ende, mit der er sprach, hysterisch.

Im Wahnsinn der letzten paar Stunden war die Zeit wie im Flug vergangen. Aber jetzt kam sie knirschend zum Stehen. Mein Blick war auf Brad geheftet, und der ganze Trubel um mich herum schien zum Stillstand zu kommen.

Während er zuhörte, wie Warren versuchte, ihm alles zu berichten, stand Brad aufrecht da, dann ließ er sich gegen die Wand fallen. Ich sah, wie er einmal den Kopf sinken ließ. Zweimal. Dreimal. Die Wand konnte ihn kaum noch halten. Dann legte er das Telefon hin und kam zu mir herüber. Seine Miene war schmerzerfüllt.

»Jackie, sie sind tot«, sagte er.

»Nein«, sagte ich tonlos.

Die Worte drangen nicht zu mir durch. Ich sah nur weiter in sein gequältes Gesicht.

Aber Melissa verstand, was seine Worte bedeuteten. »Brad, sag es nicht!«, brüllte sie. »Sag es nicht!«

»Sie sind alle tot«, wiederholte er. »Jackie, es tut mir so leid …«

Ich weiß nicht, was er sonst noch sagte, denn ich stürzte kreischend aus dem Haus. Schreiend, kreischend, brüllend. Keine Worte, nur Entsetzen. Ich rannte schnell, denn wenn ich vom Haus wegkam, von meinen Freunden, vom Telefon, dann war es vielleicht nicht wahr. Ich stürmte die Straße hinunter, heulend wie ein wildes Tier, und ungezähmte Schreie hallten in dem stillen Nachmittag wider. Nachbarn wurden von meinem entsetzlichen Gebrüll aus ihren Häusern geholt, und Leute riefen mir zu, aber ich rannte einfach weiter und blieb nicht stehen.

Ohne zu überlegen, wohin ich lief, rannte ich zu Salvinas Haus. Als Matriarchin einer großen italienischen Familie hatte Salvina auf Emma, Alyson und Katie aufgepasst, als sie klein waren. In ihren ersten Jahren setzte ich sie oft bei ihr zu Hause ab, manchmal an drei Tagen in der Woche, und sie kümmerte sich um sie wie um ihre eigenen Kinder. Ihr Haus erschien mir immer wie ein magischer Ort, voller Cousinen und Schwestern und unfassbar viel Liebe. Selbst als winzige Babys weinten die Mädchen nie in Salvinas Nähe – sie verfügte über Zaubertränke, um nervöse Mägen zu besänftigen oder Koliken zu beruhigen. Ich sah ihre Kinder aufwachsen und sie meine. Als Salvinas Tochter heiratete, ging Katie als Blumenmädchen zum Altar.

Jetzt öffnete Salvina die Tür. Da Sonntag war, kochte sie einen Braten für das große Familienessen, das sie jede Woche veranstaltete. Der Geruch von Essen, der normalerweise so wohltuend für mich war, schlug mir jetzt auf den Magen, und eine Welle von Übelkeit überkam mich.

»Jackie, was ist los, was ist los?«, fragte sie mit ihrem starken italienischen Akzent. Eine winzige Frau mit kurzen schwarzen Haaren. Sie bat mich herein. Aber statt ihrer Aufforderung zu folgen, umklammerte ich nur ihren Arm.

»Salvina, die Mädchen sind tot. Die Mädchen sind tot«, sagte ich.

»Das ist nicht wahr«, sagte sie gelassen.

»Nein, das stimmt nicht. Das kann nicht sein«, sagte ihr Mann, der jetzt zu uns trat.

Sal, ein anderer Nachbar, der als verdeckter Ermittler arbeitete, war mir gefolgt. Ich ließ mich von Salvina ins Wohnzimmer führen.

»Es ist wahr, Salvina. Es gab einen Autounfall«, sagte Sal. Wenn irgendjemand etwas darüber wusste, dann Sal. Er war nicht nur Cop, sondern auch freiwilliger Feuerwehrmann und Rettungssanitäter.

Aber genau wie ich konnte auch Salvina die Worte nicht verarbeiten. Sie begann zu schreien und stürzte zur Couch, um sich neben mich zu setzen, und hielt mich stöhnend in den Armen. Wir wippten zusammen hin und her, und ich saß, wie es mir schien, stundenlang so da. Ich hörte Jeannine hereinkommen und sagen, wir sollten nach Hause zurückkehren, aber ich wollte nicht gehen.

Vielleicht könnte ich, wenn ich das Sofa in Salvinas Haus nie verließ, meine eigene Welt erschaffen, meine eigene Wahrheit. Brad würde sich irren. Die Mädchen würden zur Tür hereinkommen. Emma würde enttäuscht darüber sein, dass sie ihre Theaterprobe verpasst hatte, aber Alyson würde sie trösten. Sie würden mir erzählen, wie viel Spaß sie beim Campen gehabt hatten, und wir würden uns umarmen und küssen und darüber reden, wie unheimlich es gewesen war, als Tante Diane schlecht geworden war. Salvina würde ihnen köstliche Pasta auftischen, und ich würde ihnen sagen, dass sie sehr tapfer waren und dass wir jetzt alle wieder zusammen seien, was das Einzige war, was wirklich zählte, und genau das, was wir alle wollten. Was ich unbedingt wollte.

2

Ich weiß nicht, wie ich von Salvina zurück nach Hause kam. Scharen von Freunden und Nachbarn hatten sich bereits in und vor unserem Haus versammelt, und einige der Männer waren zum Krankenhaus gefahren, um Warren zu holen. Ich war in unserem Wohnzimmer, als er nach Hause kam, und in dem Augenblick, in dem er mich sah, brach er zusammen. Sein Schmerz war ohnehin schon verheerend, aber vervielfacht durch meinen, wurde er unerträglich. Er schlang die Arme um mich, und wir stürzten beide zu Boden, hilflos taumelnd, während die Trauer wie eine Lokomotive über uns hinwegrollte.

Warren war immer mein Fels in der Brandung gewesen, seine Stabilität eine ideale Ergänzung zu meinen eher emotionalen Reaktionen. Aber jetzt standen wir beide unter Schock. Seine Bemühungen, übermenschliche Stärke zu zeigen, würden vielleicht nicht ausreichen, um mich zu halten.

Als ich irgendwann einen Blick aus dem Fenster warf, sah ich Übertragungswagen und Kamerateams von Nachrichtensendern. »Was ist da los?«, fragte ich.

»Die Reporter versuchen alle, mit dir zu reden«, sagte eine meiner Freundinnen. Aber sie ließ die Rollläden herunter und hielt die Vorhänge geschlossen.

Am nächsten Tag hatte die Polizei unsere Straße abgesperrt, aber Fernsehproduzenten und Nachrichtenreporter kletterten über unseren Rasen und versuchten, ein Interview zu bekommen.

Freunde gingen hinaus, um Agenten von Dr. Phil und Oprah und den Sendern der Morgennachrichten zu verscheuchen. Produzenten von einem Dutzend oder mehr Talkshows und lokalen Nachrichtensendern hinterließen Mitteilungen, in denen sie nach mir fragten. Machten sie Witze, oder waren sie einfach nur unglaublich herzlos? Meine Tragödie als Vorspann zu Lindsay Lohan auf Fox News?

Ich erfuhr die Geschichte bruchstückhaft und begriff erst viel später vollständig, was passiert war. In der Zeit unmittelbar nach dem Unfall wusste ich nur, dass Diane die Kinder wieder in den Wagen gesetzt hatte und dann von der Raststätte weggefahren war, an der Warren sie beschworen hatte zu bleiben. Sie ging nicht mehr an ihr Handy und fuhr auf der Hauptstraße nach Norden anstatt nach Süden und dann weiter auf eine Ausfahrt des Taconic State Parkway. Fast zwei Meilen weit fuhr sie auf der falschen Seite des Highways.

Fahrer, die sie sahen, hupten und verständigten den Notruf. Viele berichteten, sie hätte das Lenkrad fest gehalten und einen ruhigen Eindruck gemacht. Selbst wenn sie die Ausfahrt versehentlich genommen hatte, gab es entlang des Highways mehrere Stellen, an denen sie hätte anhalten können. Doch sie tat es nicht.

Nach 1,7 Meilen fuhr sie frontal in einen entgegenkommenden SUV. Diane und ihre Tochter Erin starben. Emma, Alyson und Katie starben. Katie war noch am Leben, als sie ins Krankenhaus kam, aber die Ärzte konnten sie nicht retten. Die drei Männer in dem SUV starben. Nur Bryan, Dianes kleiner Sohn, überlebte, mit zwei schweren Verletzungen und Knochenbrüchen.

Acht Menschen starben. Die Polizei nannte es den schwersten Autounfall im Bezirk seit fünfundsiebzig Jahren.

Die Zeitungen schrieben »Tragödie – falsche Richtung auf dem

Taconic« und brachten es auf den Titelseiten. Lokale Fernsehsender konnten gar nicht genug davon bekommen, und die Story verbreitete sich wie ein Lauffeuer im Internet und bekam landesweite Aufmerksamkeit.

Aber nichts davon konnte mir meine Mädchen wiederbringen.

Meine Töchter waren nicht mehr.

Warren hatte Emma, Alyson oder Katie im Krankenhaus nicht gesehen. Gutherzig, wie er war, ging er zu Bryan, um bei ihm zu sein, da sein Vater, Danny, noch nicht eingetroffen war. So nah standen sich unsere Familien damals. Erst später sollte der gute Wille nur zu einer weiteren Quelle des Schmerzes und der Verwirrung werden.

Irgendwann an diesem Abend schlich ich mich fort von den besorgten Freunden und Nachbarn und ging in das Zimmer, das Emma und Alyson sich teilten. Ich zog mich in ihren Wandschrank zurück und schloss die Tür. Ich konnte die anschwellenden Stimmen unten hören, den Schmerz und die Schluchzer. Aber ich hielt mir die Hände über die Ohren und wippte in der Ecke hin und her. Meine Mädchen, meine Mädchen. In ihrem dunklen Wandschrank konnte ich ihre Luft atmen und ihre Anwesenheit spüren. Freunde kamen hoch, um mich zu holen, sprachen von der anderen Seite der Tür zu mir. Aber warum sollte ich herauskommen? Warum sollte ich je wieder herauskommen?

Ein Psychiater, bei dem ich früher einmal gewesen war, kam am nächsten Tag zu uns nach Hause, ebenso ein anderer Arzt aus der Stadt, und auf einmal hatte ich eine Handvoll Pillen, die ich alle paar Stunden nehmen sollte. Medikamente gegen die Angst und Antidepressiva, Pillen, um schlafen zu können, und andere, um mit der Situation fertigzuwerden. Ich wusste nicht, was ich nahm, und es war mir auch egal. Alles, um den Schmerz zu betäuben, dieses unerträgliche Gefühl von Leere, das auf einmal mein

Leben beherrschte, war mir willkommen. Wenn jemand eine Vollnarkose vorgeschlagen hätte, hätte ich mir die Gesichtsmaske fest aufgedrückt und tief eingeatmet.

Unsere Freunde mobilisierten alle Kräfte und trafen alle Vorkehrungen, die sie konnten. Sie bauten am Ende der Auffahrt ein Zelt und Tische mit Kühlboxen auf, um das ganze Essen, das uns vorbeigebracht wurde, zu lagern. Irgendjemand erstellte einen Zeitplan, in den sich Freunde eintrugen, damit rund um die Uhr jemand im Haus war. Die ganze Gemeinde scharte sich um uns, und trotz meines benommenen Zustands von Schock und Schmerz spürte ich, wie die Güte der Menschen um uns herum mich zusammenhielt.

Isabelle und Mark, unsere engen Freunde und Nachbarn, waren im Urlaub, als der Unfall passierte. Sie kehrten früher nach Hause zurück, um bei uns zu sein. Ihre Kinder, Ryan und Kailey, waren im selben Alter wie Emma und Alyson – und sie waren wie zwei Hälften desselben Puzzles. Wir schlossen die Pforte zwischen unseren Gärten nie, da die Kinder ständig hin- und herliefen und beide Familien als ihre eigene ansahen. Ich konnte ebenso gut Kailey wie Katie in meiner Küche antreffen. Und nun flüsterte mir Warren zu, wie schrecklich es für Isabelle und Mark sein müsse, ihren Kindern zu sagen, dass ihre besten Freunde tot waren. Ein entsetzliches Gespräch, das sie führen mussten, sagte er. Er könne sich nicht vorstellen, unseren Mädchen eine solche Neuigkeit beibringen zu müssen.

Tatsächlich hätten wir alles gegeben, was wir besaßen, um noch ein letztes Gespräch mit unseren Töchtern führen zu können. Egal worüber. Aber wir waren zu erschüttert, um einen klaren Gedanken zu fassen. Ich nickte zu Warrens Bemerkung, teilte sein Bedauern, dass unsere Freunde und ihre Kinder einen solchen Schmerz zu erleiden hatten. Ich hatte das Gefühl, dass es irgendwie meine Schuld war.

Die nächsten Tage waren ausgefüllt mit Fragen, die kein Elternteil beantworten müssen sollte – über Särge und Gräber und Ansprachen bei der Beerdigung. Warren übernahm die Führung und kümmerte sich um alle Einzelheiten. Die Wahl des Ortes, an dem die Mädchen zur letzten Ruhe gebettet werden sollten, war ihm sehr wichtig. Ich wusste nicht, wie er das schaffte. Vielleicht half ihm die Beschäftigung dabei, die Lawine der Trauer zu vermeiden, die ihn andernfalls unter sich begraben hätte – und die mich im Augenblick vollkommen außer Gefecht setzte.

Zwei Tage nach dem Unfall kam er mit der Neuigkeit zu mir, dass Father O'Farrell, unser örtlicher Gemeindepriester, uns auf dem Friedhof Holy Rood unterbringen konnte.

»Was? Was heißt das?«, fragte ich unkonzentriert.

»Das ist ein schöner Ort für die Mädchen, Jackie. Du wirst ihn lieben. Es ist ganz in der Nähe von Jeannines Haus.«

»Oh«, sagte ich, noch immer nicht ganz sicher, wovon er redete. »Okay.«

»Das ist eine gute Neuigkeit«, fuhr Warren fort, »denn der Friedhof ist im Grunde vollständig belegt, und es ist eigentlich unmöglich, dort eine Grabstelle zu bekommen. Aber sie haben sich darum gekümmert.«

Noch vor zwei Tagen hatte ich mich damit befasst, auf welche Schulen meine Mädchen gehen sollten. Jetzt kämpfte ich darum, sie auf einem Friedhof unterzukriegen.

Father O'Farrell hatte den Bischof angerufen, damit er bei Holy Rood seine Beziehungen spielen ließ, und als der Weg dafür frei war, konnte Warren eine Doppelgrabstelle kaufen, groß genug für zwölf – sechs von unserer Familie und sechs von Dianes Familie, die Schulers. Die Kosten waren enorm, aber darüber dachten wir in dem Augenblick nicht nach. Ebenso wenig hatten wir in diesen ersten Tagen nach dem Unfall genügend Weitblick, um zu begreifen, dass es letztendlich eine ständige Quelle des Schmerzes für uns werden würde, die Mädchen neben Diane beizusetzen.

Sobald die Grabstellen ausgewählt und ein Datum für die Beerdigung festgesetzt war, kam eine Freundin vorbei und fragte mich sanft, welche Kleider die Mädchen in ihren Särgen tragen sollten. Sie würden Gottes kleine Engel sein. Ich sollte sie für die Ewigkeit ankleiden.

Ich wollte schreien, dass sie nicht Gottes Engel waren, dass sie meine kleinen Mädchen waren. Aber stattdessen murmelte ich irgendetwas von weißen Pullovern. Hübschen Kleidern. Schleifen im Haar und ihren Diamantkreuzen.

Würden die Mädchen das gutheißen? Im wirklichen Leben – noch vor zwei Tagen – waren sie kleine Modeexpertinnen mit ihren eigenen Stilvorstellungen gewesen. Wir liebten es, zusammen shoppen zu gehen, und redeten über die richtigen Kleider für jeden Anlass. Ich wusste, was sie gern auf Partys, zur Schule, im Strandklub und im Ferienlager trugen. Aber wir hatten nie darüber geredet, was sie bei ihrer Beerdigung tragen sollten. Wie bei so vielem anderem war ich jetzt allein.

Ohnehin würde niemand die Mädchen in ihren hübschen Kleidern zu sehen bekommen, denn bei der Totenwache am Mittwoch blieben die Särge geschlossen. Bei einer katholischen Totenwache sind die Särge im Allgemeinen offen, aber alle waren sich einig, dass der Anblick in diesem Fall unerträglich wäre. Das eigentliche Problem war jedoch, dass ich die Mädchen selbst nicht mehr gesehen hatte. Unmittelbar nach dem Unfall hatten Warrens Vater, mein Bruder Stephen und ein befreundeter Polizist namens Lou die Mädchen im Krankenhaus identifiziert, bevor sie zum Bestattungsinstitut gebracht worden waren. Freunde versuchten mich vor unvorstellbarem Leid zu schützen, indem sie mich von dort fernhielten. Sie wollten nicht, dass ich jede Pandorabüchse des Schmerzes öffnete.

Doch der Versuch, meine geistige Gesundheit zu bewahren, ging nach hinten los. Mein Verstand beschwor grauenhafte Bilder herauf, die mich ständig verfolgten – ich musste die Mädchen mit eigenen Augen sehen. Als ich sie schließlich vor der Totenwache in ihren offenen Särgen erblickte, war ich verblüfft. Meine Töchter sahen vollkommen aus. Hübsch und unversehrt. Der Unfall hatte keine Spuren oder sichtbaren Verletzungen bei ihnen hinterlassen, und die kleineren Prellungen waren gut kaschiert und abgedeckt worden. Wie konnten sie so vollkommen sein – aber so leblos? Sie hatten glatte Gesichter und eine zarte Haut. Jede Zelle meines Körpers sagte mir, dass das keinen Sinn ergab. Und dennoch ... Wie war es möglich, dass sie nicht mehr waren? Diane war die Einzige, die aussah, als hätte sie einen Unfall erlitten. Wie konnte das passiert sein?

Fünf Särge standen im Raum des Bestattungsinstituts, fünf stumme Mahnmale einer gigantischen Tragödie. Totenwache ist ein irreführender Begriff, denn wenn wir die Mädchen im Leben nicht beschützen konnten, wie könnten wir dann im Tod über ihre Seelen wachen? Unsere ganze Wachsamkeit war nicht genug gewesen. Bei einer katholischen Totenwache soll eigentlich ein positiver Geist herrschen, aber jetzt, nachdem vier unschuldige Kinder und eine erwachsene Frau dem Leben entrissen worden waren, erschien dieses ganze Gerede von Seelen, die nach Hause kamen, verzerrt und falsch. Das Zuhause für Emma, Alyson und Katie hätte in Floral Park bei den Eltern sein sollen. Bei Mom und Dad, die sie liebten. Alles andere ergab keinen Sinn.

Hunderte von Leuten kamen zu der Totenwache, Freunde, Familienangehörige und Nachbarn. Die ganze Gemeinde von Floral Park schien schockiert und erschüttert, und sie kamen, um jeden nur erdenklichen Trost zu bieten. Vertraute Gesichter zu sehen, von örtlichen Polizisten über Ladenbesitzer bis hin zu Freundinnen vom Mütterklub, gab mir zumindest das Gefühl, weniger allein zu sein. Während ich durch den Raum schlenderte und jeden begrüßte, fühlte ich mich wie die makabre Gastgeberin der schlimmsten Party der Welt. Kindheitsfreunde aus New Jersey und ehemalige Klassenkameraden aus der Highschool trafen ein, und mehrere, die meine Mutter kannten, versammelten sich um sie. Ich wollte, dass meine Mom sich um mich kümmerte, aber sie hatte drei Enkelkinder verloren, die sie abgöttisch liebte. Sie konnte das Ausmaß ihres eigenen Verlusts selbst kaum begreifen.

Danny kam zum Bestattungsinstitut, und wir umarmten uns. Es war das erste Mal seit dem Unfall, dass er und ich uns sahen, und anstatt tröstlich zu sein, war die Berührung für uns beide verheerend. Wir stürzten zu Boden, in einem Wirrwarr aus Tränen und Schreien, und hielten einander schluchzend fest. Die Emotion war überwältigend, aber schließlich schaffte ich es, mich wieder hochzurappeln und die Totenwache zu überstehen.

Ich spürte die Emotionen der ganzen Gemeinde, während Leute fragten, wie sie uns helfen könnten. Daher schlugen Warren und ich Spenden an die neu gegründete Hance-Schuler-Familienstiftung vor. Im Moment war es nicht mehr als ein Briefkasten vor Jeannines Haus, aber ich hatte das vage Gefühl, dass eines Tages viel Gutes daraus entstehen könnte. Fast augenblicklich begannen Leute, tief erschüttert von unserem Verlust und bemüht, ihren Beistand zum Ausdruck zu bringen, Briefe, Karten und E-Mails, Schecks, Bargeld und großzügige Spenden zu schicken. Ich bekam zum ersten Mal eine Ahnung davon, wie großzügig die Leute sein können. Das Ausmaß menschlicher Güte sollte mich in den kommenden Monaten immer wieder überwältigen.

Die Schulrätin kam zur Totenwache, mit schmerzverzerrter Miene. Sie trat auf mich zu und nahm meine Hand und sprach warmherzig von den Mädchen – wie klug sie waren, und wie freundlich, und was für eine gewaltige Wärme sie in ein Zimmer brachten.

Viele andere Leute hatten ähnliche Gefühle zum Ausdruck gebracht, aber die Erinnerungen der Schulrätin an meine glücklichen Töchter bedeuteten mir besonders viel. Die Schule ist der Ort, an dem die Kinder ihre meiste Zeit verbringen und sich dazugehörig fühlen. Ich stellte mir vor, wie Alyson in der Pause fröhlich auf dem Klettergerüst herumsprang.

»Vielleicht können wir Spielplätze für die Schulen spenden«, sagte ich spontan.

»Das könnte ein größeres Projekt sein, als Ihnen bewusst ist«, sagte sie mit einem Lächeln, das für einen Moment den Schmerz von ihrem Gesicht vertrieb.

»Na ja, oder etwas Ähnliches. Vielleicht kann ich einen Baum pflanzen«, sagte ich. Die Idee gefiel mir auf Anhieb. Wenigstens würde ich etwas haben, das ich hegen konnte, etwas von mir, das wachsen würde.

Am nächsten Tag, einem Donnerstag, war die Beerdigung meiner Kinder.

Ich nehme an, ich stand an dem Tag auf und putzte mir die Zähne, duschte und kämmte mir die Haare – all die kleinen, alltäglichen Dinge, die darauf hindeuten würden, dass ich am Leben war und funktionierte. Aber das tat ich nicht. Was geschah, war absolut unbegreiflich. Mein Verstand schottete sich vollkommen ab und weigerte sich, die Szene zu verarbeiten. Ich überlebte den Tag, indem ich nicht wirklich dabei war.

Auf Zeitungsfotos von jenem Tag trage ich eine Sonnenbrille, und mein Gesicht ist teigig und verquollen. Warren steht zu meiner Linken, und ein Polizist auf der anderen Seite. Warren blickt ausdruckslos, aber entschlossen. Sein Körper war im Überlebensmodus, und offenbar spürte er die Belastung kaum. Vermutlich, um überhaupt funktionieren zu können.

Die Kosten für die Beerdigung waren dramatisch in die Höhe geschnellt. Einige Leute schlugen vor, einen Teil der eingehenden Spenden dafür zu verwenden oder um weitere zu bitten. Aber ich kam lange genug aus meinem benommenen Zustand zu mir, um ein entschiedenes Nein zu äußern. Wir würden selbst für die Beerdigung aufkommen. Wir würden unsere Kinder selbst beerdigen.

Ich war als gläubige Katholikin erzogen worden, daher boten mir die vertrauten Traditionen der Kirche einen gewissen Trost, während alles andere um mich herum zusammenbrach. Nachdem ich fast mein ganzes Leben lang jede Woche zur Kirche gegangen war, waren Priester, Segnungen und Hymnen die richtige Quelle des Trostes. Wir alle greifen auf Rituale zurück, um uns über Trauer hinwegzuhelfen, lassen uns in Zeiten der Unsicherheit von Regeln und Traditionen leiten. Beerdigungen werden zu großen Feiern, einer Art Pomp und Zeremoniell, um den Übergang von einer Welt in die nächste zu ehren. Da Emma, Alyson und Katie nie von einer Highschool oder einem College – oder auch nur einer Grundschule – abgehen würden, war das alles, was wir hatten.

Ich weiß noch, wie ich aus dem Fenster der Limousine sah, die uns zur Kirche brachte, die Musik hörte und mich fragte: Wo sind denn diese Dudelsäcke hergekommen? Zwei Reihen mit Dudelsackspielern säumten die Straße und spielten ihre Trauermelodien. Die vier schwarzen Limousinen, in denen unsere und Dannys Familie saß, hielten hinter den fünf weißen Leichenwagen. Männer mit grimmigen Gesichtern hoben die weiß-goldenen Särge an und trugen sie in die Backsteinkirche Our Lady of Victory. Früher einmal hatten sie sich als unsere Freunde, Brüder und Onkel bezeichnet. Jetzt würden sie sich für immer daran erinnern, die Sargträger bei der Beerdigung unserer Töchter gewesen zu sein.

Über eintausend Leute füllten die Bänke in der Kirche.

Hunderte weitere warteten davor.

Floral Park ist ein Vorort von New York, aber es ist eine altmodische Stadt, in der jeder jeden kennt. Ich nehme an, man könnte es ins ländliche Wyoming oder Idaho versetzen, und die Kleinstadtatmosphäre bliebe genau dieselbe. Warren und seine Geschwister – darunter Diane – sind hier aufgewachsen, und die Wurzeln der Familie reichen über ein Jahrhundert zurück. Da unser Haus Generationen von Geschichte erlebt hatte, könnte das verworrene Geflecht der Beziehungen vermutlich eine Seifenoper füllen.

Die Hunderte von Leuten, die uns kannten oder berührt von den Ereignissen waren, erschienen in schockierter Fassungslosigkeit zu dem Trauergottesdienst. Die Tragödie war in ihre Häuser eingedrungen, und sie reagierten, als wäre sie ihrer eigenen Familie zugestoßen. Eine Kleinstadt wie unsere funktioniert in mancher Hinsicht wie eine Großfamilie – alle passen aufeinander auf. Der Klatsch und Tratsch, der manchmal aufdringlich erscheinen kann, erweist sich in Zeiten der Not als rettender Segen. Selbst Leute, die uns nicht kannten, säumten die Straßen oder standen in ihren Vorgärten und boten Gebete und Beistand an. Erst viel später wurde mir bewusst, wie sehr ich von der Kraft und Unterstützung der Gemeinde getragen wurde. Warren und ich hatten das Gefühl, alles verloren, nur noch einander zu haben. Aber jetzt wollten uns so viele Menschen wissen lassen, dass wir auch sie hatten.

Während wir in die Kirche gingen, dachte ein Teil von mir immer wieder: Das ist nicht wahr. Ich würde morgen aufwachen und mein Leben – und meine Mädchen – wiederbekommen. Dieser Albtraum würde vorbei sein, und wir könnten mit unseren Plänen für das Ferienlager und die Kirchentheaterstücke weitermachen.

Von dem Moment, als die Särge in die Kirche gerollt wurden und leise Musik im Hintergrund lief, berichtete eine Zeitung: »Jackie Hance fuhr sich mit einer Hand an den Mund, klammerte sich an ihren Ehemann, bedeckte ihr Gesicht und legte eine Hand auf ihr Herz.« Wie theatralisch das klingt, als hätte ich jede Geste zum bestmöglichen Effekt geplant. Aber das hier war kein Film, in dem Meryl Streep die Rolle der trauernden Mutter spielt. Vielmehr war es die Wirklichkeit, und die trauernde Mutter war ich, die in einem schwarzen Loch des Schmerzes versank.

Warren hatte beschlossen, die Traueransprache zu halten, da er wusste, dass ich dazu nicht imstande sein würde. Ich konnte mir nicht vorstellen, woher er die Kraft dafür nahm.

»Ich habe eine einzige Gelegenheit, all den Leuten, die zu der Beerdigung kommen, von den Mädchen und dem, was in meinem Herzen vorgeht, zu erzählen, und wenn ich das nicht tue, werde ich es für den Rest meines Lebens bereuen«, hatte er mir unmittelbar nach dem Unfall gesagt. An diese Worte musste ich denken, als er vortrat, um die Traueransprache zu halten.

Warren hatte nie viel in der Öffentlichkeit gesprochen, und er mied die Fernsehkameras, die überall waren. Er wollte sich nur an die richten, die ihm etwas bedeuteten – und die waren alle zu der Beerdigung gekommen. Während er vorn in der Kirche stand, sprach er ruhig, mit fester Stimme.

»Wir möchten euch alle bitten, wenn ihr uns später auf der Straße seht, wendet den Blick nicht ab«, sagte er an einer Stelle. »Bitte habt keine Angst davor, mit uns zu reden. Ihr müsst keinen weiteren Trost mehr anbieten, ihr müsst uns nicht sagen, wie leid es euch tut.«

Unser eigener Schmerz war bereits so gnadenlos und lastete so schwer auf uns, dass noch mehr davon uns völlig erdrücken könnte.

Er redete von unseren Mädchen, und er redete von Bryan, dem Kind, das wie durch ein Wunder überlebt hatte. Erst ganz zum Schluss verlor er die Fassung.

»Liebt eure Kinder«, sagte Warren unter Tränen. »Umarmt eure Kinder. Küsst eure Kinder. Und vergesst nicht –«

Aber er konnte den Satz nicht zu Ende führen. Als er sich seinem Schmerz hingab, schien die ganze Kirche von Schluchzern zu erbeben. Eltern drückten ihre Kinder an sich und hielten sie fest. Den Freundinnen der Mädchen liefen Tränen über die Wangen. Als die Leute schließlich die Kirche verließen, saßen einige Kinder auf der Bordsteinkante, zu erschüttert, um sich zu rühren. Wenn ich Bilder von diesem warmen, sonnigen Tag betrachte, empfinde ich Mitleid mit den hübschen kleinen Mädchen in ihren Sommerkleidern, deren Leben sich so schlagartig veränderte. Sie hatten sich in unserer Vorstadtgemeinde immer sicher und behütet gefühlt, umgeben von Eltern und Erwachsenen, die sie liebten. Aber jetzt hatten sie die Wahrheit erfahren, die ihnen noch ein bisschen länger hätte erspart bleiben sollen: Mommy und Daddy lieben dich, aber sie können dich nicht immer beschützen.

Nach der Beerdigung strömten Hunderte von Kindern, Eltern, Stadtbewohnern und Trauernden hinüber zum Trinity Restaurant, einem beliebten Lokal in Floral Park. Da jeder seinen Beistand zum Ausdruck bringen wollte, hatten die Besitzer draußen ein großes Zelt aufgebaut und alle örtlichen Restaurants gebeten, Essen zu spenden. Warren wollte teilnehmen.

»Wir können doch nicht zu einer Party gehen«, sagte ich entsetzt.

»Wir müssen«, beharrte Warren. »All diese Leute versuchen, uns etwas Gutes zu tun.«

Er ging hinüber zu dem Restaurant, aber ich hielt es nicht einen Augenblick länger in der Öffentlichkeit aus. Ich war völlig ausgelaugt von der Beerdigung und wollte niemanden sehen. Meine katholischen Traditionen hatten mir durch die Totenwache und die Beerdigung geholfen, aber nicht weiter – ich musste allein sein.

Eine Phalanx treuer Freunde brachte mich zurück nach Hause, und ich brach auf meinem Bett zusammen. Das Wimmern und Schluchzen, das ich in der Öffentlichkeit unterdrückt hatte, brach jetzt aus mir heraus und erschütterte das Haus. Mein Leben war mir entrissen worden, und ich glaubte, ich würde ewig weinen, da ich keinen Grund sehen konnte, damit aufzuhören. Später sagten Nachbarn zu mir, sie hätten mein schmerzerfülltes Heulen durch die offenen Fenster gehört, und sie hätten geschaudert über meinen Schmerz und die Hilflosigkeit, die sie empfanden, da sie mir keinen Trost bieten konnten.

Aber schließlich hörte ich doch auf und lag da, schlaff wie eine Stoffpuppe, zu erschöpft, um mich zu rühren. Gibt es eine maximale Menge an Tränen, die ein Körper erzeugen kann? Weint man letztendlich so lange, bis der Körper verdorrt wie ein welkes Blatt und jede Emotion verschwunden ist?

»Ich werde zu dem Restaurant gehen«, sagte ich und stieg aus dem Bett. »Ich habe es mir anders überlegt.«

Ich war mir nicht sicher, warum ich hinging, aber ich wollte in Warrens Nähe sein. Und ich verspürte einen Anflug von Schuldgefühlen – all diese Leute hatten das Mittagessen zu Ehren meiner Mädchen arrangiert, und um freundlich zu mir zu sein. Egal, wie ich mich fühlte, ich musste zeigen, dass ich ihre Großzügigkeit zu schätzen wusste. Die Freunde, die mich nach Hause begleitet hatten, wunderten sich, aber ich zog mich wieder an, und wir gingen die wenigen Blocks zu dem Restaurant, wo sich alle versammelt hatten.

Jeder aus der Stadt war anwesend, und die Szene bei dem Restaurant schien ebenso unwirklich wie alles andere, was in den letzten fünf Tagen passiert war. Ich verspürte ein tiefes Gefühl von Entfremdung, als wäre ich aus meinem eigenen Leben getreten und durch ein Wurmloch gekrochen. Vielleicht ging das Leben, das ich mit meinen drei Töchtern begonnen hatte, in irgendeiner Parallelwelt noch immer weiter. In genau diesem Augenblick, in einer anderen Dimension, half ich Emma in ihr Kostüm und sagte ihr, dass sie bei der Premiere ihres Stücks in der nächsten Woche wundervoll sein würde.

Doch in der einzigen Wirklichkeit, die ich hatte, saß ich unter einem Zelt in der langen Auffahrt eines netten Restaurants am Jericho Turnpike, während sich Scharen von Leuten an den Platten mit Pasta, Salaten, Sandwiches und Keksen bedienten, die so großzügig zur Verfügung gestellt worden waren. Essen, in Liebe und Trauer und Hilflosigkeit gespendet.

Um mich herum hörte ich Leute lachen und reden. Aber ich wollte nicht reden. Ich konnte nicht lachen.

Was tue ich hier eigentlich?

Ich erhob mich zum Gehen. Ich gehörte nicht zu einer Party, egal, wie gut sie gemeint war. Offen gestanden, gehörte ich nirgendwo mehr hin.

3

Alle sagten mir, dass meine Mädchen im Himmel seien.

An den meisten Tagen gab ich ihnen recht.

Ich bin damit aufgewachsen, jede Woche zur Messe zu gehen. Ob aus Glaube, Trost, Verpflichtung oder Schuldgefühlen, die Kirche war ein zentraler Bestandteil meines Lebens. Die Mädchen begleiteten mich immer zur Messe, und manchmal kam auch Warren mit. Er wusste, wie viel mir das Beten bedeutete.

Aber nach Emmas, Katies und Alysons Beerdigung hörte ich auf, zur Kirche zu gehen. Wie könnte ich glauben, dass Gott meine Gebete erhörte? Ich hatte inbrünstig für die Sicherheit meiner Kinder, ihre Gesundheit, ihr Glück gebetet, jeden Abend. Schon vor ihrer Geburt hatte ich nicht mit großen Gesten gegeizt. Als ich mit Emma schwanger gewesen war, hatte ich jedes Kruzifix, das ich besaß, um den Hals getragen und jeden Morgen zwanzig Anstecknadeln an meinem BH-Träger befestigt, zu Ehren meiner Lieblingsheiligen.

Eines Abends mitten in dieser Schwangerschaft waren Warren und ich einmal essen gegangen, und ich hatte mir drei Rosenkränze deutlich sichtbar um den Hals gelegt.

»Jackie, du musst aufhören damit. Das wird allmählich peinlich.«

»Wie könnte es peinlich sein, unser Baby zu schützen?«, hatte ich gefragt.

Ich empfand eine enorme Verantwortung, meine Kinder vor

allem Bösen zu bewahren. Wenn das hieß, mein eigenes Ego und meine Bedürfnisse zurückzustellen, hatte ich nichts dagegen. Über die Maßen beschützerisch, rief ich die Heiligen an, um mir zu helfen, auf meine Mädchen aufzupassen, und ich trug bei jeder Schwangerschaft weiterhin Kruzifixe und Anstecknadeln.

Ich hatte alle Lehren des Katholizismus befolgt und alles richtig gemacht. Doch nun wurde mein ganzes Glaubenssystem auf den Kopf gestellt. Rosenkränze, Kruzifixe und fromme Gebete waren nicht genug gewesen, um mich oder meine Kinder vor der Willkür des Lebens zu schützen. Ich konnte nicht glauben, dass der Tod dreier unschuldiger Seelen Teil irgendeines göttlichen Plans war.

Aber Religion und Vernunft sind keine gute Mischung, und es ist nicht leicht, etwas abzuschütteln, an das man immer geglaubt hat. Daher tröstete ich mich mit dem Gedanken, dass ich die Mädchen im Himmel wiedersehen würde, dass wir wiedervereint werden würden.

Je früher, desto besser.

»Ich werde bald wieder mit den Mädchen zusammen sein«, begann ich zu meinen Freundinnen zu sagen, mit einem breiten Lächeln, das mein Gefühl von Erleichterung widerspiegelte. Es war mehr als ein Versuch, mich besser zu fühlen; ich glaubte es wirklich. Meine kleinen Mädchen würden die Ewigkeit nicht ohne die Liebe ihrer Mutter aushalten müssen. Ich musste dort sein, um mich im Himmel so um sie zu kümmern, wie ich es auf der Erde nicht gekonnt hatte. Ich klammerte mich an das Versprechen unserer Wiedervereinigung als meine einzige Chance, wieder Glück oder Freude zu empfinden. Und in meinem verwirrten Zustand dachte ich, je früher ich im Himmel zu ihnen stoßen sollte, desto besser für uns alle.

Meine engsten Freundinnen, die noch immer rund um die Uhr bei uns zu Hause Wache hielten, sahen sich mit der Realität dessen konfrontiert, was ich tun musste, um diese himmlische Verbindung wahr werden zu lassen. Sie wollten mich nicht von den Mädchen fernhalten – aber sie mussten dafür sorgen, dass ich am Leben blieb, bis ich wieder klar denken konnte. Auch wenn ich schon immer angespannt und ängstlich gewesen war, hatte ich nie Selbstmordgedanken gehabt – doch die schrecklichen Umstände hatten meine ganze Lebensanschauung dramatisch verändert.

Und so entfernten meine Freundinnen, ohne es mir zu sagen, still und leise alles aus dem Haus, womit ich mir etwas antun konnte. Scharfe Messer verschwanden aus unserer Küche. Lange Schals aus meiner Kommode. Als ich mich eines Morgens anziehen wollte, konnte ich meinen Lieblingsgürtel nicht finden. Einmal wollte ich etwas aus der Zeitung ausschneiden, und anstelle der Küchenschere konnte ich nur die stumpfe Papierschere der Kinder finden.

Da die Kirche immer das Fundament meines Lebens gewesen war, begann ich in der Religion nach Antworten zu suchen. Ich war in dem Glauben aufgewachsen, dass Priester die Antworten auf alle Geheimnisse des Lebens kannten. Sie konnten mir sagen, was Gott von mir erwartete; ich musste lediglich ihren Anweisungen folgen. Ich hatte mich an Priester gewandt, als ich mit Emma schwanger gewesen war und ein früher Ultraschall darauf hindeutete, sie könnte Mukoviszidose oder das Downsyndrom haben. Der Arzt hatte mir eine Fruchtwasseruntersuchung empfohlen, aber ich wusste nicht, was ich tun sollte. Ich würde die Schwangerschaft niemals abbrechen – ich hatte mich meinem Baby vom ersten Augenblick an verbunden gefühlt –, aber Warren sagte, er wolle vorbereitet sein. Ich machte mir Sorgen wegen des Risikos einer Fehlgeburt, das eine Fruchtwasseruntersuchung beinhaltete. Was, wenn ich mein Baby verlor? Ich hatte mir geschworen, es unter allen Umständen zu beschützen.

»Ich bin so verwirrt«, stöhnte ich vor dem Priester. »Ich werde dieses Baby nicht aufgeben, egal, was passiert. Warum sollte es dazu kommen? Was soll ich tun?«

Er fragte nicht nach irgendwelchen medizinischen Details, sondern sagte mir nur, ich solle meinem Herzen folgen. »Tun Sie, womit Sie und Ihr Mann sich am wohlsten fühlen.«

Ich musste zwei Wochen auf die Ergebnisse der Fruchtwasseruntersuchung warten. Während dieser Zeit ging ich immer wieder in die Kirche und betete, mein Baby möge gesund sein.

Die Ergebnisse waren in Ordnung, und Emma war gesund. Damals dachte ich, meine Gebete seien erhört worden.

Nach der Beerdigung vereinbarte ich Termine bei verschiedenen Priestern, besuchte sie und stellte Fragen, suchte nach Erklärungen, warum sich der Gott, dem ich immer vertraut hatte, mit einer solchen Heftigkeit gegen mich wandte. Niemand hatte Antworten für mich, die ich verstehen konnte. Als Priester boten sie theoretische Theologie anstelle aufrichtiger und schlichter Antworten.

»Wie konnte Gott das tun?«, fragte ich einen von ihnen.

»Es war nicht Gott, es war Diane«, sagte der. Dann redete er überschwänglich von Bestimmung, Schicksal und freiem Willen.

»Das heißt, es *sollte* mir passieren?«, fragte ich immer verwirrter. »Es war mein Schicksal? Ich wurde für diese Tragödie geboren?«

»Nein, nein«, sagte er allmählich etwas verunsichert. »Wie ich bereits sagte, wir haben einen freien Willen.«

Aus meinem eigenen freien Willen heraus entschied ich, dass wir nicht weiterkamen und ich besser gehen sollte.

Ich besuchte einen Priester in einer anderen nahe gelegenen Gemeinde. Wie alle Geistlichen hatte er oft mit Traurigkeit und Tragödien zu tun, und er bot mir sorgfältig einstudierte Worte der Freundlichkeit und des Trostes. Aber angesichts lähmender Trauer sind Plattitüden nutzlos. Sie perlen an deiner Haut ab wie Tautropfen an einem Blatt. Ich suchte keinen Trost – ich brauchte Antworten. Daher begann ich noch einmal und stellte ihm die Frage, die mich quälte: »Warum wurden mir alle drei Mädchen genommen? Hätte nicht eine von ihnen verschont bleiben können? Das erscheint mir so ungerecht.«

Danny hatte noch immer seinen Sohn, Bryan. Die Mädchen hatten einander. Aber Warren und ich waren völlig beraubt und verlassen worden. Alle drei Töchter von uns gegangen? Wie konnte das sein? Welchen Sinn ergab solch ein Unglück? Ich starrte den Priester durch meinen tränenverhangenen Schleier des Leids an. In der Hoffnung, er würde die Weisheit oder überirdische Einsicht haben, die die Blase des Schmerzes durchstach, die mich umgab.

Aber er antwortete allzu rasch. »Sie mussten zusammen sein«, sagte er.

Ich spürte Zorn in mir aufwallen, da ich genau dieselbe Antwort immer wieder gehört hatte. Allein schon die Vorstellung machte mich wütend. Was sollte das heißen, sie mussten zusammen sein? Mussten die Mädchen denn nicht hier auf der Erde zusammen sein, mit Warren und mir? Ich ging wieder, enttäuscht von noch einem Kirchenmann, der mir nicht helfen konnte.

Taumelnd vor Schmerz rief ich meine Freundin Tricia an, eine dreifache Mutter und Managerin in einem großen Unternehmen in Manhattan. Ich erzählte ihr, dass ich allmählich den Glauben an die Kirche verlor. Tricia fand immer Lösungen, und sie nannte mir die Nummer eines jungen Priesters, den sie kannte, Father Brian Barr.

Als ich ihn anrief, hatte Tricia ihn bereits ins Bild gesetzt. »Es tut mir so leid«, sagte er, sobald ich ihm meinen Namen nannte.

»Sie müssen mir helfen«, platzte ich heraus. »Sie müssen mir sagen, dass dieser Schmerz vergehen wird. Gott wird mich doch nicht so weiterleben lassen, oder? Wenn man krank ist, bekommt man Medikamente – was bekomme also ich? Ich muss wissen, dass er mich bald zu sich nehmen wird, sonst werde ich mich umbringen müssen.«

Er wartete, bis ich fertig war, dann sagte er entschieden: »Jackie, im Moment herrscht das reinste Chaos, aber wir müssen jetzt erst einmal die Blutung stillen. Dann können wir uns eine Lösung für die Heilung überlegen. Es ist wie ein Druckverband – der verarztet die Wunde nur oberflächlich, verhindert aber, dass Sie verbluten. Und Sie bluten gerade so stark, dass Sie nicht mehr klar denken können.«

»Wenn ich mich umbringe, würde ich dann in die Hölle kommen?«, kam ich sofort zur Sache.

Er blieb fast zwei Stunden am Telefon, während ich ihn mit Fragen bombardierte. »All Ihre Fragen sind verständlich«, sagte er schließlich. »Ich muss mich wieder bei Ihnen melden. Bitte unternehmen Sie nichts, bis ich komme, um mit Ihnen zu reden. Vergessen Sie in der Zwischenzeit nicht, dass der Schmerz, den Sie jetzt empfinden, in sechs Monaten nicht mehr derselbe sein wird.«

Ich fand sein Versprechen lächerlich. Natürlich würde dieser Schmerz niemals aufhören! Und woher wollte dieser Priester das überhaupt wissen? Er war keine Mutter. Er verstand nichts. Dennoch versprach ich Father Barr, nichts zu tun, bis wir uns trafen. Schließlich brauchte ich die Bestätigung, dass ich, wenn ich mir das Leben nahm, mit meinen Mädchen wiedervereint werden würde. Ich überstand die nächsten paar Tage, indem ich darauf wartete, dass er kam. Ohne klare Antworten hatte ich Angst davor zu handeln.

Eines Nachmittags fuhr er in einem Jeep vor unserem Haus vor, in Kaki-Shorts, einem Hemd mit offenem Kragen und Flipflops. Wie all die anderen hatte auch er keine Erklärung dafür, weshalb uns alle drei Mädchen genommen worden waren. Ich machte mit meiner nächsten Reihe von Fragen weiter. Mein Plan, Emma, Alyson und Katie wiederzusehen, erschien mir völlig logisch, aber ich musste mich der Zugangsvoraussetzungen für das Reich Gottes vergewissern.

»Sie können nicht in den Himmel kommen, wenn Sie eine Todsünde begangen haben«, sagte er.

»Gott würde mich zur Hölle schicken, weil ich mit meinen Kindern zusammen sein will?«, fragte ich ungläubig.

»Selbstmord ist eine Todsünde«, rief er mir in Erinnerung.

»Ist Gott denn nicht gütig und barmherzig und gnädig?«, fragte ich, den Tränen nahe.

»Doch, natürlich.«

»Nun ja, würde ein gnädiger Gott denn nicht verstehen, dass eine Mutter sich um ihre Kinder kümmern muss? Wollen Sie mir sagen, Gott würde mich von meinen Kindern *fernhalten*?«

»Das kann ich nicht beantworten«, sagte Father Barr schließlich.

»Aber das ergibt doch keinen Sinn!«

»Sie sprechen wie jemand, der bei völlig klarem Verstand ist«, sagte er. »Wenn Sie bei klarem Verstand sind, wenn Sie Selbstmord begehen, werden Sie nicht in den Himmel kommen.«

»Aber ich bin verrückt, wirklich. Sie sind ja nicht hier, wenn es wirklich schlimm wird«, sagte ich eindringlich.

Wie hatte es so weit kommen können? Musste ich wirklich einen Priester davon überzeugen, dass ich verrückt war, um mir meinen Eintritt in den Himmel zu sichern?

Meine Suche nach ehrlichen Antworten schien alle Priester, die ich damit konfrontierte, zu erschüttern und zu verunsichern. Der Katholizismus beruht auf Glaube, nicht auf sorgfältigen Überlegungen. Wenn man versucht, die Glaubensartikel wie eine mathematische Gleichung zu behandeln, wird man feststellen, dass sie einfach unsinnig sind. Die Priester waren bereit, Trost anzubieten, aber sie wollten sich nicht auf ein wohl überlegtes Gespräch einlassen. Sie scheuten sich davor, wortwörtlich zuzusichern, dass der Himmel existierte – und dass die Mädchen und ich einander an jenem besseren Ort wiederfinden würden.

War er wirklich besser? Als mein Vater an Krebs erkrankte und bald darauf starb, ein Jahr vor Emmas Geburt, da ergab die Auslegung des Priesters, er sei jetzt »an einem besseren Ort«, einen Sinn. Wir nickten alle mitfühlend. So traurig und schmerzlich sein Tod auch gewesen war, stellte ich mir doch gern vor, dass er vom Himmel aus lächelnd auf mich heruntersah. Und ich wurde so bald nach seinem Tod schwanger, dass ich mir sicher war, dass Emma Dads Geschenk an mich war.

Aber bei meinen Töchtern hatte keine der stumpfsinnigen Aussagen von einem »besseren Ort« Sinn.

Was den Schmerz – und meine Verwirrung – noch verschlimmerte, war die Tatsache, dass Katie den Unfall zunächst überlebt hatte und es noch lebend ins Krankenhaus schaffte. Zuerst dachte ich, es sei Alyson gewesen, die noch gekämpft hatte, was mir logisch erschien, da Alyson das größte Herz hatte – ein so großes, offenes und großzügiges Herz, dass es für immer schlagen würde. Aber dann sagte Warren zu mir, ich würde mich irren – unsere kleine Katie sei diejenige gewesen, die im Krankenhaus um ihr Leben gekämpft hatte.

Der Gedanke daran schnürte mir den Atem ab. Was war mit Katie in diesen Augenblicken passiert, in denen sie zwischen Leben und Tod schwebte? Ich erinnerte mich an Geschichten, die ich von Leuten gelesen hatte, die sich an der Schwelle des Todes entschieden, ob sie auf der Erde blieben oder in den Himmel gingen. Ein Mann, der einen Herzinfarkt erlitten hatte, schilderte, wie er bereits auf dem Weg zur anderen Seite gewesen sei, als ihm auf einmal bewusst wurde, wie traurig seine Frau und seine Tochter sein würden. Er kämpfte sich zurück ins Leben, um wieder bei seiner Familie zu sein.

Hatte Katie diese Erfahrung gemacht? Hatte sie sich dafür entschieden, bei ihren Schwestern zu sein anstatt bei mir?

Katie und ich waren immer unzertrennlich gewesen. Ich fand häufig Dinge, die uns auf eine besondere Weise verbanden, und eines Tages, als die großen Mädchen in der Schule waren, zogen wir los, um uns zusammen maniküren zu lassen, wobei wir von Anfang bis Ende kicherten. Als Emma und Alyson unsere funkelnden Nägel sahen, bettelten sie darum, auch ihre Nägel gemacht zu bekommen, daher vereinbarte ich noch einen Termin für uns alle. Katie konnte ich die zweite Runde Gelächter mit mir und ihren Schwestern ebenfalls nicht abschlagen. Sie muss die einzige Fünfjährige in der Stadt gewesen sein, die in dieser Woche zwei Maniküren bekam.

So nahe wir beide uns standen, himmelte Katie aber auch ihre älteren Schwestern an. Emma und Alyson fuhren immer in einer Fahrgemeinschaft mit ihren besten Freunden und Nachbarn, Kailey und Ryan, zur Schule. An den Tagen, an denen ich fuhr, kam Katie immer mit und saß auf der Fahrt zur Schule und zurück sehnsuchtsvoll auf der Rückbank. Und selbst an den anderen Tagen blieb Katie nicht gern zurück. Sie ging mit ihren Schwestern nach nebenan. Isabelle packte sie in den Wagen und setzte sie dann wieder bei mir zu Hause ab. Sie behielt den Kindersitz, in dem ihre eigenen Kinder gesessen hatten, länger in ihrem Auto, als sie ihn brauchte. Nur damit Katie bei ihr mitfahren konnte.

Katie und ihre Schwestern waren immer unzertrennlich gewesen. Ich konnte die Vorstellung nicht abschütteln, dass sie nach dem Unfall vor die Wahl gestellt worden war. In gewisser Weise verstand ich, dass sie bei Emma und Alyson sein wollte. Ich wollte ja selbst bei ihnen sein.

Mit diesem Gedanken, mein Leben zu beenden, um die Mädchen wiederzusehen, glaubte ich, die absolute Verzweiflung erreicht zu haben. Doch dann lernte ich, dass ich noch nicht einmal annähernd am Tiefpunkt angelangt war.

Der nächste Schlag ereignete sich am Dienstag nach der Beerdigung, während Warren und ich auf Long Island im Wohnzimmer einer Frau namens Elaine Stillwell saßen. Wir hatten sie über Compassionate Friends kennengelernt, eine landesweite Organisation für trauernde Eltern. Sie erzählte uns von ihrem eigenen Verlust viele Jahre zuvor und von dem Trost und Beistand, den ihre örtliche Trauergruppe bieten konnte. Ich war mir sicher, sie leitete eine warmherzige und mitfühlende Gruppe, aber ich wusste bereits, dass Warren und ich ihr nicht beitreten würden. Die Treffen waren offen, und wir mussten unsere Privatsphäre schützen. Unsere Geschichte und unser Schmerz waren schon jetzt allzu öffentlich geworden.

Mitten im Gespräch bekam Warren einen Anruf auf seinem Handy und verließ das Wohnzimmer, um ihn entgegenzunehmen. Als er wiederkam, war seine Miene versteinert.

»Wir müssen gehen«, sagte er.

»Warum?«, fragte ich. Die Fahrt hierher war lang gewesen, und ich wollte gern noch ein bisschen länger in Elaines Wohnzimmer bleiben und ihre tröstlichen Worte hören.

»Sofort, Jackie«, sagte er. Sein ganzer Körper war angespannt, und ich hörte die Dringlichkeit in seiner Stimme.

Wir verabschiedeten uns rasch.

»Der toxikologische Bericht wird bald freigegeben«, sagte Warren, während er mich zum Wagen führte. »Er ist nicht gut.«

Bislang hatte die Polizei den Unfall als »Rätsel« bezeichnet und erklärt, Alkohol sei offenbar nicht im Spiel gewesen. Diane war in falscher Richtung über eine Ausfahrt auf den Taconic Parkway gefahren, die abgeschieden und schlecht ausgeschildert war. Ortsansässige zeigten sich schon lange besorgt darüber, dass die Leute sich dort verfuhren. Aber sobald sie auf dem Highway war, wo Autos auf sie zuschossen, hätte Diane auf einen der grasbewachsenen Seitenstreifen fahren können. Fahrer, die ihr entgegenkamen, hupten und gestikulierten wild. Ein paar sagten, sie hätte geradeaus geblickt, das Lenkrad in der korrekten Zehn-vor-zwei-Position gehalten und einen ruhigen Eindruck gemacht. Andere sagten, sie sei zwischen den Spuren gefahren und hätte unkonzentriert gewirkt.

Warum war sie weitergefahren?

Warren und ich waren zu benommen und abgelenkt gewesen, um selbst auf irgendwelche Theorien zu kommen. Ein epileptischer Krampf oder Schlaganfall vermutlich. Oder irgendeine andere neurologische Störung. Irgendetwas musste passiert sein, weshalb sie so verwirrt oder orientierungslos gewesen war.

Jetzt hatte die Polizei eine Antwort, die so schockierend war, dass wir erneut in ein neues schwarzes Loch fielen. Ein Polizist hatte Warren gegenüber ein paar Tage zuvor angedeutet, dass entsetzliche Erkenntnisse ans Licht kommen könnten, und Warren hatte versucht, mich vor dieser Möglichkeit zu warnen. Aber wir waren beide ruhig geblieben und hatten schlichtweg verleugnet, dass es etwas anderes als eine neurologische Störung sein konnte.

»In dem toxikologischen Bericht steht, dass Diane betrunken war«, sagte Warren.

Als ich aufstöhnte, ergänzte er: »Und vollgepumpt mit Marihuana.«

Wie man ihm soeben mitteilte, hatte Dianes Blutalkoholspiegel bei 1,9 Promille gelegen – mehr als das Doppelte der gesetzlichen Höchstgrenze, die in den USA 0,8 Promille bei Fahrern über 21 beträgt. Nach den Worten der Polizei entsprach das zehn Gläschen Wodka in einer Stunde. Diane hatte sechs Gramm unverdauten Alkohol im Magen, und die Polizei fand eine geöffnete Wodkaflasche im Wrack. Außerdem gab es Hinweise darauf, dass sie nur eine Stunde zuvor einen Joint geraucht hatte.

»Nein, nein, das ist ein Irrtum«, sagte ich.

»Es ist ein offizieller Bericht«, erwiderte Warren.

»Aber es muss ein Irrtum sein. Diane trinkt nicht. Das ist unmöglich!«

Diese letzte Neuigkeit war fast zu entsetzlich, um sie zu verkraften. Diane betrunken mit fünf Kindern im Auto? War das der Grund, weshalb Emma geweint hatte? War es das, was sie meinte, als sie sagte, mit Tante Diane würde etwas nicht stimmen?

Warren und ich waren an diesem Morgen nicht imstande gewesen, allein irgendwohin zu fahren, daher hatte unsere liebe Freundin Isabelle uns zu dem Treffen bei Elaine Stillwell chauffiert. Jetzt, als wir in aller Eile wieder in Isabelles Wagen stiegen, sagte sie uns, Reporter würden wieder unsere Nachbarschaft belagern. Die Polizei hatte unsere Straße nach dem Unfall abgesperrt, und sie würde es vielleicht wieder tun müssen. In der Woche zuvor hatte die Story über die »Falsche Richtung auf dem Taconic« Zeitungsleser und Zuschauer der Boulevardsender mit ihrer erschütternden menschlichen Tragödie gefesselt, und jetzt hatte die Katastrophe Amerikas weiteres Lieblingselement dazugewonnen: den Skandal.

Anstatt uns nach Hause zu bringen, entschied Isabelle, in eine andere Richtung zu fahren. Auf der Suche nach irgendeinem sicheren Ort, um der Presse zu entkommen, fuhren wir zu unseren Freunden Brad und Melissa in der benachbarten Stadt Garden City. Auf einmal waren wir Flüchtlinge vor unserem eigenen Leben. Allzu oft waren wir in dieser Woche Reportern ausgewichen, indem Isabelle uns zunächst zu ihrem Haus fuhr und uns dann half, unentdeckt hineinzukommen. Dann schlüpften wir durch ihre Hintertür hinaus, schlichen durch die beiden Gärten und stahlen uns von hinten in unser eigenes Haus. Diese Heimlichtuerei zehrte an meinen Nerven. Wir waren in dieser Geschichte die Guten, nicht die Bösen. Wir hatten nichts Unrechtes getan. Aber auf einmal wurde mir bewusst, wie die toxikologischen Befunde für den Rest der Welt klingen würden.

»Wir müssen eine Erklärung abgeben«, sagte ich allmählich panisch, als wir vor Melissas und Brads Haus vorfuhren. »Die Leute werden denken, dass ich eine verantwortungslose Mutter bin.«

Trotz der eindrucksvollen Traueransprache, die er bei der Beerdigung gehalten hatte, sah Warren sich nicht als öffentlichen Redner, und er hielt es für falsch, mit Reportern zu sprechen. »Ich bin denen keine Erklärungen schuldig«, sagte er stoisch. »Ich rede nur mit den Leuten, die mir etwas bedeuten.«

Wir riefen meinen Bruder an und fragten ihn, ob er für die Familie sprechen würde. Stephen, drei Jahre älter als ich, war schon immer derjenige gewesen, an den ich mich in meiner Kindheit und Jugend zuerst gewandt hatte. Meine Mom hatte lange Zeit an einer nachgeburtlichen Depression gelitten, aber über dieses Problem war vor vierzig Jahren so wenig bekannt, dass sie in eine Klinik eingewiesen und Schockbehandlungen unterzogen wurde – was alles nur noch verschlimmerte. Meine Eltern trennten sich schließlich und ließen sich scheiden, als ich zehn war. Obwohl ich meinen Dad jeden Tag sah, bildeten meine Mom, Stephen und ich ein enges Dreiergespann. Als Stephen nach Annapolis aufs College ging, war ich am Boden zerstört. Jetzt lebte er in New Jersey, nicht weit von dort, wo wir aufgewachsen waren, mit seiner schönen Frau Caroline und meinen Nichten und meinem Neffen.

Da Stephen in einer leitenden Position im Finanzsektor arbeitete, war er Reden in der Öffentlichkeit gewohnt, und er erklärte sich bereit, in einer Pressekonferenz aufzutreten, bei der er unsere Erklärung verlesen, aber keine Fragen beantworten würde. Die Reporter stürzten sich darauf wie auf Aas. Wie hungrige Geier waren sie entschlossen, nach allem zu hacken, was sie kriegen konnten.

Vor einer Unmenge von Kameras, Reportern und Kommentatoren in der Nähe unseres Hauses erklärte Stephen, er würde für Warren und mich sprechen – nicht jedoch für Danny. Er sagte, wir seien »schockiert und zutiefst betrübt« von den Informationen in dem toxikologischen Bericht, und es sei »das absolut Allerletzte, was wir erwartet« hätten. Dann traf er, in unserem Namen sprechend, die wichtigste Feststellung von allen: »Wir hätten unseren Töchtern niemals erlaubt, bei jemandem mitzufahren, der ihre Sicherheit gefährden könnte.«

Niemals, unter gar keinen Umständen. Nie, aber auch nie. Ich wollte, dass er diese Zeile tausendmal wiederholte. Er fuhr mit den Worten fort, die wir sorgfältig gewählt hatten: »Da wir Diane nur als verantwortungsbewusste und liebevolle Mutter und Tante gekannt haben, wirft dieser toxikologische Bericht für unsere Familie mehr Fragen auf, als er Antworten bietet.«

Während sie gebannt zuhörten, nahmen die Reporter prompt das erste Anzeichen eines Risses im familiären Bollwerk Hance/Schuster wahr. Und sie hatten recht. Wir hatten in der vergangenen Woche gemeinsam getrauert, als unsere Familienbande alles andere zu besiegen versprachen. Aber der toxikologische Bericht änderte alles. Diane lag neben meinen Mädchen begraben, daher waren wir für immer mit ihr verbunden, und diese Erkenntnis löste eine neue, unerwartete Flut des Schmerzes und der Verwirrung aus.

4

Die Leute begannen mich zu fragen, was ich Diane gegenüber fühlte. Niemand kann sich vorstellen, wie komplex diese Frage ist. Wie konnte eine Person, die wie eine Schwester für mich war, geliebt von meinen Mädchen und geschätzt von meinem Mann, zu dem Menschen werden, der unser Leben ruiniert hat? Diane behandelte die Mädchen wie ihre eigenen Kinder – sie rief sie vor dem ersten Schultag an, schickte ihnen Grußkarten zum Valentinstag und kam vorbei, nur um sie zu sehen und Hallo zu sagen. Wie konnte diese Person, die ich liebte und der ich vertraute, etwas so Undenkbares getan haben? Keine Antworten zu haben, war quälend.

Trauer ist ein überwältigendes Gefühl, das jeden Winkel unseres Herzens und jede Synapse unseres Gehirns ausfüllt – und keinen Platz für irgendetwas anderes lässt. Aber langsam begann sich noch eine andere Emotion einzuschleichen.

Wut.

Die heranrückende Erbitterung war wie ein unverhoffter Eindringling in meine Trauer und verlangte nach einer Antwort, die zu geben ich weder die Kraft noch die emotionale Ausdauer hatte. Wenn die toxikologischen Befunde korrekt waren, dann waren meine Kinder nicht einfach gestorben – dann waren sie ermordet worden. Ich stellte fest, dass die Trauer, so quälend sie auch sein kann, nicht auf dieselbe Weise an der Seele nagt wie Wut.

»Warum konnten sie nicht einfach bei einem normalen Autounfall sterben?«, flüsterte ich einer Freundin zu. »Dann könnte ich die Trauer bewältigen, ohne auch noch diese ganze Wut zu haben.«

Die Leute begannen von einer baldigen »Heilung« zu reden, aber das Wort klang in meinen Ohren hohl. Es war nicht so, dass ich mir die Knie aufgeschlagen hatte und mich dank eines Heftpflasters und ein paar Lutschern bald besser fühlen würde. Mein Leben war im Grunde zu Ende. Alles, was mir etwas bedeutet hatte, war mir entrissen worden, und ich wurde immer wütender auf Gott, der mich in diese Lage gebracht hatte. Unsere Freunde begannen nach Therapeuten zu suchen, die uns helfen könnten, aber viele wollten gar nicht erst mit uns reden. Unsere Tragödie war zu viel für sie. Sie wussten, sie könnten uns nicht annähernd helfen. Wie die Priester hatten auch sie keine Antworten.

Nachdem der toxikologische Bericht öffentlich bekannt geworden war, wollten wir den rechten Weg beschreiten und nach Antworten suchen, während wir gleichzeitig unseren Schmerz und unser Mitgefühl allen Beteiligten gegenüber zum Ausdruck brachten. Danny wurde unterdessen Opfer des großmäuligen Anwalts Dominic Barbara, der angeboten hatte, ihn zu vertreten. Das war der Zeitpunkt, als der kleine Riss zwischen unseren Familien zu einer gewaltigen Kluft wurde.

In der Gegend von New York, in der wir lebten, wird Barbaras Name für immer mit Joey Buttafuoco verknüpft sein, dem zwielichtigen Kfz-Mechaniker, der in den Neunzigerjahren eine Affäre mit Amy Fisher hatte – einer Jugendlichen, die Joes Ehefrau, Mary Jo, anschoss und schwer verwundete. Von den Medien als »Long-Island-Lolita« bezeichnet, ging Amy für sieben Jahre ins Gefängnis, und Joey bekam sechs Monate wegen Unzucht mit Minderjährigen. Die Story war jahrelang das Lieblingsthema der Boulevardsender und wurde sogar verfilmt, wobei Dominic Barbara die Flammen schürte, so gut er konnte. Mit anderen Worten, er war nicht der Mann, an den man sich wenden würde, wenn man die hohe moralische Integrität der eigenen Familie unter Beweis stellen wollte.

Dominic Barbara berief fast umgehend eine Pressekonferenz ein. Danny bat Warrens Vater und seinen Bruder David, an seiner Seite dabei zu sein, aber sie lehnten ab. Danny war empört – er verstand nicht, wie schmutzig es sich für den Rest von uns anfühlte, dass er im Fernsehen auftrat. Er wollte seine Frau verteidigen, aber indem er unbesonnen seine eigene Version der Geschichte verbreitete, goss er nur Öl ins ohnehin schon lodernde Feuer der Presse.

Der für sein flammendes Auftreten bekannte Barbara schien begeistert, bei der Pressekonferenz den Zeremonienmeister zu geben, plauderte fröhlich und stellte Regeln auf. Er sagte ein paar Sätze darüber, was für eine schreckliche Tragödie sich ereignet hätte, aber die Worte klangen falsch. Draußen im Sonnenschein stehend, erklärte er den Reportern, Diane Schuler könne unmöglich betrunken gewesen sein. Er wandte sich an Danny zur Bestätigung. »Ich habe sie seit dem Tag, an dem ich sie kennenlernte, nie betrunken gesehen«, verkündete ein tränenreicher Danny.

Barbara legte die Vermutung nahe, dass es irgendeinen anderen Grund geben müsse, weshalb Diane in die falsche Richtung gefahren war. »Irgendetwas ist mit ihrem Gehirn passiert«, sagte er. Er redete von einem möglichen Schlaganfall und warf das Thema eines Zahnabszesses in den Ring, der ihr Schmerzen verursacht haben könnte. Er sagte nicht, dass der toxikologische Bericht falsch war, aber er stellte seinen Ermittler, Thomas Ruskin, vor, der erst seit vierundzwanzig Stunden mit dem Fall befasst war, jedoch selbstbewusst erklärte, was passiert war, sei »so untypisch für diese Frau, dass es irgendeine andere Erklärung geben« müsse.

Danny schien etwas neben der Spur zu sein. Er blickte unbehaglich und starrte ins Leere, während er sprach, aber durch seinen Mangel an Eloquenz klang er wenigstens aufrichtig. Es gingen Gerüchte, Danny und Diane hätten sich am Morgen des Unfalls gestritten, und sie sei in einem aufgelösten Zustand nach Hause losgefahren, da er ihr gesagt habe, er wolle sich scheiden lassen. »Das war nicht der Fall«, erklärte der Anwalt.

»Ich liebe meine Frau, wir haben uns geliebt«, sagte Danny wie aufs Stichwort. »Sie war eine perfekte Ehefrau und wundervolle Mutter, eine fleißige Person, zuverlässig und vertrauenswürdig. Ich würde sie morgen wieder heiraten. Sie ist umwerfend. Sie ist die Beste.«

Als Danny ein paar Mal ins Stocken kam, half ihm seine Schwägerin Jay Schuler aus, die mit Dannys Bruder Jimmy verheiratet ist. Kantig, schlank und wortgewandt, war Jay seine Stütze – und klang schlauer als Danny. Barbara zog Jay rasch vors Mikrofon, wo sie all die richtigen Dinge sagte: Diane habe als Kindermädchen gearbeitet, bevor sie eine leitende Position bei Cablevision übernommen habe. Sie habe ihre Nichten wie ihre eigenen Kinder behandelt. Die Familie sei für sie an erster Stelle gekommen. Es sei ausgeschlossen, dass sie die Kinder absichtlich in Gefahr bringen würde.

Nur dass Diane die Kinder in Gefahr gebracht *hatte.*

Danny entschuldigte sich nicht für das, was seine Frau getan hatte. Was immer die Gründe hinter der Tragödie waren, die Folgen waren entsetzlich – acht Tote. Anstatt das zuzugeben, machte er es nur noch schlimmer.

»Ich gehe jeden Abend mit dem Wissen zu Bett, dass ich ein reines Herz habe«, platzte er zum Schluss heraus. »Sie hat nicht getrunken. Sie war keine Alkoholikerin. Ich bin jeden Abend, wenn ich zu Bett gehe, ruhigen Herzens.«

Die Worte gefroren in der warmen Luft. Seine Frau und seine kleine Tochter waren tot, und er war jeden Abend ruhigen Herzens?

Dominic Barbara schien den Schnitzer nicht zu bemerken. Zufrieden mit der Pressekonferenz, beschloss er, mit seiner schmierigen Show auf Tournee zu gehen. Mit Jay als seiner neuen Verbündeten trat er in *Larry King Live* und *The Early Show* auf CBS auf. Als ich von dem Medienzirkus hörte, wurde mir schlecht. Barbara war ein Clown, der Spaß an seinem Auftritt hatte, und ich konnte es nicht ertragen, dabei zuzusehen oder zuzuhören. Warum ließ Danny das zu? Konnte er wirklich beweisen, dass die Toxikologie sich irrte und irgendetwas anderes hinter dem Unfall steckte?

Aber ich verspürte auch einen winzigen Funken der Erleichterung. Obwohl es nicht die Art war, wie ich mit der Situation umgegangen wäre, wollte ich unbedingt glauben, dass irgendetwas anderes passiert war, dass das toxikologische Gutachten falsch war. Ich wollte nicht wütend auf Diane sein, und jede Erklärung, die mir diese Wut nehmen und Sinn ergeben konnte, war mir recht – egal, welcher Quelle sie entsprang.

Doch ein Kommentar sprang mir ins Auge, und ich konnte ihn nicht mehr verscheuchen, so sehr ich mich auch bemühte. Barbara hatte die Pressekonferenz mit der Erklärung begonnen, dass Danny keine Fragen nach dem Marihuana-Konsum beantworten würde.

Was prompt alle dazu brachte, ihre eigenen Schlüsse zu ziehen.

Ich wusste, dass Danny Probleme mit Angstzuständen hatte und dass er die angstlösenden Medikamente, die ein Arzt ihm verschrieben hatte, schlecht vertragen hatte. Behandelte er sich selbst mit Marihuana? Das konnte ich mir bei ihm durchaus vorstellen, aber Diane war ein anderer Fall. Sie war eine fleißige Person, die sich um alles in der Familie kümmerte.

Danny sagte, er und Diane hätten am Morgen des Unfalls zusammen ein paar Tassen Kaffee getrunken. Alles sei in Ordnung gewesen. Ein paar Stunden später hatte Diane das Undenkbare getan.

Wir alle wollten wissen, was zwischen dieser letzten Tasse Kaffee und Emmas Anruf passiert sein könnte. Tage später sollte das Handy gefunden werden, weggeworfen am Straßenrand, in der Nähe einer kleinen Fernfahrer-Raststätte. Ich hatte mir die Kinder in einem gut besuchten McDonald's vorgestellt, als ich das letzte Mal mit Emma sprach, aber das stimmte so nicht. Zu dem Zeitpunkt hatte Diane einfach an einer uneinsichtigen Stelle am Straßenrand gehalten.

Die polizeilichen Ermittlungen ergaben, dass sie noch zweimal angehalten hatte. Als Erstes, zu Beginn der Fahrt, fuhr sie zu einem McDonald's, um für alle ein Frühstück zu kaufen. Jeder erinnerte sich an sie, da Bryan Chicken McNuggets wollte und der Typ am Tresen erklärte, so früh am Tag würden sie noch keine anbieten. Da sie sicherstellen wollte, dass die Kinder alles bekamen, was sie wollten, verlangte Diane den Geschäftsführer zu sprechen. Sie war bei diesem Gespräch völlig rational – und entschieden.

Später hielt sie noch einmal an einer Tankstelle und ging in den Shop. Sie ließ die Kinder im Auto, und die Aufzeichnungen der Überwachungskameras zeigten sie dabei, wie sie durch die Gänge ging. Sie verließ den Shop, ohne etwas zu kaufen.

Und das war alles, was wir wussten. In den kommenden Monaten sollten wir immer wieder auf diese Häppchen von Informationen zurückgreifen, sie zu unterschiedlichen Formen verbiegen und versuchen, eine Geschichte darin zu sehen. Aber die Beweise fügten sich nie zu etwas zusammen, was irgendeinen Sinn ergab, daher drehten wir uns weiter im Kreis, ohne einen Ausweg zu finden.

5

Extremer Stress stellt seltsame Dinge mit dem Verstand an.

Ich habe keine logische Erklärung für den vorübergehenden Gedächtnisverlust, der unmittelbar nach dem Unfall bei mir einsetzte. Jedes Mal, wenn ich aufwachte, hatte ich vergessen, was passiert war. Genauer gesagt wusste ich nicht, dass der Unfall sich überhaupt ereignet hatte oder dass meine Kinder nicht mehr nach Hause kommen würden.

Eines Morgens stieg ich aus dem Bett, stolperte aus meinem Zimmer und traf Jeannine schlafend in der Diele an.

»Was tust du denn hier?«, fragte ich verwirrt.

»Ich habe hier geschlafen«, sagte sie.

»Wo sind denn die Mädchen?«, fragte ich, während ich einen Blick in ihre leeren Zimmer warf.

»Jackie …«

»Ach ja, richtig. Die Mädchen sind auf einem Campingausflug.« Ich fühlte mich ein bisschen benommen. Die Mädchen würden bald nach Hause kommen, richtig? Natürlich. Heute Vormittag, vielleicht heute Nachmittag. Aber warum war Jeannine hier? Und wenn sie hier übernachten musste, warum hatte sie auf dem Boden vor meinem Zimmer geschlafen?

In Filmen ist Gedächtnisverlust oft die Ausgangsbasis für eine charmante Unterhaltung – wie zum Beispiel bei einer kessen Drew Barrymore in *50 erste Dates*, die jeden Morgen auf Hawaii aufwacht, außer Stande, sich zu erinnern, dass Adam Sandler ihr den Hof macht. Mein Gedächtnisverlust war nicht ganz so entzückend, und niemand würde am Ende glücklich in den Sonnenuntergang davonsegeln. Sobald ich einschlief, führte mein Gehirn einen Neustart durch und warf mich zurück zu dem Sonntagmorgen des Unfalls. Egal, ob ich mittags aus einem Nickerchen hochfuhr oder nach einer unruhigen Nacht aufstand. Ich streifte umher und fragte nach meinen Töchtern. Manchmal schlenderte ich auf die Straße hinaus, als würde ich nach ihnen suchen. Ich ging in die Küche und begann das Mittagessen für sie zu kochen oder nach Leckereien zu suchen, die ich ihnen in ihre Rucksäcke packen könnte. Mein Unterbewusstsein wollte den Tag offenbar ständig wiederholen, bis ich wieder auf der Spur war. Aber anders als eine Figur in einem Film kam ich nie richtig auf die Spur. Ich konnte das Ende nicht ändern.

Wusste ich, was passiert war, und weigerte mich schlicht, es zu glauben? Selbst im Nachhinein kann ich nicht einmal annähernd erklären, welche Streiche mein Verstand mir spielte. Ich wollte diesen Tag so völlig und so unbedingt ändern, dass mein Gehirn nicht an der Wahrheit festhielt. Mein Unterbewusstsein weigerte sich schlicht, die Wirklichkeit zu akzeptieren.

Meine Freundinnen, Jeannine eingeschlossen, versuchten mich in die Wirklichkeit zurückzuzerren. Sie behielten Zeitungen vom Tag des Unfalls im Haus, die sie mir immer wieder zeigten. Da im Allgemeinen jeden Abend zwei Leute bei uns übernachteten – zusammengerollt auf der Couch oder vor meiner Schlafzimmertür –, hatten meine Freundinnen Anweisungen dazu aufgeschrieben, was zu tun war, wenn ich sie ausdruckslos ansah und mich an nichts erinnern konnte. Sie alle begriffen irgendwann, dass die Geschichte dessen, was mit Emma, Alyson und Katie passiert war, immer wieder auf die Tafel meines Verstandes geschrieben werden musste und dann ebenso schnell wieder weggewischt wurde.

Eines Morgens, etwa zwei Wochen nach dem Unfall, war meine Freundin Tara im Haus, als ich aufwachte. Damals im achten Monat schwanger, übernachtete sie dennoch bei uns, um für mich da zu sein, und hatte sich auf das Ritual eingestellt, mich sanft in die Gegenwart zurückzuschubsen. So freundlich wie möglich erklärte sie mir, warum die Mädchen nicht da waren, und wie üblich blieb ich leicht benommen. Sie las mir geduldig den Zeitungsbericht vor. Ich hörte zu. Sie las ihn mir noch einmal vor. Aber ich war nicht die Einzige, die zuhörte. Während sie die Tragödie ein zweites Mal schilderte, kochte Warrens Frustration auf einmal über. Während er mit seiner eigenen Trauer und Qual zu kämpfen hatte, war mein Leugnen, so unbewusst es auch war, für ihn unerträglich.

»Es reicht!«, brüllte er. »Ich will das nicht mehr hören!«

»Warum brüllst du denn?«, fragte ich ihn verwirrt.

»Jackie, komm endlich zu dir! Die Mädchen sind nicht hier!«, schrie er.

»Was meinst du damit?«

»Jackie, es gab einen Unfall. Das weißt du.«

»Was denn für einen Unfall?« Ich starrte ihn an, mit ausdrucksloser, verständnisloser Miene.

»Die Mädchen sind nicht hier. Die Mädchen sind tot!«, rief Warren.

»Wie kommst du denn darauf, so etwas zu sagen?«, fragte ich mit bebender Stimme.

»Weil es wahr ist.«

»Wie kannst du das sagen?«

»Es ist die Wahrheit, Jackie. Sieh dir die Zeitung an. Lies es noch einmal. Sie sind tot!« Er warf die zerfledderte Zeitung auf den Tisch und stürmte aus dem Zimmer.

Ich würde gern sagen, dass seine Wut mich aus meinem Gedächtnisverlust riss. Aber so war es nicht. Vernünftig mit jemandem reden zu wollen, der völlig von der Realität entfernt ist, nützt nichts. Wochenlang führten wir denselben Tanz auf.

Warren litt nach wie vor unter meinem verstörenden Zustand, genau wie meine Freundinnen. »Stell dir vor, wie schrecklich es ist, deiner besten Freundin sagen zu müssen, dass ihre Kinder gestorben sind«, sagte meine liebe Freundin Jeannine Monate später, als ich allmählich begriff, was ich ihnen zugemutet hatte. »Und jetzt stell dir vor, wie schrecklich es ist, ihr das hundertmal sagen zu müssen.«

Ich habe noch immer Schuldgefühle, weil ich das Leid anderer Leute noch verschlimmert habe, aber der Gedächtnisverlust war nicht meine freie Entscheidung. Leugnen ist vermutlich ein Überlebensmechanismus, der sich einschaltet, wenn die Ereignisse schlimmer sind, als wir ertragen können. Ein evolutionäres Zucken, das garantiert, dass wir weitermachen, trotz überwältigender Umstände. Ärzte hatten mir außerdem starke Medikamente verschrieben, um mir gegen Depressionen, Angst und Schlaflosigkeit zu helfen, und die Kombination aus Xanax, Ambien, Clonazepam und ein paar anderer Medikamente löste bei mir vielleicht eine chemische Störung aus.

Warren musste meine Verwirrung morgens im Allgemeinen nicht ertragen, da ich regelmäßig vor Sonnenaufgang aufwachte, während er noch schlief, um laufen zu gehen. Jahrelang hatte ich einer Laufgruppe von fünf oder sechs Müttern angehört, die sich an den meisten Morgen vor Sonnenaufgang zum Training trafen. Wir fingen gegen halb fünf Uhr morgens an, uns SMS-Nachrichten zu schicken – wer kommt mit, wer nicht. *War die ganze Nacht mit weinendem Baby wach, bin daher zu erschöpft zum Laufen*, lautete zum Beispiel eine SMS, wenn sich eine von uns entschuldigte. Oder: *Ich bin dabei! Hab etwas Schlaf bekommen.* Diese frühmorgendlichen Piepser auf meinem Handy brachten mich zum Lächeln und gaben mir ein Gefühl von Zugehörigkeit.

Sobald sich die Gruppe zusammengefunden hatte, liefen wir sechs Meilen, wobei wir uns die ganze Zeit unterhielten und Geschichten erzählten. Wie ein Kaffeeklatsch, bei dem wir schnell liefen und ohne Ende quatschten. Selbst wenn wir anschließend noch auf einen richtigen Kaffee bei unserem örtlichen Deli vorbeischauten, war ich spätestens um Viertel nach sechs zu Hause, mit hämmerndem Herzen und vollgepumpt mit Endorphinen. Das war lange Zeit mein bevorzugter Start in den Tag.

Ich hatte nicht vorgehabt, so bald nach dem Unfall wieder mit dem Laufen anzufangen, aber es schien die natürlichste Sache der Welt zu sein. Freunde und Familienangehörige drängten sich nach der Beerdigung tagelang in unserem Haus, aber ich war desorientiert und aß nichts mehr. Als ich eines Sonntagnachts durch unser Wohnzimmer schlenderte, bemerkte ich meine Freundin Bernadette. Mitte dreißig, aber mit dem Aussehen und der Energie eines jugendlichen Rockstars, war Bernadette eine der Stützen der Laufgruppe. Sie hatte früh geheiratet und vier Kinder, von denen die beiden jüngsten in dieselben Klassen gingen wie Alyson und Katie. Ich wusste, dass der nächste Tag ein Montag war, aber was tat ich jetzt an einem Montag, in dieser Welt nach dem Unfall? Was könnte mich wieder mit der Person verbinden, die ich noch vor Kurzem gewesen war?

Ich klopfte Bernadette auf die Schulter. »Ich gehe morgen laufen, oder?«, fragte ich sie aus heiterem Himmel.

»Na klar«, sagte Bernadette, ohne zu zögern. Sie lächelte mich an, als hätte sie nie gedacht, ich könnte irgendetwas anderes tun. »Aber Jackie, wenn du laufen gehst, dann musst du auch essen.«

Ich hatte keinen Appetit, und ich konnte mir nicht vorstellen, je wieder irgendetwas zu mir zu nehmen. Ich hatte ständig ein

Engegefühl um die Kehle. Nichts lockte mich, und in der Woche seit dem Unfall hatte ich mehrere Pfund abgenommen. Für manche Leute wäre das vielleicht etwas Gutes, aber ich war ohnehin schon schlank gewesen und hatte nicht viele Reserven. Bernadette stellte deswegen prompt eine neue Regel auf: Wenn ich laufen gehen wollte, musste ich drei Dosen Proteinnahrung trinken. In den kommenden Wochen rettete mir diese einfache Regel vielleicht das Leben. Es war das Einzige, was mich dazu brachte, überhaupt Kalorien zu mir zu nehmen.

Meine Freundinnen wussten, dass ich seit meiner Jugend mit Bulimie zu kämpfen hatte. In dem Versuch, diese Krankheit zu besiegen, hatte ich Spezialisten für Essstörungen aufgesucht und es mit diversen Ernährungsplänen versucht. Ich hatte eine Einzeltherapie gehabt und war zu Gruppentherapiesitzungen gegangen. Aber die Störung zu bekämpfen war eine schwierige Herausforderung, und ein Heilmittel zu finden erwies sich als nahezu unmöglich.

»Wenn du weißt, dass es ein Problem ist, warum hörst du dann nicht einfach auf?«, fragte Warren mich einmal, als wir bereits miteinander gingen. So verwirrend es für ihn auch war, er unterstützte mich und war nach New Jersey gekommen, um mich zu einem Arzttermin zu fahren.

»Ich weiß nicht«, sagte ich. »Das ist nicht so einfach.« Warum hören übergewichtige Leute nicht auf, Kekse zu essen? Warum lassen Diabetiker nicht die Finger von Süßigkeiten? Ich habe von Leuten gehört, die Tausende von Dollar ausgeben für eine Woche in einer Diät-Kurklinik und dann nachts für eine Peperoni-Pizza aus dem Haus schleichen. Unsere kurzfristigen Triebe beherrschen uns, und die langfristigen Ziele sind damit nicht immer vereinbar.

Die Bulimie hörte in meinen Schwangerschaften auf, kehrte aber immer wieder. Ich ließ die Mädchen nie etwas von dem

Problem wissen und versteckte mich vor ihnen, wenn ich mich nach Heißhungerattacken übergab. Bislang hat niemand herausgefunden, was genau eine Bulimie eigentlich auslöst, aber es wird allgemein angenommen, dass Gefühle von Unzulänglichkeit eine Rolle spielen. Ebenso ein Bedürfnis, Leuten zu gefallen und das eigene Leben unter strenger Kontrolle zu halten.

Nach dem Unfall muss mein Unterbewusstsein endlich akzeptiert haben, dass das Leben, egal, wie sehr ich darauf achtete, was ich aß, nach seinen eigenen Vorstellungen verlief. Ich konnte nie kontrollieren, was wirklich wichtig war. Um genau zu sein, schien es zu diesem Zeitpunkt sinnlos, überhaupt irgendetwas kontrollieren zu wollen. Die Bulimie verschwand über Nacht und kam nie wieder.

Die Mitglieder unserer Laufgruppe fuhren am frühen Morgen im Allgemeinen zu Bernadettes Haus, um von dort aus mit dem Laufen zu beginnen. Aber jetzt änderten sie den Plan, um mir entgegenzukommen. Ich stellte meinen Wecker auf halb fünf, und wer immer bei uns übernachtet hatte, stand schlaftrunken auf, half mir, meine Laufkleidung zu finden, und brachte mich zur Straßenecke. Dort versammelte sich die Gruppe um mich – und wir joggten los.

An manchen Morgen hielt ich mich an das Tempo der Gruppe und beteiligte mich an der Unterhaltung. Zu anderen Zeiten stürmte ich allein voraus und lief so schnell, dass niemand mit mir mithalten konnte, als wollte ich vor meinem eigenen Schmerz davonrennen, die Vergangenheit hinter mir lassen und zu einem anderen fernen Ort laufen.

Wenn das Schlimmste passiert ist, wie macht man dann weiter? Manchmal kann man nicht mehr tun, als einen Fuß vor den anderen zu setzen – im wahrsten Sinne des Wortes. Das Laufen war ein klein wenig Normalität, an die ich mich klammern konnte, als alles andere verworren und verheddert geworden war. Ich war vor dem Unfall gelaufen, und jetzt lief ich wieder. Meine Laufschuhe zuzuschnüren und in die kühle Morgenluft hinauszugehen war etwas, was ich immer ohne die Mädchen an meiner Seite getan hatte. Im Gegensatz zu den meisten meiner anderen Aktivitäten wurde ich dabei nicht von Erinnerungen heimgesucht.

Um viertel nach sechs vom Laufen nach Hause zu kommen war früher ideal gewesen. Nach einem belebenden Start in den Tag blieb reichlich Zeit, um die Mädchen zu wecken, ihnen das Frühstück zu machen und ihre Lunchpakete zu packen.

Jetzt kam ich zu unerträglichem Schweigen nach Hause.

Die Stille im Haus traf mich wie ein Vorschlaghammer. An jedem einzelnen Morgen, nach jedem einzelnen Laufen. Anstelle von aufgeregtem Geplapper, das von den Wänden widerhallte, während meine drei Mädchen herumwuselten und sich für den Tag fertig machten, stieß ich nur auf Stille. Die Lautlosigkeit hatte eine fast greifbare Gegenwart – ein düsterer, unheimlicher Grabstein, der mich an all die Worte erinnerte, die nicht gesagt, das Gelächter, das nicht ausgestoßen, die Schritte, die nicht getan wurden.

In dem stillen Haus sah ich jeden Morgen auf die Uhr und spürte, wie meine Stimmung ins Bodenlose sank. Was sollte ich den ganzen Tag tun? Die Stunden dehnten sich endlos vor mir aus. Nach der Geburt der Mädchen hatte ich meinen Bürojob aufgegeben und war eine Vollzeit-Mom geworden. Ich war anfangs besorgt gewesen, ich könnte einen Teil meiner Identität verlieren, wenn ich nicht mehr arbeiten ging, aber die Mutterschaft gab mir das Gefühl, einen Sinn zu haben. Jetzt, ohne meine Mädchen, hatte ich keinen Grund mehr, zu sein.

Während ich selbst taumelte, versuchte Warren stark zu bleiben, redete mit Anwälten und kümmerte sich um die ganzen komplexen juristischen und finanziellen Probleme. Ich hatte immer gewollt, dass er mit uns zur Kirche ging, und jetzt besuchte er zweimal täglich die Messe. Ich hatte immer gewollt, dass er Sport trieb, und jetzt ging er laufen und fuhr viel mit dem Fahrrad. Er führte den Hund aus. Einmal kam er in die Küche gestürmt, wo ich saß, und ich sah auf und verspürte diese Welle von Hingabe, so wie damals, als wir zusammengekommen waren.

Wie wundervoll, das wieder zu erfahren. Aber es hielt nicht lange an. Mit dem Tod der Mädchen war mir das Herz aus dem Leib gerissen worden – wie konnte ich mich um irgendjemanden kümmern, wenn ich kein Herz mehr hatte? Ich konnte nicht sagen: »Ich liebe dich.« Wenn Warren mich zu umarmen versuchte, stand ich steif da, bis die Umarmung endete. Ich hatte mich in kalten Stein verwandelt, was vermutlich nicht das ist, was ein Mann von einer Frau will.

Gegen Ende des Sommers luden Melissa und Brad uns in ihr Ferienhaus auf Long Beach Island in New Jersey ein, und Warren und ich entschieden, dass ein paar sandige Strandtage und ein Tapetenwechsel uns guttun könnten. Doch die kleine Flucht sollte einen Effekt haben, mit dem ich nicht gerechnet hatte.

Am zweiten Tag des Urlaubs ging Warren nach einem Tag am Strand duschen. Ich sah ihm zu, wie er sich abtrocknete – und verspürte einen plötzlichen Anflug unserer alten Anziehung. Zum ersten Mal, seit die Mädchen gestorben waren, stellte ich mir vor, Sex mit meinem Ehemann zu haben. Ebenso rasch, wie ich diese Anziehung verspürte, wurde ich von Schuldgefühlen heimgesucht. War es falsch, Verlangen zu fühlen? Obwohl ich Warren nah sein wollte, konnte ich mir nicht gestatten, es zu wollen, konnte dem Wunsch nicht nachgeben.

Eine starke körperliche Anziehung hatte von Anfang an zu unserer Ehe gehört. Warren hatte sich vor Jahren einmal beklagt, ich würde beim Sex nie den ersten Schritt tun, aber ich konnte nur lachen. »Wie könnte ich das denn? Sobald ich ins Schlafzimmer komme, fällst du doch schon über mich her«, hatte ich ihn geneckt.

Seit dem Unfall hielten wir oft Abstand voneinander, gingen zu unterschiedlichen Zeiten oder an getrennten Orten schlafen. Zusammen im Schlafzimmer stritten – oder weinten – wir eher, anstatt uns zu lieben. Aber irgendetwas an dem Strandhaus – die frische Luft, die Freiheit von der bedrückenden Stille in unserem eigenen Haus – rief uns beiden in Erinnerung, wie es früher gewesen war. An jenem Abend im Bett fühlte ich mich zu ihm hingezogen, und er ging darauf ein. Während die Strandbrise durchs Fenster hereinwehte, vergaß Warren, dass er unter höllischen Seelenqualen litt, und erinnerte sich nur noch daran, dass er ein Mann und ich eine Frau war.

»Warren, das können wir nicht machen«, sagte ich, auf einmal unsicher, und zog mich zurück.

»Doch, Jackie, das können und das müssen wir.«

»Aber die Mädchen –«, protestierte ich.

»Jetzt geht es nicht um die Mädchen. Es geht um uns.«

Als wir in jener Nacht Sex hatten, ließ ich mich für ein paar Minuten von dem düsteren Grauen ablenken, dem ich sonst nie entkommen konnte. Es war schön, meinen Mann so nah bei mir zu spüren, aber ich hatte Schuldgefühle dabei, Lust zu empfinden, und konnte nicht zulassen, dass die Verbundenheit mein Herz auftaute. Ich erinnere mich an diese Nacht auf Long Beach Island so deutlich, da es danach lange, lange Zeit nicht mehr geschah.

6

In meinem verstörten Zustand im August hatte ich das Gefühl, zwei Rätsel lösen zu müssen. Das erste war, warum Diane auf diesen Highway gefahren war. Und das zweite war, wie Emma, Alyson und Katie in dem Wagen gestorben waren. Vielleicht war es für andere Leute offensichtlich, dass ein entsetzlicher Autounfall das Leben dreier kleiner Mädchen auslöschen konnte. Aber für mich ergab es keinen Sinn. Ich dachte immer wieder, wie normal und hübsch sie ausgesehen hatten, als ich sie vor der Beerdigung gesehen hatte.

»Ich will die Autopsieberichte sehen«, sagte ich zu Warren.

»Nein, das willst du nicht«, sagte er.

»Doch. Ich schwöre, das will ich. Ich muss wissen, was genau mit den Mädchen passiert ist.«

»Die Autopsien werden dir keine Antworten geben.«

Warren hatte die Autopsieberichte, aber er hielt sie vor mir versteckt. Ich wusste genau, wo sie waren – und eines Tages, als er nicht zu Hause war, fasste ich schließlich den Mut, sie zu lesen.

Ich konnte mein Herz hämmern spüren, während ich die offiziellen Dokumente langsam aus der Schublade nahm. Würden mir die Befunde des Gerichtsmediziners irgendein Geheimnis verraten, das ich noch nicht gewusst oder mir vorgestellt hatte? Würde ich endlich verstehen, was meine Töchter in diesen letzten entsetzlichen Minuten gefühlt hatten?

Ich hielt die Berichte in meinen zitternden Fingern, im ersten

Augenblick verblüfft darüber, wie kurz jeder von ihnen schien. Drei dürftige Seiten, eine für jedes Mädchen. Fast nur ein winziger Absatz auf jeder Seite. Wie konnten die Mädchen tot sein, wenn so wenig über sie geschrieben worden war?

Ich las die wenigen Sätze immer und immer wieder, aber die Worte verschwammen vor meinen Augen. Ich rief meine Freundin Maria an, eine Hospizschwester, und sie kam sofort herüber, um mir zu helfen, die klinische Fachsprache zu verstehen. Emma und Alyson waren an der Unfallstelle gestorben und Katie im Krankenhaus. Der nüchterne Bericht nannte kalt die Befunde Kopftrauma, gebrochene Schlüsselbeine und innere Verletzungen. Das war eindeutig nicht die grandiose Erklärung, die ich gesucht hatte.

»Das ergibt doch keinen Sinn«, sagte ich, als ich später an diesem Nachmittag Jeannine anrief. »Die Mädchen sahen im Bestattungsinstitut so vollkommen aus. Irgendetwas anderes muss passiert sein.«

»Was denn?«

»Ich weiß nicht. Aber wie konnten sie alle sterben?«

»Die Wucht des Traumas von dem Autounfall hat innere Verletzungen verursacht«, sagte Jeannine schlicht.

Ein Augenblick, ein Unfall. Wie konnte dieser eine Moment alles beenden, was in meinem Leben zählte, alles, was mich definierte? Unser Leben sollte in geregelten Bahnen verlaufen, und wenn es so dramatisch vom Kurs abweicht, wie können wir dann begreifen, dass das, was so wichtig und lebendig war, nicht mehr hier ist? Ich wollte noch immer an ein geordnetes Universum glauben, feststellen, dass höhere Mächte am Werk waren, die dem, was ich im Augenblick als so völlig sinnlos empfand, einen Sinn gaben.

Ich rief unsere Kinderärztin Dr. Ana Dellorusso an und bat darum, einen Blick in die Krankenakten der Mädchen zu werfen.

»Jackie, sie waren gesunde Kinder«, sagte sie sanft. »Was versuchen Sie zu finden?«

»Vielleicht hatten sie alle einen Herzfehler. Irgendeinen genetischen Defekt, mit dem sie geboren wurden«, sagte ich, bemüht, vernünftig zu klingen.

»Warum glauben Sie das?«, fragte sie.

»Weil es keinen Sinn ergibt, dass sie alle gestorben sind. Vielleicht gab es irgendeinen versteckten Grund, von dem ich nichts weiß. Ich will ihre Unterlagen sehen.«

Sie hätte mir sagen können, ich solle aufhören, so albern zu sein, aber stattdessen ließ sie mich die dicken Unterlagen mitnehmen, die sich im Laufe der Jahre angesammelt hatten, in denen die Mädchen zu Impfungen und Vorsorgeuntersuchungen, wegen einer gelegentlichen Grippe oder Halsentzündung zu ihr kamen. Ich fand nichts Verdächtiges, da es nichts zu finden gab. Alle drei Mädchen waren rundum gesund gewesen. Der Autounfall – und nichts anderes – hatte sie getötet. »Was in diesem Wagen geschehen ist, waren einfach die Gesetze der Physik«, erklärte Dr. Dellorusso in einem Versuch, mir eine Antwort zu geben.

Physik. Andere hatten dasselbe zu mir gesagt, hatten von Flugbahnen, von Aufprall und Wucht gesprochen. Aber wie konnte etwas so Kaltes und Mathematisches erklären, was mit drei warmen und lebendigen Mädchen passiert war?

Nicht völlig überzeugt, wandte ich meine Aufmerksamkeit als Nächstes den Zähnen der Mädchen zu, beschwor aus dem Nichts mysteriöse Zahnprobleme herauf. Dannys Anwalt hatte die Möglichkeit aufgeworfen, ein Zahnfleischabszess hätte irgendetwas mit Dianes Verhalten zu tun gehabt. Die Theorie war vielleicht etwas weit hergeholt, aber da wir uns inzwischen alle an Strohhalme klammerten, fragte ich mich, ob irgendetwas Vergleichbares die Mädchen geschwächt haben könnte. War das der Grund, weshalb sie gestorben waren?

Emma war bereits bei einem Kieferorthopäden in Behandlung gewesen und hatte einen Gaumenexpander zur Vorbereitung auf die Zahnspange getragen, die sie hätte bekommen sollen. Wir hatten jeden Abend ein Drama, wenn ich, entsprechend den Anweisungen des Kieferorthopäden, den winzigen Schlüssel nahm, ihn in den Apparat steckte und herumdrehte.

»Ich ersticke! Du erwürgst mich«, beklagte sie sich an manchen Abenden, wenn sie sich zurücklehnte, damit ich die Einstellung vornehmen konnte.

»Ich weiß, es ist unangenehm«, sagte ich dann, während ich mir alle Mühe gab, es richtig zu machen. »Aber du siehst jetzt so hübsch aus, wenn du lächelst, und du willst doch auch noch ein schönes Lächeln haben, wenn die Erwachsenenzähne kommen.«

»Ich mag es trotzdem nicht«, knurrte sie. Aber da sie so ein braves Mädchen war, pflegte sie das Gerät immer gut, selbst wenn sie am nächsten Morgen mit Schmerzen im Mund aufwachte. Sie reinigte es gründlich, besorgt um die Hygiene. Der Kieferorthopäde hatte uns vor bestimmten Lebensmitteln gewarnt, die in den Drähten hängen bleiben könnten, daher verzichtete sie im Kino auf das Popcorn und gönnte sich nur Tic Tacs als süße Leckerei.

»Was für ein Kind geht denn ins Kino und kauft sich nur Tic Tacs?«, neckte ich sie dann. »Du kannst gern einen Schokoriegel haben. Kann ich dir ein KitKat anstelle von den Tic Tacs holen?«

»Nein, schon gut«, sagte sie dann, vorsichtig wie immer. Alyson und Katie machten die Enthaltsamkeit ihrer Schwester wett, indem sie sich am Süßigkeitenstand reichlich eindeckten und mit Popcorn in der einen Hand und Schokoriegeln und einer Limonade in der anderen fröhlich plappernd zu ihren Plätzen gingen.

Erneut verspürte ich einen Anflug von Verzweiflung. Ich konnte den Gedanken nicht ertragen, dass ich Emma gebeten hatte, auch nur einen Augenblick des Unbehagens zu ertragen für das erwachsene Lächeln, das sie niemals würde zeigen können.

Aber vielleicht war mit den Zähnen irgendetwas anderes nicht in Ordnung gewesen, von dem ich gar nichts wusste. Als ich allmählich immer besessener von dem Thema wurde, erklärte sich Jeannine bereit, mich zu dem Zahnarzt zu fahren, damit ich einen Blick in die Unterlagen der Mädchen werfen konnte.

»Du wirst da nichts finden«, warnte sie mich in einem Versuch, die richtige Balance zwischen Hilfsbereitschaft und Vernunft zu finden.

»Vielleicht doch«, sagte ich, nicht bereit für rationale Überlegungen.

Aber natürlich zeigten die Unterlagen des Zahnarztes, dass die Mädchen gute Zähne gehabt hatten, keine Abszesse und so gut wie keine Löcher zu finden waren.

»Es tut mir leid«, sagte Jeannine. »Ich weiß, du wolltest eine andere Antwort. Aber ich nehme an, es war die Physik, wie alle anderen gesagt haben.«

Physik. Selbst wenn mir Albert Einstein persönlich einen Vortrag über Energie und Kraftfelder halten würde, würde ich die Antwort noch immer nicht akzeptieren.

Ich wusste, dass mein Herumstochern in den Autopsieberichten und den ärztlichen und zahnärztlichen Unterlagen jeder Logik entbehrte, aber ich verspürte einen verzweifelten Drang, eine einleuchtende Geschichte zu finden, die die absolute Sinnlosigkeit dessen, was passiert war, erklären könnte. Ich wollte einen praktischen Grund, den ich mir nachts immer wieder aufsagen konnte, während ich verloren und schluchzend im Bett lag. Ich stritt mich mit Warren, und am Ende mit meiner Weisheit, wie ich weiterleben könnte, brauchte ich eine Erklärung, die alle Fakten ordnete.

Da ich mit der katholischen Kirche aufgewachsen war, war ich Moralpredigten und einfache Geschichten gewohnt, in denen alle Fakten aufgereiht wurden: Gut und Böse, eine geordnete Welt, Gottes Grund für alles. Aber meine Geschichte jetzt war nur Unordnung und Chaos. Gute, unschuldige Kinder waren tot, und solange ich nicht verstehen konnte, warum, fühlte es sich an, als wäre die Welt völlig aus den Fugen geraten. Meine nagenden katholischen Schuldgefühle beharrten immer wieder, dass Gott mich hatte bestrafen müssen, was meinen Schmerz nur noch verschlimmerte. Ich hatte keine Ahnung, weswegen ich seinen Zorn und seine Rache in einem solch übergroßen Ausmaß verdiente.

Ich nehme an, dass ich bei meiner Suche nach Antworten unbewusst auch Diane von Schuld freizusprechen hoffte. Vielleicht klingt das sinnlos. Die Medien hatten sie ohnehin schon verurteilt, und ich hätte einfach mit einstimmen und alle Schuld an der Tragödie ihrem Wodkatrinken zuschieben können. Aber ich konnte die freundliche Diane, die ich kannte, einfach nicht mit der bösen Person in Verbindung bringen, die von der Boulevardpresse hochbeschworen wurde. Und ich nehme an, die Selbstschutzmechanismen schalteten sich auch wieder ein, denn wenn ich mir gestattet hätte, zu glauben, dass sie das absichtlich getan hatte, dann wäre ich einfach verrückt geworden.

Dominic Barbaras polizeilicher Ermittler Ruskin redete inzwischen davon, Dianes Leichnam exhumieren zu lassen, um nach weiteren Hinweisen zu forschen. Ich verstand den Beweggrund, aber ich wusste auch, dass das leicht nach hinten losgehen konnte. Wer wusste schon, was sie bei dem Versuch, Dianes Namen reinzuwaschen, tatsächlich finden würden?

Eines Tages rief ich Jay Schuler an, Dannys Schwägerin, die

meine Faszination dafür teilte, die Tiefen der Tragödie immer wieder auszuloten. Oft loteten wir stundenlang laut die Möglichkeiten aus, die zu dem schrecklichen Unfall geführt hatten.

Theorie 1: Diane hatte einen Abszess im Mundraum gehabt. Diane hatte Zahnärzte gehasst. Eines der Überwachungsbänder in dem Tankstellenshop zeigte sie dabei, wie sie hineinging, kurz mit dem Angestellten redete und dann, als sie nicht finden konnte, was sie wollte, wieder hinausging. Die Polizei spekulierte, dass sie vielleicht nach Schmerzmitteln gesucht habe.

Weder Jay noch ich wussten, wie wir die Theorie mit den pochenden Zahnschmerzen mit dem Endergebnis in Verbindung bringen sollten. Jay nahm an, Diane könnte getrunken haben, um ihre Schmerzen zu lindern, aber ich konnte mir einfach nicht vorstellen, dass sie vor den Kindern Wodka in sich hineinschüttete.

Die Fakten deuteten in diese Richtung, aber mein Herz zeigte in eine andere. Ich wusste alles über den toxikologischen Bericht und die Flasche Wodka, die man am Unfallort gefunden hatte. Aber ich musste immer an dieses Zitat denken, das Albert Einstein zugeschrieben wird: Wenn die Fakten nicht zur Theorie passen, ändere die Fakten.

Unterm Strich glaubte ich nicht, dass Diane betrunken gewesen war. Am Telefon, vor dem Unfall, hatte sie lallend gesprochen, aber das hätte auch auf einen Schlaganfall oder einen Krampfanfall hindeuten können. Und als ich vierzig Minuten zuvor mit ihr gesprochen hatte, hatte sie ganz normal geklungen. Der Polizeibericht war vielleicht zu dem Schluss gekommen, dass sie binnen vierzig Minuten von ganz normal zu stockbetrunken gelangt war, aber ich konnte es mir nicht vorstellen.

Bei einem unserer endlosen Gespräche erinnerte mich Jay an einen Fall, von dem sie gehört hatte, bei dem ein Feuerwehrmann im Einsatz gestorben war, und als die Untersuchungen einen hohen Blutalkoholspiegel ergaben, sagten Experten aus, bei glühend heißen Temperaturen könne sich der Blutzucker so verändern, dass er einen hohen Alkoholspiegel vortäusche.

Theorie 2: Jemand im McDonald's hatte ihr Getränk mit irgendetwas versetzt. Als Diane darauf bestanden hatte, dass die Kinder bekamen, was sie wollten (Mittagessen zur Frühstückszeit), hatte sie einen Aufstand veranstaltet und mit dem Geschäftsführer gesprochen. War es möglich, dass sie irgendjemanden – entweder hinter dem Tresen oder davor – so verärgert hatte, dass er sich an ihr rächen wollte? Irgendeine Art K.o.-Tropfen könnten sie im Auto umgehauen haben. Es klang vielleicht unwahrscheinlich, aber war bei diesem ganzen Ereignis denn irgendetwas wahrscheinlich oder vorhersehbar?

Jay spann ein paar Geschichten, die zu weit hergeholt erschienen, um sie auch nur in Betracht zu ziehen. Sie erzählte mir von einer Drogenrazzia in diesem McDonald's erst ein paar Monate zuvor, in die ein paar Angestellte verwickelt gewesen waren, und von einem Polizisten, der irgendwie mit den Ereignissen auf dem Taconic zu tun hatte und der unter mysteriösen Umständen ums Leben gekommen war. Sie redete von möglichen Verschwörungen und Vertuschungen. Aber egal, wie weit hergeholt oder realistisch unsere Theorien waren, wir hatten noch immer nichts als Mutmaßungen, und unterm Strich blieb es dabei: Keine einfache Erklärung passte.

Vielleicht war der Grund, weshalb die Tragödie nicht aus den Medien verschwand, genau das: das Geheimnis, das sie umwaberte.

»Ich weiß, du musst Antworten finden«, sagte ich zu Jay. »Aber falls du dir je hundertprozentig sicher bist, dass Diane einfach nur betrunken war, dann sag es mir bitte nicht.«

»Warum nicht?«, fragte sie.

»Weil ich nicht so denken kann«, sagte ich. »Ich muss gut mit Warren klarkommen, und Diane zu hassen, wäre keine Hilfe. Ich muss glauben, dass sie die Person war, die ich gekannt habe.«

Ich brauchte wenigstens einen winzigen Hoffnungsschimmer, dass an jenem Tag irgendetwas anderes passiert war, sonst würde ich Diane hassen, und ich würde Warren hassen, und dann wäre ich nicht imstande weiterzuleben. Trotzdem, egal, wie die Erklärung lauten würde, es änderte nichts an der Tatsache, dass Diane bei dem Unfall, der meine Mädchen getötet hatte, am Steuer saß.

7

Warren nahm seine Arbeit im September wieder auf, etwa zwei Monate nach dem Unfall. Er besitzt eine Immobilienbewertungsfirma, und seit dem Ausbruch der Hypothekenkrise hatte er nicht mehr ganz so viel um die Ohren wie davor. Aber er hatte einen Job, einen Ort, zu dem er fahren konnte. Im Allgemeinen wollte er jeden Tag nur mit möglichst wenig Emotion überstehen, und die Arbeit gab ihm eine mentale Checkliste, die er durchgehen konnte. Wenn er nach Hause kam, aß er zu Abend, sah sich im Fernsehen ein paar Sportsendungen an und ging schlafen – ein weiterer Tag ohne die Mädchen war abgeschlossen. Indem er seine strenge Disziplin einhielt, musste er nicht nachdenken.

Ich hingegen konnte nichts tun, außer mir den Kopf zu zerbrechen. Endlose Fragen schwirrten mir durch den Kopf und quälten mich. Hatten die Mädchen gelitten? Hatten sie gewusst, was passierte, als der Wagen über den Taconic Parkway schoss? Was waren ihre letzten Gedanken gewesen? Hatten sie Angst gehabt?

Ich ging jeden grauenhaften Moment in Gedanken immer wieder durch. Ich musste reden. Ich wollte, dass mir jemand half, mir den Schmerz zu nehmen. Aber wie konnte Warren das für mich tun, wenn er mit seinem eigenen Schmerz zu kämpfen hatte? Unser Umgang mit der überwältigenden Trauer war völlig verschieden. Ich suchte bei ihm nach Stärke, aber alles, was ich sah, war Leid. Wir waren beide gebrochen, aber auf unterschiedliche Arten.

Liebe sollte in Zeiten der Trauer ein Balsam sein, aber stattdessen quälte es uns, zusammen zu sein. Jedes Mal, wenn ich Warren ansah, dachte ich: Es war deine Schwester, die das getan hat. Deine Schwester hat unser Leben zerstört.

Ich konnte ihm nicht die Schuld an ihrem Tun geben, aber es war sonst niemand da, den ich hassen konnte. Warren saß jeden Morgen und jeden Abend vor mir, und die Wut in mir brannte. Wenn ich das Elend in Warrens Augen sah, wusste ich, dass er den Chor der Schuldgefühle, der in seinem eigenen Kopf hallte, nicht zum Schweigen bringen konnte. Meine Wut und seine Schuldgefühle – die Spannungen zwischen uns stiegen in jeder Hinsicht. Wir begannen uns so heftig zu streiten, dass unsere Freunde uns nur ungern allein ließen. Wut, Trauer, Schuldgefühle und Groll sind eine toxische Mischung.

Warren begann wieder bis spätabends zu arbeiten; es ging ihm besser, wenn er sich ablenken und seinen Geist beschäftigen konnte. Aber sein Büro liegt in der Nähe unseres Zuhauses, und eines Nachmittags traf ich ihn bei einem Nickerchen auf der Couch an. »Was tust du denn hier?«, fragte ich ihn, als er von den Geräuschen, die ich machte, aufwachte.

»Ich war müde.«

»Du bist müde, weil du die ganze Nacht aufbleibst«, fauchte ich.

»Was willst du denn, dass ich tue?«, fragte er.

»Nimm abends ein paar Schlaftabletten, damit du tagsüber arbeiten kannst.«

»Lass mich in Ruhe. Ich schlafe, wann ich will.«

Ein lächerlicher Streit? Natürlich – das waren sie alle. Auf irgendeiner Ebene verriet der Streit über sein Nickerchen meine zunehmenden Ängste wegen des Geldes. Ich hatte keinen Job und war besorgt, dass Warren nicht mehr so hart würde arbeiten können wie bisher. Das tiefer liegende Problem war, dass ich mich immer an meinen Mann gewandt hatte, um Kraft zu finden – und er jetzt keine mehr zu geben hatte. Der anfängliche Ausbruch von Mut und Stärke, den er gezeigt hatte, war versiegt. Er wollte helfen, aber er konnte sich nicht mehr um mich kümmern, da er sich kaum noch um sich selbst kümmern konnte. Als Mann löste er gern Probleme. Aber dieses hier ließ sich nicht lösen.

Ein Grund, weshalb trauernde Paare sich trennen, ist, dass sie allein dadurch, dass sie sich sehen, ständig an ihren Schmerz erinnert werden. Wenn Warren morgens aufstand und mich weinen hörte oder mich in einem aufgelösten Zustand sah, war der Rest seines Tages ruiniert. Manchmal stellte ich mich schlafend, bis er zur Arbeit aufgebrochen war, damit er meine Verzweiflung nicht sehen musste. Die Leute sagten uns, wir sollten an unserer Ehe arbeiten und besser kommunizieren, aber darüber konnten wir nur lachen. An unserer Ehe arbeiten? Wir hatten kaum die emotionale Energie, um uns durch eine Schale Haferbrei zu arbeiten.

Was noch schlimmer war: glücklich zu sein – selbst für wenige Minuten – erschien wie ein Verrat an den Mädchen. Glück wurde eine ebenso gefährliche Emotion wie jede andere, die es zu vermeiden galt.

Ein paar Sonntage vor dem Unfall waren Warren und ich mit den Mädchen zu einem Baseballspiel auf dem Citi Field gefahren. Als glühender New-York-Mets-Fan hatte Warren Saisonkarten für das alte Shea-Stadion, und seit Jahren lud er einmal pro Saison jedes Mädchen zu einem Vater-Tochter-Baseballtag ein, mit Hotdogs und viel Spaß zusammen. Dann war das Shea abgerissen worden, und als das schicke neue Stadion hochgezogen wurde, zogen die Kartenpreise ebenfalls an.

An jenem Sonntagnachmittag wollte Warren mit der ganzen Familie etwas Denkwürdiges für das Wochenende des 4. Juli unternehmen. Und für ihn hieß das die Mets. Er fragte unsere Freunde Mark und Isabelle, ob sie mitkommen wollten, und als sie zusagten, stürzte er los, um Karten zu besorgen. Es war in letzter Minute, und er griff bei übermäßig teuren Plätzen zu. »Ist doch egal, machen wir es einfach«, sagte er.

»Wenn es so viel kostet, sollten wir dann nicht besser etwas unternehmen, was den Mädchen *wirklich* gefällt?«, fragte ich vorsichtig.

Aber da war es zu spät gewesen, und er hatte die Karten schon in der Hand. »Es wird ihnen gefallen«, versprach er.

Wir aßen am Independence Day in dem schicken Acela Club im Stadion zu Mittag und feuerten unser Team den ganzen Nachmittag von unseren Plätzen in einer der ersten Reihen an. Die Kinder sprangen auf und ab und winkten ihren Lieblingsspielern zu. Es war die Art glückliche, unbekümmerte Erfahrung, bei der man danach vor purem Vergnügen völlig erschöpft ist. Warrens Begeisterung steckte uns alle an. »Ein teurer Tag, aber der beste«, sagte er, als wir an jenem Abend ins Bett fielen.

Als ich nach dem Unfall auf jenen Tag zurückblickte, nahm ich an, dass ich nie wieder eine solch unbeschwerte Freude empfinden würde. Und ich würde vermutlich nie wieder zu einem Mets-Spiel gehen, da die Assoziationen zu schmerzlich sein würden. Aber im September fuhren wir wieder zum Citi Field. Einer unserer Freunde, Paul Asencio, arbeitete als Manager für die Mets, und er und seine Frau Heather waren seit dem Unfall noch enger als zuvor mit unserem Leben verknüpft. Wir suchten Trost bei ihnen, wie bei so vielen anderen, und sie boten ihn uns. Paul und Heather müssen ihre eigenen drei lebhaften Töchter betrachtet und übergroßes Mitgefühl mit uns empfunden haben. Warmherzig und großzügig lud Paul uns und all unsere Freunde ein, bei dem Spiel seine Gäste zu sein.

An einem wunderschönen Herbstabend fuhren wir zum Stadion und wurden zu einer Ehrenloge geführt. Keine Stadionwürstchen für uns heute Abend – ein Barmann servierte Drinks, und das Gourmetessen türmte sich hoch am Büfett. Während unsere Freunde lachend und plaudernd umherschlenderten, sorgte Paul dafür, dass der dritte Baseman, David Wright, Alysons Lieblingsspieler, vorbeikam und uns begrüßte.

David Wright. Es war, als würde man George Clooney persönlich gegenüberstehen. Der All-Star-Slugger posierte für Fotos und plauderte ein paar Minuten mit uns. Warren war im siebten Himmel. Und dann wurde es sogar noch besser. Paul nahm uns mit auf das Feld hinunter. Für einen großen Baseballfan wie Warren – und sogar für mich – war es, als würden wir geweihten Boden betreten. Warrens Dad kam mit uns mit, und wir hatten alle ein albernes Lächeln im Gesicht.

O mein Gott, dachte ich, schwindelig von den ganzen Lichtern, der Aufregung und den berühmten Spielern, die ein paar Meter von uns entfernt ihre Bälle warfen. Ich habe so viel Spaß! Ich sah Warren an, und wir grinsten beide. Zum ersten Mal seit dem Unfall amüsierten wir uns. Wir wollten, dass dieser Abend nie aufhörte.

Als das Spiel zu Ende war, hingen wir noch eine Weile mit unseren Freunden herum und genossen die gute Stimmung. Mehrere Leute boten an, uns nach Hause zu begleiten, aber wir sagten, wir fühlten uns gut. Nicht nur gut, sondern ausnahmsweise einmal glücklich. Wir wollten allein nach Hause fahren, kein Problem.

Noch immer leicht euphorisch von der Aufregung im Stadion, kamen wir nach Mitternacht zurück nach Floral Park. Wenn wir früher die Mädchen zu Hause gehabt hatten, waren wir nach einem Ausgehabend immer so schnell wie möglich zurückgefahren, um die Babysitterin zu bezahlen und sie nach Hause zu bringen. Und vielleicht hatten wir auch genau dieses Bild im Kopf, als wir das Haus betraten. Aber natürlich war keine Babysitterin da, um uns zu begrüßen.

Niemand. Nichts. Leere.

Nur der Vorschlaghammer der Stille.

Der Schmerz traf mich mit voller Wucht, und ich rannte hinauf ins Zimmer der Mädchen und weinte und wimmerte, außer Stande zu sprechen. Nach der glücklichen, unbekümmerten Stimmung im Stadion zu einem solchen Elend nach Hause zu kommen war fast unerträglich. Lohnte es sich wirklich auszugehen, wenn wir bei unserer Rückkehr so viel Schmerz zu erleiden hatten?

Warren versuchte positiv zu bleiben. »Wenigstens hatten wir einen schönen Abend«, sagte er, während er mir nach oben folgte. »Bist du nicht froh, dass wir hingefahren sind?«

»Nein!«, schrie ich. Ich saß auf Alysons leerem Bett und wippte gequält hin und her. »Das jetzt ist viel schlimmer, als wenn wir einfach allein zu Hause geblieben wären.«

Wir begannen uns zu streiten – hässliche, abscheuliche Anschuldigungen flogen zwischen uns hin und her. Der Schmerz verwandelte sich in Wut, die wir nicht im Zaum halten konnten, und wir schrien und brüllten uns an.

Isabelle und Mark kamen vorbei, um die Anspannung zwischen uns abzubauen. Sie waren so klug zu bleiben, als sie sahen, dass unsere Stimmung, die so beschwingt gewesen war, zwangsläufig absank. Ja, die emotionale Schaukel war fast unerträglich, ebenso wie die bohrenden Schuldgefühle. Wie konnten wir es wagen, zu lachen und glücklich zu sein und ein Baseballspiel zu genießen, wenn unsere Kinder nie wieder Spaß haben würden?

Nach diesem Ausflug weigerte ich mich, das Haus zu verlassen. Große Unternehmungen nahmen kein gutes Ende, und kleinere lösten ihre eigene Art von Schmerz aus. Selbst für einfache Besorgungen aus dem Haus zu gehen fiel mir schwer. Die Mädchen waren auf meinen Wegen durch die Stadt so oft an meiner Seite gewesen, dass jedes Geschäft, das ich betrat, gespenstische Bilder heraufbeschwor. Als ich eines Tages ein Schaufenster betrachtete, sah ich einen Schuh in der Auslage, und auf einmal stand Emma neben mir und deutete auf die Clogs, die sie haben wollte, während wir gemeinsam darüber lachten, wie niedlich sie bei ihr aussehen würden. Sie wollte sie sofort kaufen, aber stattdessen versprach ich ihr, sie nächste Woche zu besorgen.

Worauf wartete ich?

Während ich die Clogs anstarrte, begann mein Herz zu hämmern, und ich spürte, wie sich meine Kehle zuschnürte und die Luft aus meiner Brust gedrückt wurde.

Sollte ich sie ihr kaufen?

Nicht in der Lage, die Wirklichkeit von der Fantasie zu trennen, begann ich zu keuchen und meine Brust zu umklammern. Eine Frau rief mir zu, ob ich Hilfe bräuchte, aber ich rannte davon, mit rudernden Armen, und floh die Straße hinunter.

Ja, ich brauche Hilfe, dachte ich. Ich brauche meine Töchter. Ich will sterben und bei ihnen sein.

Ich kenne die Symptome einer Panikattacke – das hämmernde Herz und die zugeschnürte Kehle –, da ich sie schon früher hatte. Wenn man hyperventiliert, hat man das Gefühl, gleich einen Herzinfarkt zu bekommen oder zu sterben. Für die meisten Leute ist das beängstigend, und sie atmen in eine Papiertüte, um die Sauerstoffzufuhr unter Kontrolle zu bringen. Aber ich hatte keine Papiertüte, und ich wollte sowieso sterben.

Nimm mich sofort zu dir, und ich werde die Mädchen wiedersehen.

Ich fühlte mich ohnehin schon wie ein Freak. Panikattacken wie diese verschlimmerten nur mein Gefühl, nicht mehr in die Gesellschaft zu gehören. Es war besser, zu Hause zu bleiben und Peinlichkeiten zu vermeiden.

Es war besser, sich nicht mehr an Mahlzeiten zu halten, anstatt das Risiko einzugehen, ein Lebensmittelgeschäft zu betreten, wo jeder Gang ein Minenfeld voller Erinnerungen war, die in meinem Gesicht explodieren konnten. Die Mädchen und ich hatten immer zusammen eingekauft, gekocht und gebacken; und der Spaß, den wir dabei hatten, war ein solch zentraler Bestandteil unseres Lebens gewesen, dass ich es jetzt nicht ertragen konnte, auch nur in die Nähe der Küche zu gehen. Unmittelbar nach dem Unfall packte ich meine Küchenmaschine, den Mixer und die Rührschüsseln zusammen und gab sie alle weg. Ich kochte nur noch für den Hund. Freunde brachten uns noch immer Essen vorbei. Die Körbe und Kasserollen, die sie vor unserer Tür abstellten, waren ein allabendlicher Genuss –, aber unsere Küchenschränke waren leer. Eines Abends gegen elf hörte ich, wie Warren Isabelle, unsere Nachbarin, anrief und fragte, ob er auf einen Happen zu essen vorbeikommen könne. »Wir haben gar nichts zu essen da«, stöhnte er. »Ich nehme jedes Junkfood, das ihr habt.«

Am nächsten Tag überlegte ich, zu dem kleinen örtlichen Lebensmittelgeschäft zu gehen, damit er wenigstens Obst oder ein paar Kekse hatte. Doch dann musste ich plötzlich an den Sonntagnachmittag ein paar Monate zuvor denken, als ich Warren gebeten hatte, mit den Mädchen zu Hause zu bleiben, damit ich rasch zum Supermarkt fahren konnte. Er erklärte sich einverstanden, aber als ich eben zur Tür hinausging, hörte ich Emmas leise Stimme. »Mommy, kann ich mitkommen?«, fragte sie.

»Na klar«, erwiderte ich mit einem Lächeln. Der Einkauf würde länger dauern, aber auch mehr Spaß machen, wenn sie dabei war.

»Mommy, kann ich auch mitkommen?«, fragte Alyson und sprang vom Sofa auf.

Und bevor ich Ja sagen konnte, meldete sich Katie zu Wort. »Mommy, ich auch!«

Und so zogen wir alle zusammen los und ließen Warren zu Hause, damit er sich in aller Ruhe ein Baseballspiel im Fernsehen ansehen konnte. In unserem Lieblingssupermarkt schnappten sich die Mädchen einen der tragbaren Scanner. Sie mochten diese Hightech-Einkaufsmethode, ein Produkt im Regal auszuwählen, zu scannen und dann in die Tüte zu werfen. Die Geräte waren dazu gedacht, das Einkaufen zu beschleunigen, aber mit Emma, Alyson und Katie, die bei jedem Gegenstand »Ich bin mit Scannen dran!« riefen, dauerte der Weg durch die Gänge eine Ewigkeit.

Aber wie könnte ich mich beklagen? Der Supermarkt war wie ein riesiger Spielplatz für uns. Manchmal saß Katie am Ende des Einkaufswagens, aber im Allgemeinen wollten die Mädchen helfen. An jenem Tag gab ich ihnen, wie üblich, kleine Aufgaben.

»Könnt ihr zu diesem Regal gehen und Milch holen?«, fragte ich – und sah dann zu, wie sie zusammen losstürmten, um die beste Packung auszuwählen.

Irgendwann schossen Alyson und Emma vor zum Ende des Gangs, um die Spaghetti auszuwählen, die sie haben wollten. Ich war von irgendetwas anderem abgelenkt, und als ich den Einkaufswagen dorthin rollte, wo sie sein sollten, waren sie verschwunden.

»Emma? Aly?«

Keine Antwort. Ich wurde unruhig.

»Emma, Aly? Wo seid ihr?«

Angst durchzuckte mich wie ein Blitz. Ich suchte nach ihnen, aber keine kleinen Mädchen spielten in der Nähe der Nudeln. Ich wollte eben schon über den Alarm um Hilfe rufen, als sie um die Ecke des Gangs geschossen kamen, kichernd über die Leckerei, die sie als Überraschung für mich gefunden hatten.

»Da seid ihr ja«, sagte ich mit bebender Stimme.

»Haben wir etwas falsch gemacht?«, fragte Emma besorgt.

»Nur dass ich euch nicht sehen konnte«, sagte ich matt und drückte sie in einer doppelten Umarmung an mich. Mein Herz hatte vor Angst, sie zu verlieren, so hart gehämmert, dass ich kaum noch Luft bekommen hatte. Ich brauchte ein paar Minuten, um meine gute Laune wiederzufinden.

Jetzt wusste ich, dass ich, wenn ich diesen Supermarkt wieder betrat, ständig erwarten würde, dass die Mädchen hinter der nächsten Ecke auftauchten. Und das würden sie nie tun. Es lohnte sich nicht, mich gegen die entsetzlichen Erinnerungen zu wappnen, nur um einen Laib Brot zu kaufen.

An einen öffentlichen Ort zu gehen, hieß auch, besorgt wegen der Blicke und des Flüsterns von Fremden und flüchtigen Bekannten zu sein. Ich bin mir noch immer nicht sicher, ob es wirklich so war, aber ich stellte mir vor, dass mich die Leute, die mich aus den Fernsehnachrichten kannten, schockiert und voller Neugier anstarrten. Hofften sie, dass ich weinen würde? Wollten sie, dass ich mutig war? Vielleicht fragten sie sich auch nur, wie jemand aussieht, dem alles, was je wichtig gewesen war, entrissen wurde. Manche Leute kamen auf mich zu und berührten meinen Arm. »Oooh, Jackie. Wie geht es Ihnen?«, fragten sie mit diesen betrübten Mienen.

Ich wusste ihr Mitgefühl zu schätzen, aber ich fragte mich immer, ob die Leute mich für eine schlechte Mutter hielten. Ich wollte mich nicht vor Fremden verteidigen oder eine Erklärung bieten müssen, um zu entkräften, was sie in den Zeitungen gelesen hatten. Auf eine seltsame Weise war ich verlegen, entsetzt darüber, mit den schmutzigen Ereignissen der »Taconic-Mom« in Verbindung gebracht zu werden. Ich wollte, dass die Leute die Mädchen wahrnahmen und in Erinnerung behielten, aber ich wollte nicht, dass irgendjemand sein Augenmerk auf mich richtete.

»Ich bete für Sie«, sagten die Leute oft.

»Beten Sie nicht für mich, beten Sie für die Mädchen«, erwiderte ich dann immer, bevor ich davonstürzte.

Trotzdem verstand ich die Faszination. Mir war das Schlimmste passiert. Das Unvorstellbare. Jahrelang war ich genau wie jede andere Mom in unserer Stadt gewesen, die mit ihren Kindern durch die Straßen eilte, und jetzt war ich die fleischgewordene Verkörperung des schlimmsten Albtraums aller Eltern. Ich war von einer gewöhnlichen Mutter zu einer gebrandmarkten Frau geworden, mit einem metaphorischen scharlachroten Buchstaben: T für Tragisch oder A für Alles verloren.

Wenn eine Tragödie dieses Ausmaßes zuschlägt, suchen die Leute instinktiv nach Gründen, warum sie ihnen niemals passieren könnte. Wenn jemand, dessen ganze Existenz von einer Katastrophe vernichtet wurde, kaum anders ist als man selbst, dann heißt das, dass man ebenfalls verwundbar ist. Eine (wenn auch noch so verkehrte) Erklärung zu finden, was die andere Person falsch gemacht hat, gibt einem das Gefühl, das eigene Schicksal besser zu beherrschen.

Eines Tages, als ich den Hund ausführte, kam mir eine Frau, die ich kaum kannte, entgegen und blieb wie angewurzelt stehen, als sie mich sah. »Ich weiß nicht, wie Sie das schaffen«, sagte sie, während sie in Tränen ausbrach. »Ich an Ihrer Stelle könnte nicht mehr weiterleben.«

Nie war Bewunderung so fehl am Platz. Sie sah mich als irgendeine knallharte andere Frau an, die für die Tragödie ausgewählt worden war, da ich sie bewältigen konnte. Aber ich war nur eine andere Mom, genau wie sie. Ich wollte nicht weiterleben. Ich dachte noch immer jeden Tag darüber nach, mich umzubringen, aber auch das erforderte Mut. Ich hatte keine Karten oder Wegweiser. Niemand hatte je ein Buch darüber geschrieben, wie ich mich verhalten sollte, das ich lesen konnte. Ich war einfach eine gewöhnliche Frau, die in eine Situation katapultiert worden war, die alles überstieg, was sich jeder von uns vorstellen kann.

Sie sind ich, wollte ich zu ihr sagen. Ich bin Sie. Das könnte jedem von uns passieren.

Mein Leben war der beängstigende Beweis dafür, dass man alles richtig machen konnte – all die vorgeschriebenen Wege von College, Ehe, Kindern, Gemeinschaft einschlagen – und trotzdem am Boden zerstört daniederlag. Ein guter Mensch zu sein, schützt einen nicht vor der Willkür von Leben und Tod. Meine Kinder waren unschuldige Opfer. Warren und ich hatten nichts Unrechtes getan – mit Sicherheit nichts, was einen Schmerz dieses Ausmaßes rechtfertigte. Fremde konnten mich mit Hohn oder Verachtung oder Zweifel betrachten, aber das änderte nichts an der Tatsache, dass diese Tragödie ohne erkennbaren Grund über uns hereingebrochen war.

Ich nehme an, die Leute fühlten sich sicherer hinsichtlich ihrer eigenen Zukunft, wenn sie die ganzen Gründe auflisten konnten, weshalb mich Schuld traf. Gehässige Blogs tauchten im Internet auf, Postings von Leuten, die weder mich noch irgendwelche echten Fakten kannten. Ihre Meinungen hätten mir egal sein sollen, aber ich konnte nicht aufhören, sie zu lesen. Warren fand mich bisweilen um zwei Uhr morgens schluchzend an meinem Computer, erschüttert von irgendeinem hässlichen Kommentar eines anonymen Angreifers. Warren schaltete das Netzwerk in unserem Haus schließlich ab und legte das Internet still. Aber es war zu spät. Die grausamen Kommentare hatten sich bereits in meinem Verstand eingegraben.

Sie muss gewusst haben, dass Diane Alkoholikerin war.

Sie hätte ihre Kinder niemals in diesem Wagen fahren lassen sollen.

Jemand hätte Diane aufhalten können, nachdem Emma weinend angerufen hatte.

Natürlich wusste ich die Antworten auf all dieses »Hätte-sollen«. Erstens einmal hatten wir Diane nie mehr als ein Bier oder eine gelegentliche Piña Colada trinken sehen, und wir hatten sie mit Sicherheit nie betrunken gesehen. Zweitens gehörte Diane zur Familie. Wir vertrauten einander und verließen uns sogar aufeinander. Leuten, die Zweifel zu hegen schienen, wollte ich sagen: Denkt an eure eigene Schwester oder Schwägerin. Gäbe es irgendeinen Grund zur Besorgnis, wenn sie am Steuer sitzt? Wenn ich auch nur die leiseste Ahnung gehabt hätte, dass irgendetwas schiefgehen könnte, hätte ich mich eher an den Kotflügel gebunden, als meine drei unschuldigen Mädchen in diesem Wagen wegfahren zu lassen.

Und schließlich, sobald uns klar gewesen war, dass auf der Fahrt zurück von dem Campingplatz irgendetwas nicht stimmte, hatten wir alles in unserer Macht Stehende getan, um Diane aufzuhalten. Warren hatte sie angefleht zu bleiben, wo sie war. Er hatte so viele Informationen wie möglich eingeholt und war losgestürmt, um seine Familie zu retten. Wir hatten die Behörden verständigt. Um Hilfe gebeten.

Wir hatten getan, was wir konnten. Inmitten einer Krise kann man nichts weiter tun, als aufrichtig, offen und aus den reinsten Motiven zu handeln. Genau das hatten wir getan.

Warren und ich haben nie öffentlich gesprochen oder versucht, uns zu verteidigen. Die Wahrheit hält andere nicht immer von dem ab, was sie glauben wollen. Die Leute wollten Gründe finden, weshalb wir verantwortlich sein mussten, und ihr Bedürfnis nach Schuldzuweisung beeinflusste unsere eigenen irrationalen Schuldgefühle. In meinen düstersten Momenten glaubte ich, selbst verantwortlich zu sein. Meine Aufgabe im Leben war es gewesen, meine Mädchen zu beschützen, und ich war dabei gescheitert.

Zum Glück zeigten meine Freunde eine völlig andere Reaktion. Ich habe gehört, dass Freunde und Bekannte oft flüchten, wenn eine Tragödie zuschlägt – sie wissen nicht, was sie sagen oder wie sie reagieren sollen, und sie haben mit dem unangenehmen Gefühl zu kämpfen, dass Unglück ansteckend ist. Aber meine Leute taten genau das Gegenteil. Unsere Freunde wurden zu Superfreunden. Sie scharten sich um Warren und mich und unterstützten uns uneingeschränkt und unvoreingenommen.

Die meisten hatten Kinder im gleichen Alter wie unsere Töchter, und da sie gern zusammen waren, hatten ihre Aktivitäten auch uns Erwachsene zusammengeschweißt. Unsere Leben waren ständig miteinander verflochten gewesen. Meine Freundin Deana gab allen Kindern Religionsunterricht. Sie, Isabelle und ich hatten zusammen die »Gänseblümchen«-Pfadfinderinnen geleitet. Wir hatten viel zu viel Spaß dabei, unseren kleinen Pfadfinderinnen zu helfen, sich ihre »Blütenblätter« zu verdienen. Isabelle und ich und mehrere andere unserer Freundinnen schlossen sich zusammen, um unsere Kinder bei Fußballspielen oder Turnveranstaltungen anzufeuern. Mit dem Sport, den Pfadfindern, dem Religionsunterricht und all den Kindern, die sich wie eine einzige große Familie anfühlten, hätte man uns leicht mit einem Revival der *Brady Family* verwechseln können.

Der Geist der gegenseitigen Unterstützung, der bei den Müttern herrschte, muss den Kindern ein gutes Vorbild gewesen sein, denn sie kümmerten sich immer umeinander. Zum Beispiel war ein kleines Mädchen in unserem Kreis nicht gern getrennt von seiner Mom. Als es sich eines Nachmittags auf einmal allein wiederfand, sah ich, wie Alyson einsprang, um seine Hand zu halten. »Es ist alles gut«, sagte meine Tochter damals zu ihm. Diese Freundlichkeit in meinen Mädchen zu sehen erfüllte mich mit Stolz.

Nach dem Unfall legte sich jedoch ein Schleier des Schocks über alle Familien. Wir hörten von einigen Kindern, die Albträume bekamen, und von anderen, die sich weigerten, ihre Eltern aus den Augen zu lassen. Eine von Alysons engen Freundinnen schluchzte hysterisch, als die Familie in den Urlaub aufbrach, und es dauerte eine Weile, bis die Eltern begriffen, dass sie schreckliche Angst davor hatte, auf dem Highway auf der Rückbank ihres Minivans zu sitzen.

Da die meisten unserer Freunde kleine Kinder hatten, muss es ihr erster Impuls gewesen sein, sie zu beschützen und ihnen ein Gefühl von Sicherheit zu geben. Aber sie schwankten nie in ihrem unerschütterlichen Beistand für Warren und mich. Isabelle erstellte einen Zeitplan, damit immer jemand im Haus war, um ans Telefon zu gehen, dafür zu sorgen, dass wir etwas zu essen hatten, und zu verhindern, dass wir in einem schwarzen Loch versanken. Das war zumindest das Ziel.

Wir versanken zwar, aber wenigstens blieb das Haus sauber.

»Oh Mann, wer sind denn die beiden mit diesem ganzen Elan?«, fragte mein lässiger Halbbruder Mark eines Tages staunend. Er war zufällig vorbeigekommen, als zwei meiner Freundinnen, energiegeladene wirbelnde Derwische, den Tag mit Putzen, Polieren und Aufräumen verbrachten.

Mark musste nicht putzen oder aufräumen, um willkommen zu sein. Obwohl er viel jünger als ich war, und das Ergebnis der zweiten Ehe meines Dads, stand ich ihm immer nahe. Er lebte in New Jersey und versuchte jetzt, so oft wie möglich zu Besuch zu kommen.

Meine Freundin Karen – einer der wirbelnden Derwische, die Mark so bewundert hatte – war eine Weile vor dem Unfall in eine andere Stadt gezogen, und wir sahen uns nicht mehr so oft. Aber jetzt kam sie zurück in mein Leben wie ein dringend benötigter Energydrink bei Kilometer 32 eines nicht enden wollenden Marathons. Nachdem sie sich in den Zeitplan eingetragen hatte, um dienstags bei uns zu sein, tauchte sie zuverlässig jede Woche bei uns zu Hause auf. Eines Tages jedoch wollte sie mit dieser ganzen Energie, die in ihr brodelte, nicht einfach nur bei uns auf dem Sofa herumsitzen. »Komm schon, ich ziehe mit dir los«, sagte sie nüchtern.

»Um was zu tun?«, fragte ich.

»Egal. Shoppen. Ein Spieltag für Erwachsene. Wir werden aus dem Haus kommen.«

Aus irgendeinem Grund erklärte ich mich benommen bereit dazu. Ich wusste nicht, wie ich die Tage und Wochen ausfüllen sollte, die sich endlos vor mir ausdehnten, daher schien es eine seltsame Erleichterung zu sein, dass sich wenigstens um einen Tag jemand anderes kümmerte.

Und nicht nur um einen Tag, sondern um einen Tag in jeder einzelnen Woche. Die Dienstage mit Karen wurden ein unantastbarer Teil des Zeitplans. Jede Woche stand sie mit einem anderen Plan für den Tag vor meiner Tür. Da sie selbst drei Kinder hatte, die genau im selben Alter wie Emma, Alyson und Katie waren, hätte sie leicht Gründe finden können, um hin und wieder eine Woche ausfallen zu lassen. Aber das tat sie nie. Selbst in den Schulferien organisierte sie Babysitter, damit sie mich nicht im Stich lassen musste. Ich hatte Schuldgefühle, wollte niemandes Leben durcheinanderbringen. Aber sie ließ mir nie eine Wahl.

»Mir ist heute nicht danach auszugehen«, jammerte ich eines Dienstags, zusammengekauert auf der Couch, in einer Jogginghose, ohne die Absicht, mich zu bewegen.

»Du wirst dich besser fühlen, wenn du erst einmal aus dem Haus bist«, sagte sie fröhlich. »Zieh dich an. Wir gehen shoppen.«

»Nicht heute.«

»Oh doch, heute!« Sie grinste und klatschte in die Hände, eine Kombination aus Freundin, Guru und persönlicher Einkaufsberaterin. Sie akzeptierte kein Nein als Antwort. Karen schien, wie so viele meiner Freundinnen, instinktiv zu verstehen, wie man jemandem hilft, der in Depressionen versunken ist.

Sorge dafür, dass sie sich bewegen.
Plane etwas, worauf sie sich freuen können.
Bestehe darauf, dass sie an der Welt teilnehmen.
Sprich mit ihnen.
Sei ständig anwesend.

Karens Strategie zur Depressionsbekämpfung beinhaltete im Allgemeinen eine Einkaufstherapie. Meistens fuhren wir zu einem Einkaufszentrum, stöberten in Geschäften, kauften ein paar Sachen und aßen zu Mittag. In diesen paar Stunden fühlte ich mich wieder wie ein normaler Mensch anstatt wie ein tragischer Freak, frei nach dem Motto: Ich kaufe mir Pullover! Ich muss so sein wie alle anderen!

Eines Tages im *Lord & Taylor* sprach uns ein hochgewachsener extravaganter Visagist eines der führenden Unternehmen an, als wir durch die Kosmetikabteilung schlenderten, und stellte sich als Sterling vor. »Meine Damen, kommen Sie hier herüber. Wie wär's mit einer Typveränderung?«, fragte er, während er um uns herumtrippelte. »Ich kann Sie *noch* schöner machen!«

Ich schüttelte den Kopf, aber Karen stieß mich sanft in die Seite. »Na los. Komm schon.«

»Oh ja, kommen Sie«, sagte Sterling. Mit seinen tänzelnden Bewegungen brachte er mich schon jetzt zum Lächeln, daher ließ ich mich von ihm zum Schminkstuhl führen. Als ich mich setzte, studierte er für einen Moment mein Gesicht, dann zückte er seine Pinsel und Farbtiegel.

»Bitte ganz natürlich«, warnte ich ihn, als er anfing.

Er nickte und begann mit einer ausladenden Geste, Abdeckcreme auf die dunklen Ringe unter meinen Augen aufzutragen. Er bewegte sich so überschwänglich, dass mir fast ein wenig angst und bange wurde.

»Oh, was für ein schönes Leben die Damen doch haben«, plapperte er, während er mit breiten Pinselstrichen mein Gesicht bearbeitete. »Sie dürfen den ganzen Tag mit Mittagessen und Shoppen verbringen.«

Schönes Leben? Ich sah zu Karen, und wir grinsten uns an. Er hatte keine Ahnung, und das war eine solche Erleichterung.

Als Sterling fertig war, hielt er mir einen Spiegel hin. Seine Vorstellung von einem »natürlichen« Aussehen beinhaltete einen roten Lippenstift, leuchtende Wangen und dunkel geschminkte Augen. Nicht mein übliches Outfit.

»Was meinst du?«, fragte ich Karen.

»*Noch* schöner«, sagte sie, und wir lachten beide.

Zwar mochte ich den Ton des Lidschattens nicht, aber Sterling hatte eine perfekte Veränderung an mir vorgenommen. Für ein paar Minuten hatte ich vergessen können, wer ich war – und sogar gelacht. Ich konnte mir keine bessere Verwandlung vorstellen.

Die Ausflüge mit Karen gaben meiner Woche ein gewisses Maß an Beständigkeit, und ich freute mich auf unsere Dienstage mit einer Aufregung, die völlig übertrieben war für das, was wir tatsächlich taten. Die Spazierfahrten schenkten auch Warren ein bisschen Seelenfrieden – für ein paar Stunden jede Woche musste er sich keine Sorgen um mich machen, denn ich würde ihn vermutlich nicht anrufen.

Da mir das Shoppen mit einer Freundin wie die Definition von Normalität erschien, verspürte ich eine Woge von Befriedigung, wenn ich abends meine Einkäufe auspackte. Warren sah die Sache anders – vor allem als ich vier Wochen hintereinander jeden Dienstag mit einer neuen Mütze und einem neuen Schal nach Hause kam. In meiner Welt ist nichts tröstlicher und bequemer als ein gestrickter Schal, und mein Herz war so kalt, dass mir jedes Gefühl von Wärme Freude bereitete. Es waren kleine Einkäufe, aber die hübschen Schichten bunter Wolle machten mich glücklich. Ich mochte die Struktur der knubbeligen Stricksachen, und wenn ich mich in einen kuscheligen neuen Schal wickelte, fühlte ich mich – im wörtlichen und übertragenen Sinn – behaglich und beschützt.

Nachdem er einen Monat lang zugesehen hatte, wie ich jede Woche meine neuen Strickwaren ausgepackt hatte, verzog Warren das Gesicht, als ich eines Dienstagabends wieder eine Einkaufstüte öffnete. »Noch eine Mütze und ein Schal?«, fragte er. »Wofür brauchst du die denn alle?«

»Ich mag sie«, sagte ich, wobei ich etwas lauter wurde.

»Okay, aber du hast jede Woche welche gekauft. Wie viele Mützen und Schals kann ein Mensch denn tragen?«

»Was kümmert *dich* das denn?«

»Es scheint mir einfach eine Geldverschwendung zu sein.«

Ich war kurz davor zu explodieren. »Wirklich, Warren? Meine

Kinder sind tot, und du fragst mich wegen einer Mütze und eines Schals? Und wenn ich tausend Mützen und Schals haben wollte, wen zum Teufel kümmert das denn?«

»Jackie –«

»Im Ernst!«, schrie ich. »Meine Kinder sind tot. Komm mir nicht mit einer Mütze und einem Schal!«

Das Gespräch war rasch zu Ende.

Vielleicht war es nicht mein glänzendster Augenblick, aber später in dieser Woche fühlte ich mich ein wenig gerechtfertigt, als das Thema vor dem Paartherapeuten wieder zur Sprache kam, zu dem wir inzwischen einmal die Woche gingen. Dr. O'Brien war im Allgemeinen unparteiisch und äußerte keine Meinungen, aber diesmal schlug er sich auf meine Seite.

»Sie haben viel Grund, wütend zu sein, Warren«, sagte er. »Das verstehe ich. Aber wollen Sie sich mit Jackie wirklich wegen einer Mütze streiten?«

»Nicht eine Mütze«, knurrte Warren. »Vier Wochen lang Mützen.«

Aber dann ließ er das Thema fallen, und ich schenkte Dr. O'Brien ein halbes Lächeln. Ich nehme an, ich war froh, dass ich in diesem Fall gewonnen hatte. Aber aus irgendeinem Grund fühlte ich mich nicht wie der Sieger.

8

Ärzte bezeichnen eine Depression gern als eine chemische Störung des Gehirns, was der Grund ist, weshalb Antidepressiva oft gegen ein Stimmungstief helfen können. Aber schlimme Situationen wie ein Todesfall, eine Scheidung oder der Verlust des Arbeitsplatzes können bei jedem eine Depression auslösen, egal, wie chemisch ausgeglichen man ansonsten vielleicht ist. Ich hatte schon früher in meinem Leben mit Depressionen zu kämpfen, aber nichts davon ähnelte dem Gefühl, das mich nach dem Verlust der Mädchen traf.

Ich nahm jeden Tag Antidepressiva, doch meine Ärzte riefen mir in Erinnerung, dass mein eigenes Verhalten auch etwas ausmache. Sport ist eine tolle Möglichkeit, Melancholie zu bekämpfen, und mit dem Endorphinschub, den ich vom Laufen bekam, fühlte ich mich danach jedes Mal besser. Außerdem hatte ich Artikel gelesen, in denen es hieß, wenn man sich zwinge zu lächeln, würde man sich glücklicher fühlen. Es klingt verrückt, aber es besteht ein Zusammenhang zwischen dem Verstand und der Physiognomie: Wenn die Gesichtsmuskeln zu einer fröhlichen Miene verzogen werden, fängt das Gehirn an zu glauben, dass man glücklich ist.

Mein Gehirn ließ sich leider nicht so leicht austricksen. Aber ich war schon immer der Ansicht, dass man sich, wenn man gut aussieht, auch besser fühlt, daher versuchte ich mich an den meisten Tagen zu zwingen, mich anzuziehen und mir die Haare zu kämmen. Wenn man depressiv ist, sind Make-up und hohe Absätze kein Zeichen von Eitelkeit oder Verschwendung – sie sind ein Symbol von Hoffnung.

In dem Versuch, mich aus einem beängstigenden Stimmungstief herauszuziehen, zog ich eines Tages eine schwarze Jeans und eine hübsche gestickte Bluse an, trug etwas Make-up auf und suchte in meinem Schmuckkästchen nach meinen Lieblingsringen, Ohrsteckern und Kettchen. Ich hatte bereits einen ganzen Stapel hübscher Armreife am Handgelenk, die ich ständig trug – jeder davon mit den Initialen der Mädchen, EAK. Ein paar davon waren eigens für mich gemacht worden – in einem Fall von Schulkindern, in einem anderen von einer Frau, die ich nicht einmal kannte. Die Armreife waren meine Art, die Mädchen nah bei mir zu behalten, und die Steine funkelten im Sonnenlicht, als ich das Haus verließ. Ich zwang mich, zu einem örtlichen Geschäft zu gehen, und wie üblich starrten mich die Leute an, als wäre ich eine Prominente. Eine Frau, die ich nicht sehr gut kannte, zögerte kurz und kam dann herüber.

»Oh, Jackie, Sie sehen so hübsch aus«, sagte sie mit übertriebener Wärme. »Es ist schön, Sie so herausgeputzt zu sehen. Mit Schmuck und allem.«

»Äh, danke«, erwiderte ich. Meine Finger glitten unbewusst hoch zu meinem Gesicht, und ich spielte mit meinen Ohrringen. Irgendetwas sagte mir, dass dieses »Sie sehen so hübsch aus« nicht als Kompliment gemeint war. So nett sie auch sein wollte, ich stellte mir vor, dass in ihrer Stimme ein vorwurfsvoller Unterton lag. Obwohl sie mich mit meinem aufgesetzten Lächeln in der Öffentlichkeit sah, konnte sie unmöglich etwas von der Depression, der Verzweiflung, der völligen Finsternis wissen, aus denen mein Leben jetzt zu 99 Prozent zu bestehen schien. Ihr Blick fiel auf meine Handgelenke, und ich konnte fast hören, wie sie dachte: Wenn meine Kinder tot wären, würde ich mir keine Gedanken um Make-up und Schmuck machen.

Entsetzt darüber, dass mir irgendjemand unterstellen könnte, ich hätte die Mädchen vergessen, stürzte ich aus dem Geschäft und zurück zu meinem stillen Haus, wo ich schluchzend auf dem Sofa zusammenbrach. Alles, was ich versuchte, ging nach hinten los. Gut auszusehen erschien falsch. Aber war schlecht auszusehen denn besser? Wenn ich mit einem grauen Gesicht, in Jogginghose, das ungekämmte Haar zu einem Pferdeschwanz gebunden, aus dem Haus gehen würde, dann würden die Leute flüstern, wie ausgelaugt und verhärmt ich aussah. Vermutlich war es das, was sie erwarteten – Jackie als wandelndes Gespenst der Trauer. Ich habe mir schon immer zu viele Gedanken um die Meinung anderer Leute gemacht, aber gequält auszusehen förderte nur meine Depression, und im Augenblick wusste ich, wenn ich noch tiefer in mein Loch der Verzweiflung sank, dann würde ich vielleicht nie wieder herausfinden.

Vor dem Unfall war mein Tagesablauf von den Bedürfnissen der Kinder bestimmt worden – Schule, Ferienlager, Sporttrainings, Theaterproben und Spielverabredungen entschieden darüber, wann ich wo war. Das eine oder andere Kind war immer bei mir. Sobald Katie in die Schule kam, hätte ich ein paar Stunden für mich gehabt, und ich hatte mit dem Gedanken gespielt, Kochkurse zu belegen oder mir einen Job zu suchen. Freie Stunden waren mir wie ein Geschenk erschienen. Jetzt hatte ich nur noch diese freien Stunden – und sie erschienen mir eher wie ein Gefängnis.

Der Erfolg der »Dienstage mit Karen« rief mir in Erinnerung, dass ich meine Tage ausfüllen musste. Leere Stunden lasteten nur schwer auf mir. Wie üblich fanden meine Freundinnen eine Lösung. Eine andere Freundin aus dem Mütterklub, Kathy

Power, spielte donnerstagmorgens regelmäßig Bowling und bestand darauf, dass ich mich dafür anmeldete. Ich schleppte Isabelle ebenfalls mit zu den Bahnen. Ich bin keine große Bowlingspielerin, aber da es ein Teamwettbewerb war und die Mannschaft sogar Liga spielte, musste ich mich blicken lassen, sonst würden durch mich alle im Nachteil sein. Egal, wie bedrückt meine Stimmung war, mein Pflichtgefühl gegenüber dem Team siegte jedes Mal, und ich schleppte mich für ein paar Stunden zu den Bahnen. Schuhe in witzigen Farben zu tragen und eine Acht-Pfund-Kugel über eine glänzende Bahn zu schleudern ist im Allgemeinen eine gute Ablenkung vom wirklichen Leben.

Montags kamen meine Freundinnen Denine und Laura für einen Fernsehabend vorbei. Beide waren eingefleischte Fans von *Der Bachelor,* und obwohl ich selbst es nie gesehen hatte, saßen wir jetzt jede Woche vor der Sendung, mit Eiscreme und Schalen mit Snacks. An vielen Montagabenden gesellten sich auch meine Nachbarinnen Tia, Desi und Gina zu uns, und auf einmal war das Haus voller Frauen.

»Was ist denn hier los?«, fragte Warren, als er eines Abends von der Arbeit nach Hause kam und uns alle zusammen antraf.

»Wir sehen nur fern«, rief eine von uns fröhlich. »Willst du mitgucken?«

»Nein«, sagte er und flüchtete die Treppe hoch.

Wenn *Der Bachelor* nicht lief, sahen wir uns *The Real Housewives of New Jersey* an – oder welche andere Version vom Schund-TV es zufällig gab. Für uns war jede dieser Sendungen das, was *Monday Night Football* für einen Haufen Typen sein muss – wir jubelten und schrien und waren sehr laut.

»Küss sie nicht!«, schrie ich während einer Folge von *Der Bachelor* und hielt mir bei einer allzu romantischen Naheinstellung die Hände vors Gesicht. »Oh, wie eklig!«

Wir brüllten unsere Meinungen dem Fernseher entgegen und buhten die Kandidaten aus, die wir nicht mochten. Nicht unbedingt die intellektuellste Aktivität, aber immer jede Menge Spaß, und außerdem eine 1-A-Möglichkeit zu vergessen.

An den Wochentagen konnte ich mich immer irgendwie durchhangeln, aber die Samstage und Sonntage drohten stets, als unerträgliche schwarze Löcher zu enden, in denen ich verloren ging. Denn dann waren unsere Freunde bei ihren Familien und gingen mit ihren Kindern zu Fußballspielen, Tanzshows und Turnaufführungen.

Warren und ich hatten nichts zu tun.

Wir hatten uns immer an die Regel der Frauenzeitschriften gehalten, den Samstagabend zu einem Ausgehabend zu machen. Als die Mädchen noch bei uns waren, engagierten wir samstagabends eine Babysitterin und gingen mit unseren Freunden aus, unsere einzige Chance, einmal loszulassen und uns wie Erwachsene zu benehmen. Um ein bisschen Normalität zurückzugewinnen, bestand Warren darauf, diese Ausgehabende wieder einzuführen. Da diese abendlichen Unternehmungen stets ohne die Mädchen stattgefunden hatten, nahm er an, dass wir dabei nicht von Erinnerungen überwältigt werden würden.

Aber nichts hatte jemals wirklich ohne die Mädchen stattgefunden.

Eines Samstagabends, als ich versuchte, mich zum Ausgehen fertig zu machen, stand ich lustlos vor dem Spiegel und starrte auf mein Make-up. Es war ein langer, leerer Tag gewesen, und vielleicht hatte Warren recht damit, dass wir versuchen sollten, uns ein bisschen abzulenken. Halbherzig griff ich nach einem Lippenstift.

Und auf einmal sah ich vor mir, wie die Mädchen ins Schlafzimmer stürmten, wie sie es an einem Samstagabend meistens getan hatten. Das Bild war so lebendig, dass es mir echt erschien.

»Oooh, Mommy, du siehst so hübsch aus!«, sagte Alyson. Stets glücklich, machte sie auch mich glücklich. Sie lehnte sich vor dem Spiegel nah zu mir vor und bat darum, den Lippenstift auszuprobieren, und natürlich grinste ich und reichte ihn ihr. Und dann drängte sich Katie dazwischen und bat um Rouge für ihre von Natur aus rosigen Wangen.

»Ist heute ein Gersham-Abend?«, fragte Emma, während sie ebenfalls begann, mein Make-up auf ihr ohnehin glattes Gesicht aufzutragen.

Die Erinnerung ließ mich abrupt innehalten.

An den Abenden, an denen Warren und ich früher vorgehabt hatten, etwas zu trinken, hatten wir einen Jungen aus der Nachbarschaft engagiert, der uns fuhr. Sein Name war Gersham, und wenn er nicht zur Verfügung stand, nahmen wir uns ein Taxi oder bestimmten irgendjemanden aus unserer Gruppe zum offiziellen Fahrer. Von früher Kindheit an wussten die Mädchen, dass Mommy und Daddy niemals Auto fahren würden, wenn sie getrunken hatten. Das sollte niemand tun. Es war zu gefährlich.

Bei dem Gedanken daran ließ ich den Lippenstift fallen und starrte ins Leere.

Um die geöffnete Wodkaflasche zu erklären, die die Polizei gefunden hatte, beharrte Danny darauf, Diane hätte sie lediglich mit nach Hause nehmen wollen – eine Ausrede, bei der die meisten Leute die Augen verdrehten, die mir aber logisch erschien. Diane sagte einmal zu mir, da auf dem Campingplatz viele Jugendliche seien, würde sie in der Woche nur Angelausrüstung in ihrem über den Sommer dort stehenden Wohnmobil lassen, aus Sorge, jemand könnte es aufbrechen. »Das fehlt uns noch – Jugendliche, die in meinem Wohnmobil saufen«, hatte sie gesagt.

Aber die Fakten schienen in eine andere Richtung zu deuten. Eine offene Wodkaflasche. Eine betrunkene Fahrerin. War es nicht offensichtlich? Das Problem war, ich konnte mir einfach nicht vorstellen, dass Diane vor den Kindern Wodka trank.

Bei dem Gedanken an Emma, Gersham und unsere Gespräche, während ich mich zum Ausgehen fein machte, fiel mir noch etwas ein. Wenn Emma Diane mit einer Wodkaflasche gesehen hätte, dann hätte sie etwas gesagt. Sie wusste, dass man nicht Auto fahren durfte, wenn man getrunken hatte. Sie wusste es. Bei dem Gedanken wurde mir ganz schwindelig.

Willst du damit sagen, eine Achtjährige hätte sie aufhalten sollen?, gab ein vernünftigerer Teil von mir zurück.

Nein, entgegnete ich in Gedanken. Aber Emma kannte die Gefahr, daher hätte sie am Telefon etwas gesagt.

Aber das hat sie nicht getan. Versuchst du etwa, ihr die Schuld zu geben?

Natürlich nicht! Aber das beweist vielleicht, dass irgendetwas anderes passiert ist. Vielleicht war Diane gar nicht betrunken. Weil Emma es erwähnt hätte.

Irgendwie gelang es mir, diese Gedanken lange genug beiseitezuschieben, um mich zu schminken und anzuziehen. Geistesabwesend legte ich lange Ohrringe, ein paar Halsketten und den Stapel EAK-Armreife an, die ich immer trug. Ich lächelte, als ich daran dachte, wie Dr. O'Brien mich aufgezogen hatte, ich sei vielleicht selbstmordgefährdet, aber noch immer mit allen Accessoires versehen, die eine Frau nun mal so mit sich herumschleppte.

Ich versuchte mich aufzumuntern, während Warren und ich schweigend zu einem nahe gelegenen Restaurant namens Fiore fuhren. Melissa und Brad, Jeannine und Rob oder Isabelle und Mark schleppten uns an einem Samstagabend oft mit, um mit ihnen auszugehen, in der Hoffnung, dass ein paar Stunden Gelächter und gutes Essen uns ein bisschen ablenken würden. Heute Abend waren sie alle da, zusammen mit mehreren anderen Paaren, an einem lauten Tisch, der mit Wein- und Bierflaschen übersät war. Warren und ich setzten uns zu der ausgelassenen Gruppe, und die Besitzer kamen vorbei, um sich zu vergewissern, dass wir uns wohlfühlten.

»Ich will nur, dass Sie einen schönen Abend verbringen«, sagte einer der Besitzer großzügig. »Wenn Sie irgendetwas brauchen, geben Sie mir einfach Bescheid.«

»Danke, alles bestens«, log ich.

Irgendjemand stellte mir ein Bier hin, und ich sah mich nervös um, etwas verunsichert von den Leuten an den Nebentischen. Wenn ich selbst schon dachte, dass es falsch war, sich zu amüsieren, wie sehr würden mich dann erst andere verurteilen? Alle mussten über uns tratschen, verwundert den Kopf schütteln, wenn sie mich lachend oder mit einem Bier in der Hand sahen. Du solltest dich nicht amüsieren, warnte mich die stets vorwurfsvolle Stimme in meinem Kopf.

Ich warf über den Tisch hinweg einen Blick auf Warren und sah, dass er seine tapfere Miene aufgesetzt hatte. Na schön, wir konnten ein paar Stunden lächeln, die Gesellschaft unserer Freunde genießen, uns wie normale Leute benehmen. Ich ließ zu, dass sich meine Stimmung ein klein wenig aufhellte.

Später, als Warren und ich nach Hause fuhren, senkte sich eine toxische Mischung aus Schuldgefühlen und Düsterkeit über uns, sobald wir die Haustür hinter uns schlossen.

»Du hast heute Abend wirklich nicht sehr viel gegessen«, sagte Warren, als wir in unser leeres Wohnzimmer traten. Vielleicht war es nett gemeint, aber es reichte, um einen Streit zu entfachen.

»Ich weiß nicht, wie du etwas essen konntest«, gab ich zurück.

»Die Mädchen bekommen auch nichts zu essen. Warum sollten wir dann etwas essen?«

»Nichts zu essen wird sie auch nicht wiederbringen.«

»Es ist respektlos. Wenn du ein Kind im Rollstuhl hättest, würdest du dann vor ihm tanzen?«

»Das ist etwas anderes, Jackie!«

»Nein. Wenn sie kein Essen mehr genießen können, warum sollten wir es dann tun?«

»Wir müssen akzeptieren, was passiert ist, und versuchen weiterzuleben«, sagte Warren, um einen vernünftigen Ton bemüht.

»Ich will aber nicht mehr weiterleben«, sagte ich rundheraus. Ich verschränkte die Arme vor der Brust, und die Einsamkeit hüllte mich ein wie ein Leichentuch.

Warren stand stocksteif da. Er wollte dafür sorgen, dass es mir besser ging. Ich wusste eine Möglichkeit, wie er das tun könnte. »Einer von uns muss bei den Mädchen sein«, sagte ich. Ich glaubte, sehr vernünftig zu klingen. »Sie sind noch so klein. Sie brauchen einen Elternteil, der sich um sie kümmert. Wenn du mich umbringst, dann werde ich in den Himmel kommen und bei ihnen sein.«

»Das werde ich nicht tun, Jackie«, sagte Warren bedrückt. »Ich weigere mich, diese Geschichte noch schlimmer zu machen, als sie ohnehin schon ist.«

»Dann werde ich dich umbringen«, sagte ich ernst. »Es ist mir egal, ob ich ins Gefängnis komme. Was macht das schon für einen Unterschied? Ich sitze gern im Gefängnis, wenn ich weiß, dass du dafür im Himmel bei den Mädchen bist.«

»Niemand bringt irgendjemanden um! Wir hatten schon genug Tote.«

»Bitte, Warren! Bring mich um, oder ich werde dich töten! Es ist mir egal, was von beidem! Aber einer von uns muss bei den Mädchen sein.«

Ich begann zu schluchzen. Ich rechnete nicht damit, dass Warren mich halten würde, da das nicht mehr zu unserem Repertoire gehörte. Er konnte den Schmerz nicht vertreiben, und bei ihm zu sein, machte manchmal alles nur noch schlimmer.

Ich rannte hoch ins Zimmer der Mädchen und knallte die Tür zu. Es war glühend heiß, aber ich wollte die Klimaanlage nicht einschalten. Ich verdrängte die herrlichen Vorstellungen, die ich mir gern vom Himmel machte – die Mädchen lagen unter der Erde begraben. Sie schwitzten vermutlich. Und ich saß hier in ihrem Zimmer, weinend, allein. Es war die einzige Möglichkeit, wie ich ihnen nahe sein konnte.

9

Geburtstage waren in unserer Familie immer Großereignisse. Ich gab in unserem Haus gern Partys mit Scharen von Freunden und riesigen Büfetts. Ich kochte und backte gern, und die Leute schwärmten immer von meinem Essen. Was noch wichtiger war, ich wusste, wie man eine Tafel hübsch anrichtete, sodass sie in den höchsten Tönen gelobt wurde, bevor irgendjemand auch nur einen Bissen von den Köstlichkeiten darauf nahm.

Im September, als Emmas Geburtstag nahte, begann ich ihre Party zu planen. Egal, ob die Mädchen bei mir waren oder nicht, ich war ihre Mutter. Nichts konnte etwas an meiner Hingabe ändern. Auch wenn sie nicht mehr bei uns war, hatte Emma am neunten September, dem Tag, an dem sie neun Jahre alt geworden wäre, eine Feier verdient.

Emmas erster Geburtstag war meine beste Party überhaupt gewesen. Wir hatten ein großes Zelt für den Garten gemietet, das wir neben der brandneuen Schaukel aufstellten. Sie war ein großes Geschenk, für das all unsere Freunde zusammengelegt hatten. Bereits im siebten Monat mit Alyson schwanger, zauberte ich Nudeln und Salate und einen hübsch verzierten Kuchen. Ich überredete einen von Warrens langjährigen Freunden, in ein Elmo-Kostüm zu schlüpfen, das ich besorgt hatte, und er schlenderte umher und unterhielt die kleinen Gäste. Außerdem hatte ich eine Clownin engagiert, die ich über eine Anzeige in der Zeitung gefunden hatte. Sie erschien in einem fröhlichen Narrenkostüm, erwies sich jedoch als eine etwas seltsame Frau mittleren Alters, die sich ständig Luft zufächelte und über Hitzewallungen klagte.

Nach Emmas erster Geburtstagsparty dachte ich an all die Geburtstagsfeiern, die noch kommen würden – und zog los und kaufte ein Partyzelt. Warren stöhnte, als er das Preisschild mit den 2 500 Dollar sah. »Das wird es wert sein!«, versprach ich ihm. »Wir werden nie wieder ein Zelt mieten müssen. Das ist eine tolle Investition.« Und nur zum Spaß kaufte ich auch noch eine Popcornmaschine.

Meine Anschaffungen lohnten sich durch die zahlreichen Feste, die wir in diesen ersten Jahren feierten, und führten sogar zur Gründung eines Catering-Unternehmens, das ich nach Katies Geburt aufbaute. Ich wurde für ein paar große Veranstaltungen wie Taufen, Babypartys und eine Verlobungsfeier engagiert. Die Mädchen hatten immer Spaß dabei mitzuhelfen. Für einen Kommunion-Brunch half Emma mir, die kleinen Mini-Quiches von den Backblechen zu nehmen. Wir richteten sie auf Platten an, mit hübschen Tomaten-Rosetten dazwischen. Ich weiß noch, wie ich zu ihr rübersah, die Hände klebrig und das Gesicht mit Mehl bestäubt, und dachte, wie glücklich ich mich schätzen konnte, eine solch perfekte Assistentin zu haben.

Die Leute liebten meine Partys, aber ich gab so viel Geld dafür aus, damit alles besonders hübsch aussah, dass ich bei jedem Auftrag Verluste machte. Ich konzentrierte mich auf reines Cupcakes-Catering, und wieder erwiesen sich die Mädchen als meine Geheimwaffe. Wir verzierten Cupcakes mit Bonbons, Weingummis und bunten Zuckerstreuseln, die ein Riesenhit bei Kinderpartys waren. Ich wurde für einen Polterabend engagiert, und ich war aufgeregt, bis die Braut erklärte, sie wolle auf jedem Cupcake andersfarbige Hortensien haben. Hortensien? Ich kannte nicht genügend Glasurtricks, um kunstvolle Blumen zu gestalten, daher kaufte ich vorgefertigte Fondant-Blüten, die ich auf dem Zuckerguss verteilte. Natürlich, die Gäste jubelten, als ich die Tabletts hereintrug – doch mein Bankkonto litt.

Die Mädchen und ich guckten gern Kochsendungen im Fernsehen, und eines Abends, ein paar Monate vor dem Unfall, saßen wir alle zusammen und sahen uns aufgeregt *Ultimate Cake Off* auf Food Network an.

»Du solltest in dieser Sendung sein«, sagte Alyson.

»Du backst besser als alle anderen«, gab Katie ihr recht und umarmte mich.

Bemüht, sie stolz zu machen – und ein erfolgreiches Unternehmen zu führen, das uns alle glücklich machte –, meldete ich mich beim Institut für kulinarische Bildung in Manhattan zu einem Kurs in Kuchenverzierung an. Mit etwas Anleitung könnte ich garantiert Hortensien, Gänseblümchen oder Rosen hinbekommen. Katie würde im Herbst eingeschult werden – und ich war kurz davor, mit meinem Kochkurs zu beginnen. Wir konnten zusammen lernen und wachsen. Aber dann passierte der Unfall, und ich konnte mir nicht mehr vorstellen, zu dem Kurs zu gehen.

Am Morgen von Emmas neuntem Geburtstag gingen Warren und ich zur Messe und fuhren dann hinaus zum Friedhof. Freunde hatten versucht, den düsteren Ort mit Luftballons, Blumen und Stofftieren fröhlicher zu gestalten, aber Warren und ich weinten, als wir die Geschenke ablegten, die wir für unsere Emma gekauft hatten – rosa Turnschuhe und ein hübsches Armband, ihre Lieblingserdnussbutter und ein paar Zeitschriften, die sie liebte. Wir wollten, dass sie glücklich war, aber die Stille auf dem Friedhof schien über alles hinwegzutönen. Warren und ich gingen wortlos fort, jeder in seiner eigenen Welt, mit seinen eigenen Tränen.

Am Nachmittag kamen etwa vierzig Kinder und Erwachsene

zu uns nach Hause. Ich war wie gelähmt. Emmas Freunde kletterten fröhlich auf der Schaukel herum, wie sie es immer getan hatten, und während ich ihnen zusah, wurde mir auf einmal schwindelig vor Verwirrung. Wie kann man eine fröhliche Geburtstagsparty geben, wenn das Geburtstagskind nicht da ist, um sich an ihr zu erfreuen?

Ich hatte seit dem Unfall nichts von Emmas oder Alysons Spielsachen oder Kleidern weggeräumt, und das Zimmer, das sie sich geteilt hatten, war unverändert geblieben. Die Betten waren gemacht, und die Decken aufgeschüttelt. Die Augenmasken, die die Mädchen zum Schlafen gern aufsetzten, lagen ordentlich auf den Kissen, und ihre Hausschuhe standen neben ihren Betten. Ihre Jacken hingen ordentlich an den Kleiderhaken. Die Vertrautheit des Anblicks war beruhigend für ihre Freunde. Als sie in das Zimmer der Mädchen stürmten, um zu spielen, schob ich meinen eigenen Schmerz beiseite. Es wäre schön, wenn ich wenigstens andere Kinder glücklich machen könnte.

»Wenn dir das gefällt, solltest du es mitnehmen«, sagte ich zu einem kleinen Mädchen, das einen witzigen Stift auf Emmas Kommode bewunderte. Diese Stifte mit Gesichtern darauf waren damals der letzte Schrei, und Emma hatte eine riesige Sammlung davon.

»Wirklich?«, fragte sie, während sie ihn zögernd in die Hand nahm.

»Na klar. Emma würde wollen, dass du ihn hast«, sagte ich mit einem Lächeln im Gesicht und einem Kloß im Hals, während ich daran dachte, wie großzügig meine Tochter immer zu ihren Freundinnen gewesen war.

»Oh, danke!«, sagte sie strahlend.

Fast automatisch wiederholte ich ähnliche Angebote und sah dann zu, wie die Kinder weggingen, kleine Andenken an ihre verlorenen Freunde umklammernd. Obwohl die Geschenke aufrichtig gemeint waren, wollte ein Teil von mir jedes Mal »Nein, gib das wieder her!« schreien, wenn ein Kind mit einem der Besitzstücke meiner Töchter davontänzelte. Ihre Spielsachen wegzugeben verdeutlichte mir, dass sie nie wieder hier sein würden, um selbst damit zu spielen.

Ich wahrte meine freundliche Fassade während der ganzen Party. So viele Kinder hier zu haben, die durchs Haus und den Garten und den Keller schwärmten, war ergreifend und herzzerreißend zugleich. Unsere ganzen Familien hatten sich in all den Jahren so nahegestanden, dass ich viele dieser Kinder fast so liebte und umsorgte wie meine eigenen.

Aber sie waren nicht meine eigenen. Meine eigenen waren nicht hier.

Nachdem alle gegangen waren, brach ich zusammen, die Fassade stürzte zu einzelnen Bruchstücken des Schmerzes ein. Und es wurde nicht wieder besser. Eine ganze Woche lang verließ ich danach kaum noch das Bett, weinte untröstlich und hoffte jedes Mal, wenn ich einschlief, nie wieder aufzuwachen. Das Schuljahr dehnte sich vor mir aus, und all die üblichen Höhepunkte zeichneten sich jetzt bedrohlich als Meilensteine unendlichen Elends ab. Ich konnte keine weitere Geburtstagsparty ertragen, geschweige denn Thanksgiving, Weihnachten oder Muttertag.

Aber als Alysons Kommunionstag nahte, konnte ich ihn nicht ignorieren. Emma hatte so viel Spaß bei der großen Party gehabt, die wir zu ihrer Kommunion gegeben hatten, da hatte Alyson dasselbe verdient – oder? Essen, Musik, ein Cateringsaal, wir würden alles genauso machen, wie Aly es sich gewünscht hätte. Im Dunkel der Nacht graute mir bei dem Gedanken, lächelnd noch eine Party überstehen zu müssen, bei der der Ehrengast fehlte, aber ich glaubte, keine andere Wahl zu haben. Ich wusste nicht, wie ich die Spur wechseln sollte, in der mein Leben immer gelaufen war, und trotz des Unfalls wollte ich es auch gar nicht. Ich würde weiterhin für die Mädchen einkaufen, ihnen Geschenke besorgen, große Ereignisse wie die Kommunion feiern.

»Wenn eine Party zu viel für dich ist, dann lass es sein«, sagte eine meiner Freundinnen.

»Wie könnte ich das?«, entgegnete ich. »Aly hat sich so auf ihre Kommunion gefreut. Sie hat ständig davon geredet.«

»Du musst nicht, Jackie. Vielleicht solltest du dich lieber um dich selbst kümmern.«

Ich schüttelte den Kopf, benommen und besorgt. Ich konnte nicht so denken. Ich wollte niemals so denken. Meine Freundin meinte es gut, aber wie konnte sie mir nahelegen, Aly aufzugeben? Als Elternteil ist man mitunter vielleicht entnervt und erschöpft oder sogar am Verzweifeln, aber die Kinder kommen immer an erster Stelle, noch vor einem selbst. Als Elternteil geht man eine lebenslange Verpflichtung ein, und die Verbindung reißt nie ab. Deine Kinder sind deine Kinder, egal, was mit ihnen passiert.

Daher begann ich, die Party zu planen.

Die Kommunion ist ein christlich-katholisches Sakrament, aber wie eine jüdische Bar-Mizwa gehören zu dem Ritual sowohl eine Zeremonie als auch eine Feier. Über die Stränge zu schlagen, scheint bei vielen Ritualen des Erwachsenwerdens eine Rolle zu spielen, und Emma und ich hatten vor ihrer Party viel Zeit mit Diskussionen darüber verbracht, was für ein weißes Kleid sie tragen sollte. Wir kannten Mädchen, deren Familien Hunderte von Dollar für ein prunkvolles Kommunionkleid ausgegeben hatten und es dann von den jüngeren Geschwistern bei ihren Kommunionsfeiern auftragen ließen. Aber wir hatten angenommen, dass Alyson und Katie jede ihr eigenes Kleid haben wollten anstatt eines, das weitervererbt wurde.

»Wenn du es nur ein einziges Mal trägst und dann aus ihm herauswächst, warum willst du dann übertreiben?«, hatte ich sie gefragt. »Wir können das Geld für etwas anderes ausgeben.«

»Von mir aus«, hatte Emma geantwortet, pragmatisch wie immer.

Meine Mom hatte ihr einen besonderen Kopfschmuck mit Schleier und Schal als Geschenk gemacht, den alle drei Mädchen bei ihrer Kommunion tragen könnten. Dann waren Emma und ich shoppen gegangen und hatten ein wunderschönes Kleid gefunden, das unter hundert Dollar kostete. Sie sah wie eine Prinzessin aus, als sie auf ihrer Party tanzte, und als sie eine Cola darauf verschüttete und in Tränen ausbrach, sagte ich ihr, sie solle sich keine Sorgen machen. Und ich meinte es ernst.

Jetzt war Alyson an der Reihe. Ich konnte kein Kleid für sie kaufen, aber ich wollte, dass die Party genauso war, wie sie es sich gewünscht hätte. Ich buchte einen Saal im New Hyde Park Inn und engagierte einen DJ, der alle zum Tanzen bringen sollte. Ich verschickte Einladungen, in denen ich unseren Gästen vorschlug, anstelle von Geschenken dem nahe gelegenen Kinderkrankenhaus Mal- und Spielsachen zu spenden. Aly war eine gute Zeichnerin gewesen und hatte Kunstlehrerin werden wollen, und es hätte ihr gefallen, zu wissen, dass andere Kinder ihretwegen malen und zeichnen konnten.

Am Tag der Party nahm ich mehr Antidepressiva und angstlösende Pillen als sonst. Ich beherrschte es inzwischen meisterhaft, mich in der Öffentlichkeit in eine Art Roboterversion meiner selbst zu verwandeln, bar jedes Gefühls, imstande zu lächeln und zu funktionieren. Ich wusste, dass meine stets lächelnde Alyson wollen würde, dass alle auf ihrer Party – mich selbst eingeschlossen – glücklich waren, daher baute ich meine beste falsche Fassade auf und tanzte zur Musik. Alysons süße Freunde scharten sich um mich, und wir tanzten alle zusammen, mit schwingenden Armen und kreisenden Körpern. Meine Lebhaftigkeit gestattete es ihnen, ebenfalls Spaß zu haben. Alyson hätte die Party gefallen. Sie wäre stolz auf mich gewesen.

Warren hingegen war für den denkwürdigsten Moment des Abends zuständig. In dem Augenblick, in dem die Party eigentlich hätte beginnen sollen, betrat er die Tanzfläche und nahm das Mikrofon in die Hand. »Danke, dass ihr alle gekommen seid«, sagte er zu der versammelten Menge. »Bevor die Party beginnt, möchte ich diesen Moment gern nutzen, um mit meiner Frau zu tanzen.«

Ich wusste nicht recht, was er vorhatte, aber er führte mich auf die Tanzfläche und legte die Arme um mich. Er hatte mit dem DJ vereinbart, dass der erste Song, den er spielte, Michael Bublés ergreifendes und gefühlvolles »Hold On« war. Alle Gäste scharten sich um uns und wiegten sich zur Musik, überwältigt von den Worten, die eigens für uns verfasst zu sein schienen.

Didn't they always say we were the lucky ones?
I guess that we were once,
Babe, we were once.
But luck will leave you 'cause
It is a faithless friend …

Haben sie nicht immer gesagt, wir seien die Glücklichen?
Ich nehme an, das waren wir einmal,
Schatz, das waren wir einmal.
Aber das Glück wird dich verlassen,
Denn es ist ein treuloser Freund …

Während Bublés sanfte Stimme den Saal erfüllte, lehnte ich den Kopf an Warrens Schulter und drückte ihn fest an mich. Rings um mich sah ich unsere Freunde schluchzen, aber ich löste mich von dem Moment und weigerte mich zu weinen. Ich wollte den Text nicht hören, wie glücklich wir einmal gewesen waren und wie sich das Leben auf einmal gewendet hatte. Wenn ich es schaffte, mich diesen einen Song lang zusammenzureißen, dann würde ich die ganze Party gut überstehen – und dann konnte ich später nach Hause gehen und im Stillen zusammenbrechen.

And in the end, when life has got you down,
You've got someone here that you can wrap your arms around.
So hold on to me tight …
We are stronger here together,
Than we could ever be alone.

Und am Ende, wenn das Leben dich besiegt hat,
Hast du hier jemanden, um den du deine Arme legen kannst.
Halt dich daher fest an mir …
Wir sind hier stärker zusammen,
Als wir allein je sein könnten.

Ich ließ die Musik über mich hinwegströmen, in dem Wissen, dass wir uns, wenn ich Warren in die Augen sah, beide auflösen würden. Wie Sinatra hat auch Bublé einen schmachtenden, weltgewandten Stil, und Warren hatte diesen Song mit Bedacht ausgewählt. So sehr wir uns auch gestritten hatten, so sehr Wut und Trauer unsere Ehe zu entflammen und uns selbst zu zerstören drohten, er wollte, dass ich an ihn glaubte. Die meisten unserer Gäste müssen Bublé recht gegeben haben, dass wir, auch wenn das Leben uns besiegt hatte, zusammen stärker waren als allein.

Denn während Warren und ich uns aneinanderklammerten, blieb in der Menge nicht ein Auge trocken.

Die traurige Wahrheit war jedoch, dass Warren und ich zusammen nicht stärker waren. Er ertrug es nicht, mich ständig aufgelöst zu sehen, und ich empfand eine solche Abscheu vor Diane und der Grausamkeit dessen, was sie getan hatte, dass ich mich nicht beherrschen konnte, auszuteilen. Der Vorwurf, den niemals zu äußern ich mir immer wieder geschworen hatte, rutschte mir schließlich doch heraus.

»Deine Schwester hat unsere Kinder getötet«, zischte ich eines Abends im Oktober mitten in einem Streit. Ich wusste, dass die Bemerkung grob und falsch war, aber ich konnte meine Gehässigkeit nicht zurückhalten.

Wir begannen die Art erbitterter Auseinandersetzung, die man nur führt, wenn man glaubt, dass man nichts mehr zu verlieren hat. Trauer ist schwieriger zu bewältigen als Wut, daher ergab es durchaus Sinn, das eine in das andere zu verwandeln.

»Meinst du, Emma hatte Angst, als sie gestorben ist?«, fragte ich Warren. »Meinst du, sie hatten alle Angst? Jedes Mal, wenn ich die Augen schließe, höre ich sie weinen.« Ihr Schluchzen bei unserem letzten Telefongespräch klang mir ständig in den Ohren.

»Ich weiß nicht. Das werden wir nie erfahren. Aber sie hat nicht geweint, als ich mit ihr gesprochen habe«, rief er mir in Erinnerung, wie er es ständig tat. Er hatte nach mir noch einmal mit ihr gesprochen.

»Sie müssen gewusst haben, was passierte, als Diane auf den Highway gefahren ist«, beharrte ich, womit ich uns beide wieder einmal quälte. Ich begann zu schluchzen. »Kannst du dir das vorstellen? Vermutlich haben sie aus dem Fenster gesehen und zu schreien begonnen. Aber sie waren hilflos.«

»Jackie …«

»Warum war ich nicht da, um sie zu halten? Haben sie nach mir geschrien?« Jetzt bebte mein ganzer Körper vor Schmerz.

»Du musst aufhören damit.«

»Ich kann nicht aufhören!«, schrie ich. »Meine Kinder sind tot, und ich weiß nicht, was mit ihnen passiert ist!«

»Wir können uns nicht ewig deswegen den Kopf zerbrechen. Das hilft nichts.«

»Ich muss aber!«

»Es gibt nichts mehr zu sagen. Wir haben alles gesagt.«

»Warum willst du nicht mit mir reden, Warren?«, brüllte ich. Meine Wut und Angst gerieten allmählich außer Kontrolle. »Willst du es nicht, weil du weißt, dass deine Schwester uns das angetan hat?«

»Ich bin nicht meine Schwester!«, donnerte er. »Ich bin nicht dafür verantwortlich!«

»Wer denn dann? Was ist passiert? Sie sind tot, Warren. Sie sind tot.«

Ich schluchzte hysterisch, zitterte und schrie, und Warren brüllte vor Frustration und Schmerz. Ich war besessen davon, jeden quälenden Moment noch einmal zu durchleben, während Warren das Elend ausblenden und nicht über die entsetzlichen Details nachdenken wollte.

Wir waren an einen schwarzen hässlichen Ort gestürzt, der so bedrückend war, dass keiner von uns sich vorstellen konnte, dass dort je wieder die Sonne scheinen würde. Als Warren den erbitterten Streit und die emotionale Hysterie nicht mehr ertrug, stürmte er aus dem Haus.

»Wohin gehst du?«, schrie ich, während ich ihm nachrannte. So verrückt ich vielleicht auch war, packte mich plötzlich die Angst. Dass er nach Mitternacht in einem völlig aufgelösten Zustand das Weite suchte, verhieß nichts Gutes. Zu Beginn unserer Ehe hatten wir einen Pakt geschlossen, dass wir, wenn einer von uns nach einem Streit wutentbrannt aus dem Haus stürmen sollte, nicht den Wagen nehmen würden. Wenn du dich umbringen willst, okay – aber du durftest niemand anderem etwas antun.

Jetzt stürmte Warren zu Fuß die Auffahrt hinunter, und seine Flipflops knallten auf dem Asphalt wie Schüsse in der Nacht. »Ich habe genug!«, brüllte er. »Es reicht! Ich werde mich vor einen Zug werfen!«

Warren sagte nichts und drohte mit nichts, was er nicht ernst meinte. Würde er das wirklich tun? Wenn Warren seinem Leben ein Ende setzte, dann würden sein Dad und seine Brüder wie Dominosteine gleich hinter ihm umfallen. Ich hatte Warren geglaubt, als er mir gesagt hatte, er wolle diese Geschichte nicht noch schlimmer machen. Aber vielleicht war es ihm inzwischen egal.

Ich lief ihm hinterher. »Komm zurück«, rief ich. Die Wucht seiner Verzweiflung durchdrang irgendwie meine eigene Finsternis. »Tu es nicht, bitte! Bitte!«

»Leb wohl, Jackie.«

Blutige Bilder schossen mir durch den Kopf. Ich stellte mir Warren auf den Gleisen vor, während ein Zug auf ihn zuraste. Ich konnte die Pfeife, die Schreie, das Ende des Vaters meiner Kinder fast hören.

Er floh die dunkle Straße hinunter, und ich folgte ihm, aber ich konnte nicht mit ihm Schritt halten. Ich war besser in Form als er, aber heute war er der Verzweifeltere, und das Adrenalin schien ihm übermenschliche Kräfte zu verleihen. Ich gab irgendwann auf, wandte mich um und taumelte zurück zum Haus, bebend vor Angst.

Normalerweise rief ich Freunde an, wenn es allzu schlimm

wurde, aber diesmal kroch ich einfach ins Bett, zitternd und schluchzend. Ich hatte Warren das angetan, und niemand konnte etwas daran ändern. Ich redete ständig vom Sterben, und Warren konnte nicht derjenige sein, der letztendlich ging. Ich wurde von Traurigkeit und Schuldgefühlen überwältigt. Ich sollte ihn lieben, in guten wie in schlechten Tagen, aber ich hatte ihn in die Flucht getrieben.

Ich weiß nicht, wie viel Zeit verstrich. Viel, viel später hörte ich die Haustür aufgehen und Schritte auf der Treppe. Warren kam schweigend ins Zimmer und legte sich neben mich ins Bett.

Wir redeten nicht darüber, was passiert war oder wohin Warren gegangen war. Wir wussten, dass es nur noch mehr Schmerz mit sich bringen konnte, solche Tiefen der Verzweiflung zu ergründen.

10

Einmal, als die Mädchen noch klein gewesen waren, hatten wir beisammengesessen und über ihre Zukunft geredet. Ich wünschte mir für sie, dass sie Berufe ergriffen, aber auch Moms waren. Obwohl ich meinen Job aufgegeben hatte, um Mutter zu sein, und es nicht bereute, war mir bewusst, dass ihr Leben mit etwas Ausgewogenheit vielleicht besser sein würde. »Ihr könntet Ärztinnen oder Lehrerinnen oder Anwältinnen werden«, schlug ich vor.

»Ich will Kunstlehrerin werden«, sagte Alyson entschieden. »Ich liebe Kunst. Irgendwas mit Kunst.«

»Guter Plan«, sagte ich zu ihr. »Hauptsache, du liebst das, was du tust.«

Emma dachte, sie würde gern Schauspielerin oder Sängerin werden, da sie es liebte, auf der Bühne zu stehen.

Katie, damals erst vier, hatte den entschiedensten Plan. »Ich werde dich und Daddy nie verlassen«, sagte sie. »Ich werde für immer bei euch bleiben.«

»Du brauchst trotzdem einen Beruf, wenn du erwachsen bist«, sagte ich lächelnd zu ihr, während sie auf meinen Schoß krabbelte.

»Dann werde ich dir helfen, Cupcakes zu backen, Mommy«, sagte sie. »Sonst nichts.«

Wir lachten alle. Vielleicht war es ein bisschen zu früh für Katie, um Pläne zu schmieden, aber als hingebungsvolle Vollzeit-Mom versuchte ich, im Leben meiner Kinder alles im Griff zu haben. Ich plante Geburtstagspartys Monate im Voraus und Familienurlaube Jahre, bevor sie stattfanden. Ich malte mir Schulabschlussfeiern und Hochzeiten aus und redete mit den Mädchen über die Zukunft. Oder was ich mir vorstellte, das noch vor uns lag. Ich hatte Vertrauen in die Macht unseres geordneten, organisierten Lebens. Die Zukunft, hatte ich immer gedacht, würde uns nicht überraschen, da wir uns darauf vorbereitet hatten.

Nach dem Unfall begriff ich, dass all diese Vorbereitungen nutzlos waren. Kontrolle ist nur eine Illusion. Die Kinder waren mein ganzes Leben gewesen, und jetzt war dieses ganze Leben nicht mehr da.

Warren und ich hatten immer aufs Geld geachtet, aber jetzt hatte ein Teil von mir das Gefühl, ich könnte es genauso gut für alles ausgeben, was ich wollte. Was hatten wir noch für einen Grund, Wertpapiere zu kaufen oder Warrens Lohn in einen Rentenplan zu stecken? Wir hatten Geld in College-Sparkonten angelegt und nie an eine Welt gedacht, in der die Mädchen nicht fröhlich mit neuen Kleidern und einer Einrichtung für ihr Studentenwohnheimzimmer ihr Studium aufnehmen würden. Aber all diese College-Ersparnisse waren für eine Beerdigung ausgegeben worden.

Unsere Stimmung schwankte dramatisch, aber Warren wollte, ganz nobel, noch immer ein guter Ehemann sein. Er hielt ständig nach Dingen Ausschau, die mir einen kurzen Anflug von Freude bereiten würden. Mein Wagen war bei dem Unfall zertrümmert worden, und lange Zeit benötigte ich keinen neuen, da ich mich ohnehin nicht ans Steuer setzen wollte. Warren oder Freunde fuhren mich, wenn ich irgendwohin musste – was ein Glück war, denn ich war insgesamt zu zerbrechlich, um mich der Welt allein zu stellen.

Aber schließlich begriff ich, dass ich wieder Auto fahren musste. So großzügig meine Freunde mit ihrer Zeit auch waren, ich musste anfangen, ein paar erste zögernde Schritte zurück in Richtung Unabhängigkeit zu tun. Es war mir im Grunde egal, was für ein Auto ich bekam. Ich brauchte keinen SUV oder Minivan mehr. Ein schicker Wagen erschien mir ohne Bedeutung – geschmacklos sogar. Aber dann erinnerte ich mich, dass meine stilbewussten Mädchen immer gewollt hatten, dass ich ein Cabrio fuhr.

»Du würdest so toll aussehen, wenn du mit offenem Verdeck fährst«, sagte Alyson eines Tages, als eine Nachbarin vorbeifuhr, während ihre Haare in der Brise wehten.

»Und du würdest Spaß dabei haben«, stimmte Emma ihr zu. »Was meinst du, Mommy?«

Ich fand, sie hatten recht. Aber wer setzt Kinder in ein Cabrio? Die praktischen Gründe siegten, und wir blieben bei einem Minivan.

Irgendwann im Spätherbst schlug ich, fast im Scherz, Warren ein Cabrio vor. »Die Mädchen wollten, dass ich eines habe«, sagte ich. »Sie haben immer gesagt, wie hübsch ich auf dem Fahrersitz aussehen würde.«

»Dann solltest du genau das bekommen«, sagte er schlicht.

Ich sagte ihm, der Wagen müsse ein einfahrbares Hardtop und eine ganze Rückbank haben. Ich dachte nie über den Preis nach – da ich nicht unbedingt erwartete, dass er eines kaufen würde –, und wir ließen das Thema fallen. Aber dann, bemüht, mir zu beweisen, dass das Leben noch immer schöne Momente haben konnte, bat Warren seinen Freund Chris, für ihn Autohändler aufzusuchen. Genau wie ich scheute Warren noch immer die Öffentlichkeit, wo Leute ihn erkennen konnten. Unsere Fotos waren oft in den Zeitungen gewesen, und er fühlte sich sicherer, wenn ein gutmütiger Freund die Erkundigungen für ihn einzog. Chris hatte sich auf einem kleinen Zettel meine Traumvorstellungen notiert, als er seine Testfahrten unternahm. Schließlich nahm er Warren mit, um ihm zu zeigen, was er für den schönsten Wagen zu dem besten Preis hielt.

Ohne irgendetwas von alledem zu ahnen, war ich eines Tages mit Melissa unterwegs, als Warren mich auf dem Handy anrief und fragte, um wie viel Uhr ich zurück sein würde.

»Ich weiß nicht, wir brauchen nicht mehr allzu lange«, sagte ich zu ihm. »Warum?«

»Ach, nur so«, sagte er. Er klang ein bisschen seltsam, aber ich achtete nicht groß darauf.

Als Melissa und ich nach Hause kamen, wartete Warren in der Auffahrt auf uns. Regen prasselte auf ihn herab, aber das schien ihn nicht zu stören. Er wollte mein Gesicht sehen, wenn ich den ersten Blick auf das warf, was er nach Hause gefahren hatte – ein hellblaues Volvo-Cabrio mit einem cremefarbenen Interieur.

Ich sprang aus Melissas Wagen und rannte auf Warren zu. »Wirklich? Für mich?«, fragte ich mit einem breiten Lächeln. Auf dem Gesicht meines Mannes zeigte sich ein aufrichtiges Grinsen. Das war der Warren, in den ich mich damals verliebt hatte – der mich immer mit irgendetwas Besonderem überraschte und sich Dinge einfallen ließ, die die meisten Männer gar nicht erst versuchen würden. Ich verspürte einen kurzen Anflug des Freudentaumels, den ich oft empfunden hatte, als wir gerade zusammengekommen waren und mir langsam dämmerte, dass ich einen Mann gefunden hatte, der es liebte, mich glücklich zu machen.

»Gefällt es dir?«, fragte er, nach Bestätigung suchend für das, was er bereits wusste.

»Es ist perfekt! Ich kann gar nicht glauben, dass du mir wirklich ein Cabrio gekauft hast«, sagte ich, während ich entzückt umherhüpfte.

Sein Grinsen wurde noch breiter. Monatelang hatte nichts, was Warren versuchte, meinen Schmerz lindern können. Das Einzige, was er je in meinem Gesicht sah, waren Schmerz, Trauer und Wut. Dieser Anflug von Glück muss wie ein Sonnenstrahl gewesen sein, der durch die Wolken brach. Und tatsächlich ereigneten sich an jenem Nachmittag das Wortwörtliche und das Bildhafte gleichzeitig, denn als Warren die Tür öffnete, damit ich mich in den Wagen setzen konnte, hörte der Regen auf, und der Himmel wurde blau.

»Es ist wunderschön«, sagte ich, während ich auf den Ledersitz rutschte. Vermutlich liegt es den Männern im Blut, dass sie ihren Ehefrauen gefallen wollen, und angesichts meiner Begeisterung wurde Warren ein klein wenig größer, als er ohnehin schon war.

Nachdem Warren und ich den neuen Wagen ausgiebig bewundert hatten, fuhr ich um die Ecke, um ihn Isabelle zu zeigen. »Das ist ja großartig«, sagte sie aufgeregt. Sie, Kailey und Ryan kletterten in das Cabrio, und wir fuhren alle lachend und plaudernd durch die Nachbarschaft.

Und dann brach ich urplötzlich in Panik aus. Was tat ich hier eigentlich? Angesichts meiner ständigen Angst davor, wie andere Leute mich wahrnahmen, graute mir auf einmal bei der Vorstellung, jemand könnte mich mit offenem Verdeck sehen.

»Wie abscheulich! Sie hat ihre Kinder gegen ein Cabrio getauscht.« Die verrückten Stimmen in meinem Kopf stellten sich immer vor, was andere Leute sagen würden, und jetzt schrien sie, dass vielleicht Grace Kelly mit wehenden Haaren (oder ordentlich mit einem Tuch zusammengebunden) in »Über den Dächern von Nizza« so herumfahren konnte, ich jedoch nicht das Recht dazu hatte. Ich war eine trauernde Mom, kein Hollywoodstar.

Die Freude an dem neuen Wagen schwand fast ebenso schnell, wie sie gekommen war. Zum Glück hatte Warren das Modell mit Hardtop genommen, sodass von außen niemand sehen konnte, dass sich die breite Volvo-Limousine in ein schnittiges Cabrio verwandeln konnte. Ich klappte das Verdeck in der Stadt nie zurück und nahm an, dass alle davon ausgehen würden, dass ich aus praktischen Gründen von einem Minivan auf einen sicheren Wagen umgestiegen war.

Aber dann passierte etwas Witziges. Bei einem unserer Dienstagsausflüge gingen Karen und ich in einem Einkaufszentrum weit weg von Floral Park shoppen. Irgendwohin zu fahren, wo mich niemand erkannte, gab mir ein Gefühl von Befreiung, sodass ich, als sie mich auf der Heimfahrt anstachelte, das Verdeck zurückzuklappen, dachte: Ach zum Teufel, warum nicht.

Aber die Limousine in ein Cabrio zu verwandeln, war nicht so einfach, wie ich gedacht hatte. Anfangs ging alles gut. Als wir an einer roten Ampel hielten, trat ich auf die Bremse und drückte den Knopf, um das Dach in der Versenkung verschwinden zu lassen. Ich kam mir vor wie der Kapitän des Raumschiffs Enterprise, während das Verdeck sich langsam hob, bevor es im Kofferraum zu verschwinden begann, der sich ebenfalls sanft geöffnet hatte. Dann sprang die Ampel auf Grün um, ich unterbrach die Vorstellung und fuhr wieder weiter. Ein schwerer Fehler. Die Sicherheitsvorkehrungen des Wagens lassen das nicht zu. Sobald ich den Fuß von der Bremse nahm, brach die ganze Aktion ab.

Das Dach ragte in einem Neunzig-Grad-Winkel in die Luft, wie der Mast eines Segelboots. Es war ein windiger Tag, und aufgrund des seltsamen Winkels des Dachs peitschten die Windböen mit unerwarteter Wucht dagegen.

»Das Dach wird gleich wegfliegen!«, rief ich fast schreiend.

»Das kann nicht passieren. Schwedische Ingenieurskunst«, rief Karen lachend zurück.

»Na ja, wenn es wegfliegt, wirst du es Warren erklären müssen. Es war deine Idee«, sagte ich, jetzt ebenfalls lachend.

Wir waren auf einer einspurigen Straße, ohne Möglichkeit, am Straßenrand zu halten, daher fuhr ich langsam, nicht mehr als zwanzig Meilen. Während die Windböen gegen das senkrechte

Dach schlugen und die Wagen hinter uns hupten, empfand ich die ganze Situation als schreiend komisch. Es fühlte sich an, als könnte der Wagen jeden Augenblick vom Boden abheben.

Ich lachte lauter, und Karen ebenfalls. Als wir schließlich sicher auf einen Parkplatz am Straßenrand einbogen, schallte unser Gelächter noch lauter als der Wind. »O Gott, o Gott, o Gott!«, rief ich und schnappte nach Luft.

Wir lachten so heftig, dass wir beide plötzlich zu weinen begannen. Tränen des Glücks kullerten uns über die Wangen. Es war einer dieser unerwartet überschwänglichen Momente, in denen uns ein Anfall von schierem, albernem Vergnügen alles andere auf der Welt vergessen lässt. Angesichts all der Tränen der Verzweiflung, die ich vergossen hatte – im Allgemeinen begleitet von Heulen, Wimmern und Schluchzen –, hatte ich gegen diese Tränen gar nichts einzuwenden. Sie fühlten sich auf jeden Fall anders an.

Schließlich gaben wir uns einen Ruck, klappten das Verdeck wieder zu und fuhren nach Hause.

An jenem Abend versuchte ich, die Geschichte Warren zu erzählen, aber abgesehen von meinem Kichern, während ich sie zum Besten gab, klang sie nicht mehr sehr witzig. »Ich nehme an, man hätte dabei sein müssen«, sagte ich schließlich matt, fast zu mir selbst.

Als ich an jenem Abend einschlief, wurde mir bewusst, dass ein Auto, schöner Schmuck, neue Möbel unterm Strich nur Dinge sind, die keine bleibenden Gefühle bieten. Kinder – und die Erinnerungen an Kinder – sind das, was bleibt. Ein Zuhause, Warren, Familie, Freundschaft. Ich musste wiederfinden, was wichtig war, musste verstehen, was mit meinem Leben passiert war und wie ich es wieder aufbauen konnte, nachdem alles, was es wirklich ausgemacht hatte, nicht mehr war.

11

Manche meiner Freundinnen sagen, dass Warren und ich ein ungleiches Paar sind. Wir sind einfach aus unterschiedlichem Holz geschnitzt. Er hat schon immer eine zufriedene Leichtigkeit an den Tag gelegt, während ich vor allem leicht rastlos werde. Ich brauche nicht viel Schlaf und entspanne mich nie, nicht einmal im Urlaub. In einem Sommer, bevor wir die Kinder bekommen hatten, war ich mit meinen Freundinnen in einen Strandklub gefahren. »Haben Sie irgendeinen Wunsch?«, hatte der Kellner eines Tages gefragt, als er zu der Stelle kam, wo meine Freundinnen und ich in unseren Liegestühlen saßen.

»Wir haben alles«, sagte ich. Eine Minute später sprang ich auf und lief los, um etwas Wasser und Sonnencreme zu holen.

»Warum hast du ihn denn nicht gebeten?«, fragte Melissa, als ich wiederkam.

»Ich musste sowieso aufstehen«, erklärte ich, und meine Freundinnen hatten daraufhin so laut zu lachen angefangen, dass wir fast des Pools verwiesen wurden.

Ich habe viel Energie – und viel Angst – die ich freisetzen muss, egal ob bei nützlichen Aktivitäten wie Laufen oder Planen oder bei sinnlosen wie Sorgen machen.

Warren und ich sind in unterschiedlichen Verhältnissen aufgewachsen, was unseren gegensätzlichen Stil zum Teil erklärt. Meine italienische Familie war emotional, redselig und theatralisch – daher liegt es nahe, dass ich über alles reden will. Manchmal zu viel.

Warren hat die eher gelassene Einstellung seines deutschstämmigen Vaters. Mr. Hance, ein pensionierter Postangestellter, schien im Angesicht der Tragödie unerschütterlich und resigniert. Er versuchte, sein Leben in geordneten, emotionslosen Bahnen zu halten, erledigte, was er tun musste, ohne große Aufregung oder Leidenschaft. Er hatte seine einzige Tochter und vier seiner Enkelkinder bei einem unerklärlichen Unfall verloren, aber er redete kaum darüber. Stattdessen trottete er jede Woche auf den Friedhof, um die Pflanzen zu gießen und die Grabstelle zu pflegen.

Manchmal frage ich mich, ob Männer, die eine eher pragmatische Einstellung zur Schau tragen, Emotionen haben, die darunter brodeln und die sie hinter einer harten Fassade verstecken. Oder ist die Fassade wirklich die Wahrheit? Mr. Hance redete nie über das Scheitern seiner Ehe Jahrzehnte zuvor, aber der Schmerz muss nachgewirkt haben. Als Warren fünfzehn war, hatte seine Mutter eine Affäre und verließ die Familie. Nachdem sie gegangen war, blieb Mr. Hance zurück, um die Kinder allein großzuziehen. Warren und seine drei Geschwister hatten ihr Leben lang kaum Kontakt zu ihrer Mutter.

Warren wurde zu einer Stütze für seine Familie, auf die sich seine Geschwister – sein Zwillingsbruder John, ihr Bruder David und die Jüngste, Diane – verlassen konnten. Die Eltern legten fest, dass sie, wenn Diane einundzwanzig wurde, das Haus verkaufen und den Erlös aufteilen würden. Aber als dieser Geburtstag nahte, lebten Diane und Mr. Hance noch immer in dem Haus. Und Warren, stets der gute Junge, für den man ihn hielt, wollte nicht, dass das Leben der beiden durcheinandergebracht wurde. Er kaufte die mütterliche Hälfte des Hauses und ließ Schwester und Vater weiterhin dort wohnen. Schließlich, nachdem wir zusammengekommen waren, zog er bei ihnen ein. Als wir heirateten, zogen Warrens Vater und Diane aus, und Warren und ich machten es zu unserem Zuhause.

Es ist kein Wunder, dass Warren sich dem Haus eng verbunden fühlte, aber für mich war es nur der Ort, an dem wir im Moment lebten. Er war dort tief verwurzelt, während ich über allem schwebte und mir immer ein größeres Zuhause vorgestellt hatte, in dem wir noch glücklicher wären. Als die Mädchen in den Kindergarten kamen, begann ich davon zu reden, nach einem Haus in der nahe gelegenen Stadt zu suchen, in die Jeannine und Rob und Melissa und Brad letztendlich zogen.

»Garden City hat eine weiterführende Schule, die die Mädchen besuchen würden, anstatt von der Grundschule gleich auf die Highschool zu gehen«, sagte ich.

»Die Schulen hier waren gut genug für mich«, beharrte Warren.

»Es gefällt mir nicht, dass die Mädchen sich ein Zimmer teilen müssen«, versuchte ich es mit einem anderen Ansatz. »Das Haus ist zu beengt für drei Kinder.«

»Als ich aufwuchs, waren wir hier zu viert«, sagte er.

Was sollte ich darauf erwidern? Und außerdem: Auch Emma, Alyson und Katie liebten das Haus und unseren großen Garten. Ich war die Einzige, die ein Problem damit hatte und umziehen wollte.

Doch tief in meinem Inneren wusste ich, dass Warren recht hatte. Freunde und Nachbarn umgaben uns mit Liebe und Unterstützung. Ich weiß nicht, ob jede Gemeinde so ist wie unsere, aber die Leute scharten sich mit außerordentlicher Wärme und Fürsorge um uns. Warren und ich witzelten manchmal, wir würden eine Politik der offenen Tür betreiben, und das meinten wir durchaus wörtlich. Wir schlossen unsere Tür nie ab und freuten uns immer, wenn jemand vorbeikam – und zum Glück taten die Leute das regelmäßig.

Was unsere Freunde anging, waren wir schon immer gesegnet

gewesen, und jetzt, nach dem Tod der Mädchen, schienen mehrere Paare aus unserem engsten Kreis alles andere zurückzustellen, um bei uns zu sein. Sie machten nie ein Aufhebens davon – sie tauchten einfach auf. Die fünf Frauen aus meiner Laufgruppe machten mir jeden Tag Mut. Freunde, mit denen ich aufgewachsen war und von denen viele noch immer in New Jersey lebten, sahen regelmäßig nach mir, und Kumpel aus Warrens Jugendjahren, von denen viele noch immer in Floral Park wohnten, nahmen wieder Verbindung zu ihm auf. Mein Handy klingelte ständig mit Anrufen von Frauen aus der Bowling- oder der Gebetsgruppe, der ich mich angeschlossen hatte. Nachbarn und andere Eltern aus der Stadt kamen unerwartet abends mit Essen oder witzigen Geschichten vorbei. »Hallo, Hances!«, rief beispielsweise unser stets gut gelaunter Freund Bob, wenn er ein paar Mal die Woche abends hereinschlenderte. »Hier ist Onkel Bob.« Dann sang er ein Lied oder führte eine so gute Elvis-Parodie auf, dass er damit locker in Las Vegas hätte auftreten können. Und für ein paar Minuten lächelten Warren und ich und fühlten uns sicher vor unseren endlosen Streitereien.

Warrens Bruder David bekam für die Beerdigung Urlaub von seinem Air-Force-Posten in Korea und bat dann, da er Warren nicht im Stich lassen wollte, um eine Versetzung nach New Jersey. Wir wandelten unseren Keller zu seinem Wochenendzimmer um. Ihn in der Nähe zu haben, war eine gute Therapie für Warren. Schlagbohrer und Kettensägen schweißten die beiden zusammen. Warren hatte viele Ideen zum Ausbau des Hauses, und David, ein praktisch veranlagter Typ, wusste, wie man sie alle umsetzen konnte. Als typische Männer, die sie waren, mussten sie nicht reden, um Trost zu finden. Nägel in die Wand zu schlagen und auf Leitern zu klettern schien auch nonverbal zu klappen.

David wurde der Wochenend-Puffer zwischen Warren und

mir, der verhinderte, dass die Stimmung an diesen langen Samstagen und Sonntagen, wenn andere Leute mit ihren Familien beschäftigt waren, kippte. Ich mochte David und war dankbar für das, was er für Warren tat. Aber er war ein Hance, ein Bruder von Diane, und eine Erinnerung an das, was passiert war.

»Ich komme nie weg von deiner Familie!«, brüllte ich Warren eines Nachmittags an. »Diane ist tot, aber sie lässt uns einfach nicht in Ruhe!« Wenn ich zum Friedhof fuhr, um das Grab der Mädchen zu besuchen, sah ich automatisch auch Dianes Grabstein. Wenn ich mit Warren, Mr. Hance oder David redete, sah ich ihr Gesicht. Egal, was ich tat, ich kam nie weg von ihr.

Gemischte Gefühle gegenüber der Familie zu haben war neu für mich. Warren und ich hatten immer einen engen Kontakt zu unseren Blutsverwandten gepflegt. Emma, Alyson und Katie hatten meine Mom abgöttisch geliebt, die oft auf sie aufgepasst hatte. Mr. Hance, den die Kinder immer nur Poppy genannt hatten, war eine tägliche Gegenwart in ihrem Leben gewesen, und viele Tanten und Onkel und Cousins und Cousinen waren oft vorbeigekommen. Wenn die Mädchen Fragen nach anderen Verwandten gestellt hatten, beantworteten wir sie schlicht: »Mommys Daddy ist im Himmel«, und wir hatten ihn oft auf dem Friedhof besucht.

»Was ist mit Daddys Mommy?«, fragte Emma.

Eileen hätte jetzt vielleicht wieder Kontakt zu ihren Kindern und Enkeln aufnehmen wollen, aber vor dem Unfall konnte Warren keinen Sinn darin sehen.

»Daddys Mommy wollte keine Mommy mehr sein«, sagte ich.

Sie hatten die Feststellung mit der Unschuld von Kindern akzeptiert. Die Erklärung war ihnen logisch erschienen, selbst wenn sie das für mich nie gewesen war.

Heute kann ich eingestehen, dass Warren es mit den Frauen in seinem Leben nicht leicht gehabt hat.

Seine Mutter hat ihn verlassen.

Seine Mädchen sind nicht mehr da.

Ich wollte nicht noch eine Frau in seinem Leben sein, die ihn verließ. Das war zumindest einer der Gründe, weshalb ich nach dem Unfall blieb, als es für uns beide vielleicht besser gewesen wäre, getrennt zu sein.

Meine Kindheit war nicht annähernd so kompliziert wie Warrens. Ich bin in einer gutbürgerlichen Gegend von New Jersey aufgewachsen, wo meinem Dad der Town Pub gehörte, in dem ich schließlich Warren kennenlernte. Es war ein beliebter Treffpunkt, und mein Dad liebte es, der Mittelpunkt der gesellschaftlichen Szene zu sein. Er stellte viele meiner Schulfreunde ein, die abends und an den Wochenenden dort arbeiteten, und auch ich hatte meinen ersten richtigen Job in dem Restaurant. Meine Mom war nicht berufstätig, bis ich in die Highschool kam, aber mein Dad sorgte selbst nach ihrer Scheidung gut für sie, und wir hatten immer alles, was wir brauchten.

Etwa zu der Zeit, als ich wegzog, um aufs College zu gehen, ging es mit dem Restaurant bergab, und das Geld wurde knapp. Mein Dad erwähnte nichts von den Problemen, aber seine Schecks begannen einer nach dem anderen zu platzen. Ich wurde zum Studentensekretariat der Universität von Boston bestellt, wo mir gesagt wurde, ich müsse einen Bankscheck einreichen, wenn ich eingeschrieben bleiben wolle. Meine Großmutter übernahm stillschweigend die Studiengebühren, und ich suchte mir einen Job, um die Miete zu bezahlen.

Als die Schulden zu hoch wurden, um sie zu stemmen, verlor mein Dad das Restaurant und nahm einen Job in einer Kneipe an. Ich musste in den Sommermonaten ordentlich schuften, und während viele meiner Freunde nach wie vor im Town Pub arbeiteten, folgte ich meinem Dad treu zu dem Laden, in dem er jetzt arbeitete. Das einzige Problem war, dass ich dort nicht genug Geld machen konnte.

Mein Dad muss dasselbe Problem gehabt haben, denn schließlich gab er die Restaurantarbeit auf und begann, Taxi zu fahren. Anfangs schämte ich mich für ihn. Er kannte jeden in der Stadt. Was, wenn eines Tages jemand auf der Rückbank seines Taxis saß, der ein Freund gewesen war? Aber er machte sich keine Sorgen. Er saß gern am Steuer und redete mit den Leuten, und er war sich nicht zu schade dafür. Ich bewunderte ihn dafür, dass er, obwohl er alles verloren hatte, dennoch einen Weg fand, sich durchzubeißen.

Mein Dad hatte auch nichts dagegen, als ich wieder in dem früheren Town Pub zu arbeiten begann. Egal, was die neuen Besitzer getan hatten, ich bekam dort noch immer gutes Trinkgeld, und in den Augen meines Dads war Geld eben Geld. Eines Tages war meine Arbeit im Restaurant etwas früher zu Ende, und ich wollte mich gerade von meiner langjährigen Freundin Cortney nach Hause fahren lassen, als ihr Wagen, den sie auf dem Parkplatz vor dem Town Pub abgestellt hatte, absoff und keinen Mucks mehr von sich gab. Wir gingen wieder hinein, um auf Hilfe zu warten. Ein Typ, den wir kannten, rief »Hi!« und lud uns ein, uns zu seiner Clique zu setzen. Ich ging widerstrebend hinüber, schlecht gelaunt wegen der Verzögerung und des liegen gebliebenen Wagens. Ich achtete kaum auf die Gruppe, bis einer der Typen sich als Warren Hance aus Long Island vorstellte.

»Long Island?«, fragte ich bissig. »Wie kommt man denn von hier bis nach Long Island?«

»Das ist gar nicht so schwer«, sagte er, meinen Sarkasmus nicht bemerkend – oder ignorierend. Stattdessen rasselte er eine so genaue Wegbeschreibung herunter, dass ich damit bis zu seinem Haus gefunden hätte.

»Okay, aber warum bist du heute Abend den ganzen Weg bis nach New Jersey gefahren?«, fragte ich, als hätte er eben den Atlantik in einem Ruderboot umrundet, nicht die George-Washington-Brücke mit dem Auto überquert.

»Ich bin gekommen, um das Restaurant zu sehen«, sagte er. »Der Bruder meines Freundes hat es gekauft.«

»Wirklich? Es hat früher meinem Dad gehört.«

Irgendwo in diesem ganzen Wirrwarr gab es also eine Verbindung. Und es dauerte nicht lange, bis wir beide auch ein Band zwischen uns spürten.

In den nächsten Monaten kam Warren so oft nach New Jersey, dass er mit den angesammelten Kilometern vermutlich die ganze Erde hätte umrunden können. Ich denke, man könnte sagen, unsere Beziehung begann damit, dass ich ihn bediente, denn direkt einen Tag nach dem Abend, an dem wir uns kennengelernt hatten, kam er wieder in den Town Pub – und setzte sich an einen Tisch, an dem ich die Bedienung war. Es dauerte ein paar Dates, bevor mir klar wurde, dass er mein Freund geworden war. Zwei Jahre später waren wir unzertrennlich.

»Ich will, dass du irgendwohin ziehst, wo du näher bei mir bist«, sagte Warren da.

»Wohin sollte ich denn gehen?«

»Ich werde etwas für dich finden«, versprach er.

Ich wohnte noch zu Hause, und auch wenn ich auf dem College allein gewesen war, hatte ich mich immer auf meinen Dad verlassen. Jetzt trat der klassische Fall ein, in dem diese Rolle sanft auf Warren überging. Er fand eine Wohnung in Queens, und während ich mir noch Sorgen darum machte, wie ich sie mir leisten könnte, ließ er sie für mich einrichten. Er machte es mir leicht, von meiner Vergangenheit in New Jersey zu meiner Zukunft in New York zu ziehen.

Nachdem ich Warren kennengelernt hatte und nach New York gezogen war, begann ich, in der Catering-Abteilung des Barnard College zu arbeiten. Meine Arbeit begann oft um halb sechs Uhr morgens und dauerte bis spätabends – ich war viele Stunden ununterbrochen auf den Beinen, aber ich liebte die Arbeit. Speisen und Menüfolgen waren schon immer meine Leidenschaft, und jetzt begann sich eine Idee in meinem Kopf zu formen, dass ich eines Tages vielleicht mein eigenes Catering-Unternehmen haben würde.

Wenn ich nicht arbeitete, verbrachten Warren und ich unsere Zeit zusammen. Wir waren Freunde und Liebhaber und teilten alles miteinander, aber er bat mich nie, ihn zu heiraten. Ich war jung, als wir uns kennenlernten, und vielleicht wollte er, dass ich erst noch ein bisschen erwachsener wurde. Es war klar, dass wir für immer zusammen sein würden, aber ich konnte sein Zögern nicht verstehen und drohte ihm immer wieder damit, ihn zu verlassen.

»Ich werde nächstes Jahr vermutlich nicht mehr hier sein, wenn wir bis dahin nicht verlobt sind«, sagte ich bei einer Weihnachtsfeier zu seiner Familie.

»Das ist das letzte Osterfest, zu dem ich ohne Ring komme«, ließ ich bei einem anderen Familientreffen verlautbaren.

Aber die Jahre vergingen, und ich kam immer wieder und trug nur die Ringe, die ich mir selbst gekauft hatte. Ich redete regelmäßig vom Heiraten, aber Warren ging nie darauf ein. Vielleicht hatte er nicht viel Vertrauen in das ganze Konzept der Ehe, da er es nie wirklich vorgelebt bekam. Warum das Leid riskieren, das er bei seinem Vater miterlebt hatte?

Schließlich hörte ich auf, an einen Antrag zu denken.

Was genau der Augenblick war, als ich einen bekam.

»Warum willst du denn jetzt auf einmal heiraten?«, fragte ich ihn eines Tages, nachdem ich Ja gesagt und er mir einen wunderschönen Diamantring an den Finger gesteckt hatte.

»Weil du aufgehört hast zu fragen«, gab er zu. »Und weil ich dich liebe.«

Von jenem Abend an der Bar bis zu dem Moment am Altar hatten wir sechs Jahre gebraucht.

Als wir im April 1999 heirateten, gab ich meinen Job auf und setzte die Pille ab. Ich wollte sofort ein Baby – mehrere, wenn möglich. Kinder gaben dem Leben einen Sinn. Damals kam ich nie auf den Gedanken, dass sie mir entrissen werden könnten und das Leben jeden Sinn verlieren könnte.

12

Eine Tragödie stellt alles auf den Kopf. Anlässe, die mein Leben früher verschönert hatten, verschlimmerten es jetzt. Vor Ereignissen, auf die ich mich früher gefreut hatte, graute mir jetzt.

Wie zum Beispiel Halloween. Isabelle und ich hatten es zu einer Tradition gemacht, uns zu verkleiden, zur Schule zu fahren und unseren Kindern beim Halloween-Umzug zuzusehen. Ich dachte oft an das Jahr, in dem Emma entschieden hatte, ein Pirat zu sein, mit einem Tuch um den Kopf, einem falschen Schwert an der Seite und schwarzer Strumpfhose mit Totenköpfen darauf. Alyson sah als Fee unglaublich niedlich aus, und Katie tänzelte stolz als Meerjungfrau umher. Auf den Stufen vor unserem Haus standen immer drei Kürbisse, die wir zusammen mit den Mädchen aushöhlten. Dazu viele Lichter und Dekoration, um die um die Häuser ziehenden Kinder zu begrüßen, die jedes Jahr aufs Neue nach Süßem oder Saurem verlangten.

Jeannine gab alljährlich eine Halloweenparty für die Erwachsenen, die sie sehr ernst nahm – mit Wettbewerben, Darbietungen und extravaganten Kostümen. Bei einer dieser Partys stellte eine Gruppe von uns Figuren aus »Der Zauberer von Oz« dar: Isabelle war Dorothy, Mark die Vogelscheuche, ich war ein Munchkin, und Brad verkleidete sich als Bürgermeister von Munchkinland. Melissa, die sich immer als etwas Hübsches verkleidete, durfte Glinda sein, die gute Hexe.

An meinem ersten Halloween ohne die Mädchen blieb ich den

ganzen Tag weinend im Bett. Als es Abend wurde, stellte ich eine Auswahl an Süßigkeiten für alle Kinder vor die Tür, die vorbeikommen würden, aber ich schaltete kein Licht im Haus an. Allein im Dunkeln zu kauern schien mir die einzige Möglichkeit, den Abend zu überstehen. Jeannine sagte die alljährliche bombastische Halloweenparty ab, da wir alle von echten Gespenstern verfolgt wurden und nichts anderes brauchten, um uns Angst zu machen.

Am nächsten Morgen konnte ich einen weiteren schmerzlichen Tag der Herbstferien-Hitparade abhaken. Aber es sollten noch so viele weitere kommen …

Als die Blätter von den Bäumen fielen und die Tage kälter wurden, graute mir bei der Vorstellung, zum traditionellen Thanksgiving-Dinner unserer Familie ins Haus meines Bruders Stephen nach New Jersey zu fahren. An seiner festlichen Tafel zu sitzen, ohne die Mädchen an ihren üblichen Plätzen, würde mehr sein, als ich ertragen könnte.

»Dann kommt an Thanksgiving doch zu uns«, bot Jeannine an, die in einer Krise immer einen Ausweg wusste. »Wir werden eine neue Tradition ins Leben rufen.«

»Was ist mit eurer Großfamilie, zu der ihr sonst immer fahrt?«, fragte ich.

»Wir werden es ausfallen lassen. Mit dir und Warren zusammen zu sein ist wichtiger.«

Wie es ihre Art war, stellte Jeannine mehr als nur ein Abendessen auf die Beine. In ihrer Stadt gab es ein alljährliches Truthahnrennen, und da einer von Warrens Freunden einen Laufklub für die Hance-Familienstiftung ins Leben rufen wollte, schien das der richtige Ort, um den Startschuss dafür zu geben. Eine kleine Gruppe von Freunden und Nachbarn würde zu Emmas, Alysons und Katies Ehren fünf Meilen laufen – mit T-Shirts, die ihre

Unterstützung zum Ausdruck brachten, während sie mit jedem Schritt Geld sammelten. Warren bestand darauf, dass er und ich auch mitliefen.

»Oh Gott, nein«, stöhnte ich. »Muss ich das?«

»Oh ja, das musst du«, sagte Warren.

»Ich gehe nur mit meiner Laufgruppe joggen«, protestierte ich, auf der Suche nach irgendeinem Ausweg. Ich wollte am Thanksgiving-Morgen im Bett bleiben und weinen, weit weg von irgendwelchen Menschenmassen. Ich wollte kein T-Shirt mit dem Bild der Mädchen tragen und in der Öffentlichkeit von Leuten angestarrt werden, während ich eine Straße hinunterlief.

»Na ja, die werden alle da sein, das heißt, du hast keine andere Wahl. Du läufst.«

Als Warren und ich am Thanksgiving-Morgen ankamen, war die Gruppe, die für die Stiftung laufen würde, auf vierzig bis fünfzig Personen angewachsen. Alle trugen weiße T-Shirts mit einem Logo zum Gedenken an die Mädchen. Die Wärme und Begeisterung waren überwältigend, und als wir in unserer identischen Laufkleidung Fotos aufnahmen, begann ich zu weinen. Emma, Alyson und Katie hatten alle zusammengebracht, und das Rennen würde erfüllt von der Erinnerung an sie sein.

Aber ich durfte nicht allzu emotional werden, denn Bernadette und Tara und all die anderen Frauen aus meiner üblichen Laufgruppe umringten mich bereits und brachten mich zur Startlinie. Als wir losliefen, hörte ich die anfeuernden Zurufe von Schaulustigen am Rand der Strecke, und obwohl ich traurig war, drang ihr guter Wille in mein Herz. Ich nahm nicht an, dass ich an diesem Feiertag viel Grund zur Dankbarkeit hatte, aber auf einmal war ich doch sehr ergriffen von der Güte der Leute, die mit mir liefen, und von der Freundlichkeit der Zuschauer, die die Straße säumten.

Warren und ich hatten einen Ort, den wir zwischen dem Lauf und Jeannines Dinner noch aufsuchen mussten – den Friedhof. Ich konnte keinen Feiertag verstreichen lassen, ohne Zeit mit den Mädchen zu verbringen, aber bis jetzt waren mir die Besuche schwergefallen. Die Gräber waren noch immer öde, und ich hatte an Emmas Geburtstag geweint, entsetzt davon, dass die Leute, die dorthin gingen, eine solch triste Grabstelle sahen.

»Die Grabsteine sind noch nicht fertig«, hatte Warren zitternd gesagt, um eine Erklärung bemüht.

»Ausreden sind mir egal«, hatte ich schluchzend erwidert. »Das können wir ihnen nicht antun. Die Mädchen sahen immer so hübsch aus. Der Friedhof muss immer schön sein.«

Daher ging ich an Thanksgiving zögernd auf die Gräber der Mädchen zu – und blieb dann unvermittelt stehen, aufs Neue von Dankbarkeit überwältigt. »Es ist so schön«, sagte ich, während ich mich zu Warren umwandte.

Er lächelte, erfreut und erleichtert. Die Grabsteine waren endlich fertig und aufgestellt worden, und unser Freund John Power, der Landschaftsarchitekt ist, hatte überall ringsum anmutige Bäume und Sträucher gepflanzt. Der ganze Anblick war so friedlich und ansprechend, dass ich ein klein wenig Trost empfand. Ich ließ mich auf die Knie fallen und berührte die frische Erde, wo John seine wunderbare Verwandlung vollbracht hatte.

»Ich kann den Mädchen jetzt keine Kleider mehr kaufen oder Schleifen ins Haar stecken«, sagte ich, während ich einen Fleck von dem Grabstein rieb. »Ich kann nur dafür sorgen, dass es hier schön ist. Das hier ist der einzige Ort, an dem ich mich noch um sie kümmern kann.«

Warrens Augen füllten sich mit Tränen. »John hat gute Arbeit geleistet«, sagte er. »Er wusste, was es dir bedeutet.«

Wir blieben länger als sonst, und zum ersten Mal verspürte ich ein Gefühl von Frieden bei den Gräbern. Ich wusste, dass ich wieder anfangen würde, hier Zeit mit meinen Mädchen zu verbringen. John hatte den Ort in eine Zuflucht verwandelt, die ich aufsuchen konnte, um den Mädchen nahe zu sein, um mit ihnen zu reden oder ihnen vorzulesen oder kleine Geschenke dazulassen.

Bei Jeannines Thanksgiving-Dinner hielt ich mich besser als erwartet. Sie sorgte für eine zwanglose Atmosphäre, was dem Schmerz etwas von seiner Schärfe nahm, und da nur ihre engste Familie anwesend war, fühlte ich mich nicht wie ein Freak. Aber während ich ihre Angehörigen betrachtete, fragte ich mich dennoch, wie so oft, wer sonst je einer solch extremen Situation ausgesetzt war wie ich. Ich wusste von anderen Leuten, die ein Kind verloren hatten, aber dass auf einen Schlag eine ganze Familie ausgelöscht wurde, das schien jede Wahrscheinlichkeit einfach maßlos zu übersteigen. Es war wie eine dreifache Amputation – eine solch schwere Verstümmelung, dass andere den Blick abwenden wollten. Ich kam mir vor wie eine Anomalie, eine Verirrung, ein Scheusal.

Mein Schmerz ging so tief, dass ich mir nicht vorstellen konnte, dass andere je irgendetwas Vergleichbares überlebt hatten. Aber mir war bewusst, dass über Jahrhunderte und verschiedene Teile der Welt hinweg die Herzen von Müttern ungefähr auf dieselbe Weise hatten zerbersten müssen. Während ich an die ersten Thanksgiving-Feiern der frühen Siedler dachte, wurde mir bewusst, dass diese Pilger einige ihrer Kinder unter den harten Bedingungen des ersten brutalen Winters in der Neuen Welt verloren hatten. Der Verlust muss für diese Mütter des siebzehnten Jahrhunderts ebenso verheerend gewesen sein wie für mich. Aber die Pilger hatten sich entschieden, nach vorn zu blicken und das Gute zu feiern. Während ich einen Bissen von Jeannines Süßkartoffel-Eintopf runterschluckte, fragte ich mich, wie ich je imstande sein könnte, dasselbe zu tun.

13

Unmittelbar nach dem Unfall ging bei uns jede Menge Geld von Leuten ein, die von Emma, Alyson und Katie gehört hatten und etwas tun wollten. Man kann nur in begrenztem Umfang Blumen schicken. Nachbarn und Freunde hatten das Bedürfnis zu geben, ebenso Fremde aus dem ganzen Land, die Beileidskarten mit unaufgeforderten Geldnoten darin schickten. Oft enthielten die Karten einen frischen Fünfdollarschein oder einen zerknitterten Zwanziger. Ältere Leute schickten zitternd ausgestellte Schecks, und Kinder legten Münzen aus Sparschweinen dazu. Ich persönlich konnte mir zwar vorstellen, von einer tragischen Geschichte im Fernsehen berührt zu werden und Mitleid mit den Betroffenen zu haben, aber ihre Adresse herauszufinden, eine Karte zu kaufen, einen Vierzeiler zu schreiben und Geld beizulegen? Ich war verblüfft, dass sich so viele Leute diese Mühe machten, um ihr Mitgefühl mit unserer Familie zu bekunden.

Warren arbeitete hart, um die Stiftung in Gang zu bringen, und meine Lauffreundin Bernadette unterstützte ihn dabei mit ihrer üblichen Energie. Sie gründeten einen offiziellen Vorstand, bestehend aus Freunden und Bekannten. Ich selbst hielt mich zunächst im Abseits, froh, die Stiftung zu haben, aber noch immer zu benommen, um viel zu denken. Die Großzügigkeit war überwältigend. Eine Wall-Street-Firma schickte uns einen Scheck über 25 000 Dollar – bei dem ich entzückt auf und ab sprang –, und eine Middle School organisierte einen Bücherverkauf und spendete uns den Erlös in Höhe von 200 Dollar. Wir bekamen einen Brief von einer Mom, die sagte, ihre Fünfjährige hätte mit ihren Cousinen einen Limonadenstand aufgebaut und 50 Dollar mit dem Verkauf von Getränken, Keksen und Brownies gesammelt. Sie schickte den Scheck an die Stiftung zusammen mit einer Notiz: »Ich kannte die Familie nicht persönlich, und ich teile ihren Schmerz jeden Tag. Es ist erstaunlich, wie sie ein solch entsetzliches Leid erträgt und in etwas Positives verwandelt, um anderen zu helfen.«

Eine andere Spende kam mit einem Brief, in dem stand: »Mein Mitgefühl gilt Mrs. Hance. Sie ist ein Vorbild dafür, wie man in einer tragischen Situation stark und tapfer bleibt.«

Stark und tapfer? Unmöglich. Erstaunlich? Ausgeschlossen. Ich weinte jeden Tag. Ich brach regelmäßig zusammen. Während ich all die Briefe las, kam ich mir vor wie eine Schwindlerin. Ich wollte kein Vorbild sein, sondern eine gewöhnliche Mom. Warum sollte irgendjemand zu mir aufblicken, wenn ich bei jedem Schritt stolperte?

Obwohl ich mich schwertat, gab es Warren und mir ein wundervolles Gefühl von Sinn und Zweck, Projekte für die Hance-Familienstiftung zu entwickeln. »Du musst zu den Treffen kommen«, sagte er eines Abends zu mir, als er, begeistert von dem, was geplant war, nach Hause kam. »Was die Stiftung tut, ist beeindruckend.«

»Okay.«

»Im Ernst, Jackie. Wir können viel Gutes tun.«

»Na toll. Gutes. Toll, dass wir Gutes tun«, sagte ich.

Die Treffen waren hart für mich, und mir graute bei dem ganzen geschäftlichen Aspekt – dem bürokratischen Kauderwelsch. Für mich war das hier kein Geschäft, für mich ging es um die Mädchen.

Aber in einem Punkt hatte Warren recht. Mit dieser unerklärlichen Wendung, die unser Leben genommen hatte, bot sich uns die Chance, Gutes zu tun. Aber wie? Familien, die ein Kind durch eine Krankheit verloren haben, wollen oft helfen, ein Heilmittel gegen diese Krankheit zu finden. Wir hatten glückliche, gesunde Kinder gehabt, deren Andenken wir bewahren wollten. Daher schien es naheliegend, anderen Kindern zu helfen, ein glückliches, gesundes Leben zu führen.

Im Frühherbst nach dem Unfall leistete die Stiftung ihre ersten Beiträge. Ich erinnerte mich, wie ich bei der Totenwache mit der Schulrätin gesprochen hatte und wie wichtig den Mädchen das Lernen immer gewesen war, daher kamen wir auf die Idee, Bücher, Lernmaterial und Schulausflugsgeld für Kinder zur Verfügung zu stellen, deren Familien es sich nur schwer leisten konnten. Unsere Stadt hatte drei Grundschulen – zwei staatliche und eine kirchliche –, was ideal schien. Drei Schulen, drei Mädchen, drei Herzen.

Außerdem wollte ich gern ein Ferienlager unterstützen, da die Mädchen in ihrem eigenen Lager immer so viel Spaß hatten. Emma und Alyson waren drei Jahre lang zu dem Ferienlager in unserem Strandklub gegangen, Katie zwei Jahre. Brad und Melissa empfahlen ein Lager für behinderte Kinder, bei dem sie ehrenamtlich gearbeitet hatten, als sie jung waren. Die Idee gefiel mir auf Anhieb. Emma war von ihren Lehrern dafür bewundert worden, wie freundlich sie immer zu den anderen Kindern in ihrer Klasse gewesen war, und das schien eine wunderbare Möglichkeit, den Respekt und das Verständnis, mit dem sie allen begegnet war, zu würdigen.

Nur zwei Monate nach dem Unfall gaben Emma, Alyson und Katie – durch die Stiftung – bereits hilfsbedürftigen Kindern neuen Auftrieb.

Eine Frau in der Stadt namens Kate Tuffy wandte sich mit dem Vorschlag an mich, die Stiftung könne ein Programm ins Leben rufen, um das Selbstbewusstsein und das positive Denken von Mädchen zu stärken.

»Das gefällt mir«, sagte ich.

»Wir könnten es ›Beautiful Me‹ nennen«, schlug Kate vor. Ich war nicht in der Verfassung, irgendjemandes Pläne infrage zu stellen, daher nickte ich nur matt und sagte ihr, sie solle loslegen.

Ohne es zu wissen, hatte Kate ein Thema angepackt, das mir sehr am Herzen lag. Ich war ohne großes Selbstwertgefühl aufgewachsen und wild dazu entschlossen gewesen, dass Emma, Alyson und Katie nicht dasselbe Problem haben sollten. Von ihrer Geburt an hatte ich versucht ihnen zu helfen, sich mit sich selbst – und ihrem Aussehen – wohlzufühlen. Ich wusste, dass diese beiden Dinge für Mädchen, so unfair es vielleicht auch ist, enger miteinander verknüpft sind, als sie sein sollten.

Emma war von Natur aus groß und schlank, und im Sommer hüpfte sie immer im Bikini durchs Haus. Eines Morgens, als Alyson erst sechs Jahre alt war, zog sie ihren eigenen Bikini an, und als sie in den Spiegel sah, füllten sich ihre Augen mit Tränen.

»Ich sehe nicht so aus wie Emma«, sagte sie, während sie sich mit einer Hand über ihren runden Bauch rieb. »Ich habe einen Bauch wie Poppy.«

»Dein Bauch ist nicht so wie Grandpas«, sagte ich und umarmte sie. »Jeder hat seine eigene Figur. Du siehst nicht so aus wie Emma. Ich sehe nicht so aus wie Daddy. Es ist doch etwas Wunderbares, dass wir alle anders sind und wie wir selbst und niemand sonst aussehen.«

»Aber ich sehe in dem Bikini nicht gut aus«, sagte Alyson.

»Du siehst hinreißend aus«, sagte ich zu ihr. »Aber du musst keinen Bikini tragen, nur weil Emma einen trägt.«

»Was soll ich denn dann tragen?«

»Wir werden einen Badeanzug für dich finden, in dem du dich wohlfühlst.«

Wir gingen shoppen, und Alyson suchte sich einen Tankini aus, der ein bisschen mehr von ihrem Bauch bedeckte, aber trotzdem ein Zweiteiler war. Sie fühlte sich wohl darin – und ging stolz zum Strand.

Meinen Mädchen ein positives Selbstbild zu vermitteln hatte immer ganz oben auf meiner To-do-Liste als Mom gestanden, und ich hatte jeden Tag daran gearbeitet. In unserem Haus herrschte stets eine fröhliche und beschwingte Atmosphäre, und ich sorgte dafür, dass die Mädchen wussten, wie sehr ich sie liebte. Ich wollte nicht, dass sie mit ihrem Körperbild zu kämpfen hatten, so wie ich früher. Jetzt, mit »Beautiful Me«, konnte ich anderen Mädchen helfen, Selbstbewusstsein zu entwickeln.

Kate Tuffy arbeitete mit einer Therapeutin namens Liz Munro zusammen, die einen dreistufigen Kursplan aufstellte, und fast augenblicklich meldeten sich Dutzende von Mädchen dafür an. Die ersten Sitzungen wurden in einer örtlichen Kirche abgehalten.

»Du solltest dich beteiligen«, drängte mich Kate, wobei sie fast wie Warren klang.

So sehr ich das Programm auch schätzte, wollte ich mich wirklich nicht einbringen – aber ich wollte andere Leute auch nicht enttäuschen.

»Ich werde die Snacks machen«, versprach ich Kate.

Ich bereitete einen großen Obstsalat zu und stellte Knabbertüten zusammen, zu denen auch ein Foto der Mädchen gehörte, das jede mit nach Hause nehmen konnte. Kate und Liz verbanden jeden Aspekt von »Beautiful Me« mit meinen Mädchen. Die Mission, sagten sie, sei es, das fortzuführen, was Emma, Alyson und Katie gelebt hatten – dass man, indem man sich mit sich selbst wohlfühlt, auch eine bessere Schwester, Tochter und Freundin ist.

»Komm zur ersten Sitzung«, drängte mich Kate. »Du kannst die Geschenktüten verteilen und mit den Mädchen reden. Du wirst etwas zu tun haben.«

Natürlich konnte ich es ihr nicht abschlagen. Die Mädchen waren im Alter von fünf bis zehn Jahren, etwa im selben Alter wie Emma, Alyson und Katie, und da das Programm in Floral Park stattfand, kannte ich alle der Teilnehmerinnen. Kinder, die ich kannte, in einem Programm zu sehen, das ihnen Selbstbewusstsein vermittelte, um erfolgreich zu sein, hätte mir tiefe Befriedigung verschaffen sollen. Und in gewisser Hinsicht tat es das wirklich.

In anderer Hinsicht war es wie eine Kreissäge, die mein Herz zerschnitt. Ein schrecklicher Gedanke nagte ständig an mir: Meine Mädchen hätten dieses Programm geliebt. Warum sind sie nicht hier?

Ich hielt bis zum Ende eines Kurses tapfer lächelnd durch, dann stürzte ich nach Hause und ließ mich schluchzend ins Bett fallen. Tagelang konnte ich nicht wieder aufstehen.

Als ich erwähnte, dass Kate bald wieder einen »Beautiful-Me«-Kurs abhalten würde, sagte Warren, der gesehen hatte, wie es mich lahmgelegt hatte: »Da gehst du nicht wieder hin.«

»Ich muss. Sie braucht Hilfe. Und diesmal ist es in einer anderen Stadt.«

Ich dachte, ein Kurs weit weg, wo ich die Kinder nicht kannte, würde etwas besser sein. Aber es ging nach hinten los.

»Sind Emma, Alyson und Katie die Kinder, die gestorben sind, weil sie nicht die Hand ihrer Mommy gehalten haben, als sie über die Straße gegangen sind?«, fragte mich eine Fünfjährige, während sie ein Bild von ihnen ansah.

»Äh, nein«, sagte ich schockiert. »Sie sind bei einem Autounfall gestorben.«

Sie sah mich skeptisch an. Ich konnte nur fassungslos zurückstarren. Ich wusste nicht, wie sie auf die Idee kam; vielleicht hatte ihre eigene Mom diese Geschichte als Drohung benutzt, als sie zusammen eine viel befahrene Straße überquert hatten. Die verwirrte Bemerkung des kleinen Mädchens hätte mir egal sein sollen, aber sie warf mich völlig aus der Bahn. Wieder fuhr ich von der Sitzung nach Hause und zerfloss in Tränen.

»Wie geht's dir mit ›Beautiful Me‹?«, fragte Jeannine, als sie später vorbeikam und mich fast bewegungsunfähig vorfand.

»Alle sind begeistert«, sagte ich. »Aber wenn ich dort sitze, denke ich ständig, dass es nur deshalb existiert, weil meine Mädchen nicht mehr sind.«

Jeannine, die nie etwas beschönigte, nickte. »Es ist wirklich keine leichte Sache«, räumte sie ein.

»Ich bin froh, dass es so viel Gutes bewirkt, und es gefällt mir sogar, dabei zuzusehen, wie die Mädchen in dem Kurs so viel Selbstbewusstsein entwickeln. Aber …« Ich ließ den Kopf wieder aufs Kissen sinken, zu schwach, um fortzufahren.

»Aber deine Mädchen sind nicht da, und daher ist es schwer, sich um irgendetwas anderes zu sorgen.«

»Macht mich das zu einem schlechten Menschen?«, fragte ich.

Jeannine schüttelte den Kopf. »Nur zu einem ehrlichen.«

Bernadette und ich hatten vor ein paar Jahren die Organisation eines Youth-Council-Laufs in der Stadt übernommen, und wir hatten ihn deutlich vergrößert. Jetzt hatte Bernadette die Idee, den Lauf mit der Stiftung zu verknüpfen, um ihm so zu gigantischen Ausmaßen zu verhelfen. Je mehr wir darüber redeten, desto mehr wuchs die Idee. Wir würden mehrere Rennen für Kinder und Erwachsene organisieren, ebenso Spiele und Aktivitäten – einen Hance-Familienspaßtag, der sich über die ganze Stadt erstrecken würde. Wir wählten einen Samstag im Mai aus und trugen das Datum in den Kalender ein.

Die Planung wurde ein groß angelegtes Projekt im Herbst. Komitees wurden gebildet und Aufgaben zugewiesen. Leute meldeten sich freiwillig, um Veranstaltungen zu organisieren, das Programm mit der Stadt zu koordinieren und größere Spenden für eine Auktion zu sammeln. Da es so viel zu tun gab, wurden viele fleißige Leute noch fleißiger. Ich bekam allmählich ein etwas schlechtes Gewissen, da sie so hart arbeiteten – während ich mich nach wie vor unbeteiligt fühlte.

In meinen rationalen Momenten wusste ich, dass ich nichts an der Tatsache ändern konnte, dass die Mädchen nicht mehr da waren. Wenn ich schon ohne sie auf dieser Erde sein musste, dann konnte ich wenigstens versuchen, andere Kinder glücklich zu machen. Ich wollte, dass man die Mädchen in Erinnerung behielt, und wir rechneten damit, dass am Familienspaßtag Hunderte zu ihren Ehren kommen würden. Aber wenn ein Kind nach fünf, sieben oder acht Jahren von dieser Erde geht, welches Vermächtnis kann es dann hinterlassen? Es wäre schön, ein Lächeln in den Gesichtern der Kinder zu sehen und zu wissen, dass Emma, Alyson und Katie in gewisser Weise dazu beigetragen hatten.

Während die Stiftung größer wurde, wollte ich mich für die vielen positiven Programme begeistern, die wir sponserten. Theoretisch tat ich das auch. Eine hübsche Aktivität hieß »Wachse mit mir«. Dabei konnten Fünftklässler einen ganztägigen Ausflug in den örtlichen Park unternehmen und dort Samen pflanzen und etwas über die Natur lernen. Wie bei »Beautiful Me« ging ich mit, um den Mädchen Tribut zu zollen. Der erste Ausflug in den Park verlief rundum gut – es war ein schöner, sonniger Tag, und die

Fünftklässler lächelten, während sie die Hände in die Erde gruben und die Triebe neuer Pflanzen zärtlich berührten. Ihre Gesichter hellten sich auf, als Botaniker ihnen die Wachstumszyklen erklärten und Fachleute ihnen etwas von Schmetterlingen und Schlangen erzählten. Es war süß und inspirierend. Aber mein Herz kochte vor Wut und Groll.

Das sind Emmas Klassenkameraden. Warum ist Emma nicht hier?, dachte ich.

Die anderen Kinder lagen mir am Herzen, und ich wusste, dass sie das Programm mochten. Wir taten etwas Schönes zum Andenken an die Mädchen. Aber alles, was ich wirklich fühlte, war Schmerz.

Diese Kinder haben einen wundervollen Tag, weil meine Töchter tot sind.

Ich behielt meine unwürdigen Gefühle für mich und machte weiter.

14

Unser Haus hatte an Weihnachten immer einen wunderschönen Glanz gehabt und unser Glück so hell wie die Lichter gestrahlt, die wir an jedem Balken und Geländer aufgehängt hatten. Jedes Jahr schmückte ich die Zimmer im Erdgeschoss mit Girlanden, Kränzen und Kinderzeichnungen, und Warren kaufte immer einen so riesigen Baum, dass er an die Decke kratzte. Um den Anstrich zu schonen, legten wir uns schließlich einen eleganten künstlichen Baum zu, der kaum von einem echten zu unterscheiden war, wenn wir ihn mit Weihnachtsschmuck und funkelnden Lichtern verziert hatten. Drei Strümpfe hatten jedes Jahr am Kaminsims gehangen und die Geschenke sich rasch unter dem Baum angehäuft.

Aber in dem Jahr, in dem die Mädchen starben, packte ich die Lichter nicht aus ihren Kartons, und ich wollte auch keinen Baum. Ich konnte nicht einen Funken Weihnachtsfreude aufbringen. Ich ging nicht einmal zur Kirche. Gott hatte meine Gebete offensichtlich schon seit einer Weile nicht mehr erhört, und ich war nicht in der Stimmung, neue auszusprechen. Normalerweise pflegten wir die Tradition, an Heiligabend zu unseren Freunden Maria und Anthony zu fahren. Sie lebten etwa eine halbe Stunde von uns entfernt. Warren und Anthony waren zusammen aufgewachsen, und unsere Kinder, die im selben Alter waren, feierten gern zusammen.

Aber dieses Jahr gab es nichts zu feiern.

In dem Versuch, uns ein bisschen aufzumuntern, kauften meine

Freundin und Nachbarin Laura und ein paar andere aus unserem Block einen kleinen rosa Tischbaum, den sie mit Schmuck und Schleifen und einem rosa Röckchen verzierten.

Etwas verlegen brachte Laura ihn ins Haus.

»Oh nein, was ist das denn?«, fragte ich im ersten Moment, als ich ihn sah. »Das soll wohl ein Witz sein.«

Der Baum war mit Fußballdekorationen, Bildern der Mädchen, etlichen Engeln und einem großen »EAK«-Band quer darüber geschmückt.

»Wir haben ihn mit all den Dingen verziert, die die Mädchen mögen«, sagte Laura.

Ich stellte ihn auf den Beistelltisch im Wohnzimmer. Wenn seine Lichter angingen, lachte ich manchmal und dachte, wie niedlich es war, einen rosafarbenen Weihnachtsbaum zu haben. Zu anderen Zeiten grübelte ich darüber nach, wie tief mein Leben gesunken war – von den wundervollen Weihnachtsfeierlichkeiten, die ich früher gehabt hatte, war mir jetzt nur noch ein trauriger kleiner pinkfarbener Baum geblieben, und keine Kinder, die mit mir lachten.

Auch andere Leute in der Stadt wollten uns gern ein bisschen aufmuntern, und ich hörte Gerüchte, eine größere Gruppe hätte vor, am Weihnachtsmorgen mit einem Chor vor unserer Tür zu stehen, der Weihnachtslieder sang.

»Ich will das nicht«, sagte ich eines Morgens zu Isabelle. Sie war mit Kaffee vorbeigekommen und saß jetzt in meiner Küche. »Ausgeschlossen. Sorg dafür, dass sie es absagen.«

»Ich habe nichts damit zu tun«, sagte sie kläglich und nahm einen Schluck aus ihrer Tasse, anstatt mich anzusehen.

»Kannst du es nicht verhindern?«

»Ich weiß nicht. Es gab eine E-Mail, und –«

»Oh nein«, sagte ich, während ich mich schockiert auf meinem

Stuhl zurücklehnte. »Eine E-Mail? Wie viele Leute werden denn auftauchen?«

»Vermutlich viele«, räumte sie schüchtern ein. »Irgendjemand von der Kirche organisiert es.«

»Ich will nicht, dass sich die Leute ihr Weihnachten durch uns verderben lassen«, stöhnte ich. »Alle haben schon genug getan. Außerdem ist es zu emotional für mich.«

»Sie wollen nur vorbeikommen und ein paar Weihnachtslieder singen, damit ihr an Weihnachten nicht so traurig seid«, sagte Isabelle. »Die Leute sorgen sich um dich und Warren.«

»Ich weiß«, sagte ich. »Sie haben Mitleid mit uns. Aber ich muss nicht daran erinnert werden, dass wir die einsamen Freaks von Floral Park sind. Während sie ihre Weihnachtslieder singen, werden sie auf dem Rasen stehen und denken: Oh, diese armen Leute, und ich werde am Türrahmen lehnen und am liebsten sterben wollen.«

»Ich werde rüberkommen und bei dir sein, damit du nicht allein dort stehst«, versprach Isabelle. »Mark wird auch kommen. Und ich werde Jeannine und Rob und Melissa und Brad anrufen. Wir werden alle kommen.«

»Du solltest besser hier sein, denn ich selbst werde die Tür nicht aufmachen«, sagte ich tonlos.

An Heiligabend wechselten Warren und ich kaum ein Wort. Das Haus blieb dunkel und still. Es gab keine aufgeregten Kinder, die auf den Weihnachtsmann warteten, keine Geschenke, die still und heimlich aus den Schränken geholt wurden, kein »Es begab sich aber zu der Zeit«, das laut vorgelesen wurde. Wir hatten Geschenke füreinander, aber keine Strümpfe waren am Kamin aufgehängt, da wir bezweifelten, dass der Weihnachtsmann je wieder hierherkommen würde.

Am Weihnachtsmorgen stand ich früh auf und ging in die Küche hinunter. Wenn Freunde zu unserem Haus kamen, war ich entschlossen, ihnen etwas zu essen anzubieten – erst recht an einem Feiertag. Bis Isabelle und Mark und die anderen Paare eintrafen, hatte ich bereits eine schöne Frühstückstafel für sie hergerichtet.

Jeannines Augen füllten sich mit Tränen, als sie hereinkam und die Mühe sah, die ich mir gemacht hatte. »Das ist genau so, wie euer Haus immer war«, sagte sie, während sie mich umarmte. »Unmengen an Essen, und jeder ist willkommen. Es tut gut, das zu sehen.«

»Glaub bloß nicht, dass ich wieder mit dem Kochen anfange«, erwiderte ich mürrisch.

Jeannine zuckte nur die Schultern, nicht bereit, mich darauf hinzuweisen, dass ich jeden Tag hoffnungsvolle Entscheidungen traf, von der Teilnahme an einem Thanksgiving-Lauf bis zur Vorbereitung eines Weihnachtsfrühstücks. Ich glaubte immer noch, sterben zu wollen, aber die Tatsachen sprachen dafür, dass ich mit dem Leben noch nicht völlig abgeschlossen hatte.

Bald wimmelte es in unserem Haus von Freunden in Weihnachtspullovern, und ich freute mich insgeheim, als sich alle Essen auf ihre Teller häuften. Meine selbst gemachte Version von Egg McMuffins fand großen Beifall, und das Büfett mit Selbstgebackenem, das ich hübsch auf Platten angerichtet hatte, gab Anlass zu so vielen Martha-Stewart-Witzen, dass selbst ich lächeln musste.

Auf einmal hörten wir draußen Gesang. Ich warf einen besorgten Blick auf Isabelle, aber sie und Melissa marschierten mit mir zur Tür, und wir rissen sie auf.

Eine gut gelaunte Gruppe von Männern und Frauen, vermutlich vierzig oder fünfzig an der Zahl, stand auf unserem verschneiten Rasen und sang ein fröhliches Weihnachtslied. Während sie ihre Stimmen erhoben, verwandelte sich ihr warmer Atem in der kalten Luft zu Dampf. Ein paar stampften gegen die Kälte mit den Stiefeln auf. Ich erkannte einige der Weihnachtssänger, wenn auch nicht alle. Während ich sie dort versammelt sah, in dicken Wintermänteln und bunten Mützen und Schals, fühlte ich mich in eine Art Hollywood-Version eines dörflichen Weihnachtsfestes versetzt. Mit freundlichen Nachbarn, die zusammenkamen, um die »Botschaft von Trost und Freude« zu überbringen.

Zu meiner großen Verblüffung brachten die Weihnachtssänger tatsächlich Trost. Freude war noch keine Option, aber Trost war immerhin ein Anfang.

Die meisten gingen, nachdem sie ihre Lieder gesungen hatten, aber ein paar, die wir kannten, kamen noch auf einen heißen Kakao oder einen Muffin herein. Dann verabschiedeten sich unsere Freunde, um eigene Weihnachtsvorbereitungen zu treffen, aber fast den ganzen Tag über kamen und gingen immer wieder Leute, und wir überstanden das befürchtete Drama erstaunlich leicht.

»Wir kommen nächstes Jahr zum Weihnachtsfrühstück wieder«, sagte Melissa, während sie ihren Mantel anzog. »Das hat viel Spaß gemacht.«

Ein Weihnachtsfrühstück für zwanzig Personen. Da etablierte sich wohl eine neue Tradition in meinem Haus.

15

Fast unmittelbar nach dem Unfall begannen Leute mir zu sagen, ich solle noch mehr Kinder bekommen. Ich war noch keine vierzig, und die Theorie schien zu lauten, wenn mein Leben mir brutal entrissen worden war, sollte ich einfach ein neues beginnen.

Ehrlich gesagt, fand ich, sie waren verrückt.

Kinder sind nicht austauschbar. Ich liebte Emma, Alyson und Katie als Individuen, und eine konnte nicht durch eine andere ersetzt werden. Ich hatte drei Kinder und würde sie immer haben. Ich wollte *ihre* Mutter sein, nicht irgendeine.

Als es Winter wurde, wachte ich jeden Morgen wütend darüber auf, dass ich noch immer in meinem Haus war und nicht mit den Mädchen wiedervereint im Himmel. Wie sollte ich einen solch tiefen Schmerz und eine solch gewaltige Leere überleben? Mir wurde bewusst, dass derselbe Unfall, der mir meine Kinder geraubt hatte, auch meine Identität und meinen Grund, auf dieser Erde zu sein, zerstört hatte. Fast ein Jahrzehnt lang hatte ich jedes bisschen Energie und Emotion, das ich besaß, meiner Aufgabe als Mom gewidmet, und jetzt fühlte ich mich brutal von allem losgeschnitten.

Emotional gesehen, konnte ich mir nicht einmal annähernd vorstellen, noch mehr Kinder zu haben. Und praktisch gesehen, konnte ich nicht erkennen, wie es dazu kommen sollte. Meine Schwangerschaften waren schwierig gewesen, und nach Katies Geburt hatte ich meine Eileiter verschließen lassen. Ich hatte mich für dieses Verfahren schon vor Alysons Geburt ausgesprochen, aber die Geburtshelferin sagte, dass ich mit erst dreißig vielleicht noch nicht fertig war. Und sie hatte recht behalten.

In dem Moment, in dem Alyson das Licht der Welt erblickte – mit einem Lächeln im Gesicht, das nie wieder verging –, vergaß ich die Strapazen der Schwangerschaft und begann davon zu reden, noch ein Baby zu bekommen.

»Nein«, sagte Warren damals.

»Nein?«, fragte ich. »Du kannst nicht einfach Nein sagen. Wir sind ein Paar. Wir müssen darüber reden.«

»Es gibt nichts zu reden«, sagte er, typisch Mann. »Zwei ist leicht, und drei wird zu viel sein. Ich will keine weiteren Kinder mehr.«

Da ich nicht wusste, wie ich seine einseitige Entscheidung rückgängig machen konnte, schlug ich den typisch weiblichen Weg ein. »Dann will ich keinen Sex mehr haben«, sagte ich.

Wir rückten beide von unseren Positionen ab und hatten tatsächlich jede Menge Sex. Ich hatte nicht wieder angefangen, die Pille zu nehmen, was Warren wusste, daher hatte er es sich vielleicht anders überlegt. Aber wir sprachen nicht darüber, und als meine Periode in einem Monat ausblieb, brach ich in Panik aus und weigerte mich, darüber nachzudenken. Schließlich steckte mir Jeannine einen Schwangerschaftstest in den Briefkasten.

»Er hat sich rosa verfärbt«, sagte ich, als ich sie fast gleich danach anrief.

»Das ist ja toll!«, sagte sie. »Was hat Warren gesagt?«

»Ich habe es ihm noch nicht erzählt.«

Besorgt, wie er darauf reagieren würde, wartete ich ein paar Tage, bis ich ihm die Neuigkeit schließlich beibrachte. »Wir werden noch ein Baby bekommen«, sagte ich eines Abends zu ihm, als Emma und Alyson schliefen.

»Ich weiß.« Er küsste mich.

»Woher weißt du das denn?«

»Ich hab's gespürt.«

Die Schwangerschaft mit Katie verlief noch schwieriger als die beiden anderen. Ich war voller Angst und Stimmungsschwankungen. Warren und ich waren uns einig, dass wir danach zufrieden mit dem sein würden, was wir hatten. Emma und Alyson waren mit einem Kaiserschnitt zur Welt gekommen, und wir nahmen an, dass es bei Katie genauso sein würde. Die Geburtshelferin sagte, drei Operationen seien im Allgemeinen die Obergrenze, und noch mehr könnten wegen des vielen Narbengewebes ein Problem sein. Daher gab mir die Schwester kurz vor der Entbindung die Unterlagen, mit denen ich mich zu einer Sterilisation bereit erklären würde.

»Sterilisation?«, fragte ich sie leicht bestürzt.

»Genau das ist es«, sagte sie. »Die Eileiter verschließen zu lassen klingt harmlos, aber Sie sollten sich darüber im Klaren sein, wie folgenreich diese Entscheidung ist. Sie müssen es nicht vornehmen lassen.«

»Das ist schon okay«, sagte ich und unterzeichnete die Unterlagen. »Aller guten Dinge sind drei.«

Ich dachte, jetzt wäre unsere Familie perfekt – und vollständig.

Ein paar Monate nach dem Unfall bekam ich einen Anruf von der Praxis der Geburtshelferin, bei der ich mit allen drei Schwangerschaften gewesen war.

»Ich hoffe, du hast nichts dagegen, dass ich dich anrufe«, sagte die Schwester. »Ich wollte dir nur einen Rat geben.« Sie war im Laufe meiner ganzen Besuche zu einer Art Freundin geworden, und jetzt nannte sie mir den Namen einer Klinik, zu der ich, wie sie fand, gehen sollte, um meine Eier einfrieren zu lassen.

»Warum sollte ich das tun?«, fragte ich.

»Falls du je noch ein Baby haben willst.«

»Das will ich nicht«, sagte ich rasch. Allein schon die bloße Idee erschien mir wie ein Affront. Ich hatte meine drei Mädchen gehabt, und nichts konnte sie ersetzen.

Aber ich wusste auch, dass ich meinen eigenen Instinkten nicht mehr trauen konnte. Ich verbrachte jeden Tag in einem benommenen und verwirrten Zustand, und ich sah keine Möglichkeit, irgendeinen Sinn in meinem neuen Schicksal zu finden. Vielleicht konnte mir die Empfehlung einer Ärztin oder Schwester weiterhelfen.

Ich rief eine befreundete Gynäkologin an und fuhr zu einer Kinderwunschklinik. Aber ich erfuhr prompt, dass ich zu alt war, um meine Eier einfrieren zu lassen. Offenbar tut man so etwas mit fünfundzwanzig oder so, nicht mit siebenunddreißig. Doch die Fruchtbarkeitsärztin, die mir die Neuigkeit überbrachte, hatte einen anderen Plan.

»Wir können eine künstliche Befruchtung durchführen«, erklärte sie. »Wir züchten die Embryos und frieren sie ein, was effektiver ist.«

Die Ärztin beschrieb rasch das Verfahren. Es hörte sich sehr umständlich an, aber ich grübelte über die Idee nach und dachte eben schon: »Warum eigentlich nicht?«, als sie die Bombe platzen ließ, die mir die Antwort spontan abnahm.

»Die Kosten für jeden Zyklus betragen rund zwanzigtausend Dollar«, sagte sie.

Zwanzigtausend Dollar? War das ein Witz? Wir hatten eben erst Unsummen für die Beerdigung dreier Kinder ausgegeben. Ich war nicht berufstätig, und da Warrens Immobilienbewertungsfirma an den beängstigend stark einbrechenden Wohnungsmarkt gekoppelt war, konnte niemand sagen, wie es uns finanziell künftig ergehen würde.

»Das kann ich mir nicht leisten«, sagte ich rundheraus.

»Kommen Sie nächste Woche wieder, wenn wir die Ergebnisse der Untersuchung und das Blutbild haben«, sagte sie. »Ich werde mich bei der Rechnungsstelle erkundigen, ob es irgendeine Möglichkeit gibt, dass Ihre Versicherung für die Medikamente aufkommt.« Sie reichte mir einen dicken Stapel Formulare, von denen ich wusste, dass ich sie niemals ausfüllen würde.

Als ich für den Folgetermin in ihre Praxis kam, blickte sie besorgt und verscheuchte die Freundin, die mich sicherheitshalber begleitete. »Ich muss mit Mrs. Hance allein sprechen«, sagte sie ernst.

Es klang nach schlechten Neuigkeiten, und ich ging prompt davon aus, dass man irgendetwas Unheilbares in meinem Blutbild gefunden hatte und ich binnen vierundzwanzig Stunden tot sein würde. Der Gedanke stimmte mich glücklich. Meine Stimmung war in den letzten Monaten so tief gesunken, dass eine schreckliche Diagnose eine Gnadenfrist zu sein versprach. Hurra!, dachte ich. Ich werde sterben und die Mädchen wiedersehen.

Aber die Untersuchungsergebnisse waren in Ordnung. Die Ärztin wollte mich lediglich unter vier Augen darüber informieren, dass meine Versicherung keine Kosten übernehmen würde. Gut, das war's, es gab nichts mehr zu besprechen. Zwischen den Kosten und dem Papierkram entschied ich, nicht mehr darüber nachzudenken. Während das Problem in der Praxis der Ärztin nicht sehr dramatisch erschien, nahm es enorme Ausmaße an, als ich Jeannine die Geschichte ein paar Tage später erzählte. Warren war gewillt, alles zu tun, was ich wollte, und er sagte mir, ich solle mir keine Sorgen wegen des Geldes machen. Aber die Kosten und das Verfahren erschienen mir überwältigend groß, und ich weigerte mich, noch mehr Druck auf ihn auszuüben.

»Warum muss alles so sein?«, wimmerte ich, während ich in

Jeannines Küche saß. »Alles seit dem Unfall ist so schwer. Warum kann nicht auch einmal etwas Gutes passieren? Irgendetwas sollte leicht sein.«

Rein zufällig hatte Jeannine eine Freundin namens Emily zu Besuch, die das Gespräch hörte. Und noch zufälliger war Emilys Schwägerin eine Embryologin, die für einen Fruchtbarkeitsarzt in Manhattan arbeitete. Als sie unser Gespräch mithörte, bot sie an, ihre Schwägerin anzurufen, um sie um Rat zu fragen.

Am nächsten Tag rief Jeannine mich aufgeregt an. »Du musst Wally anrufen!«

»Wer ist denn Wally?«

»Dr. Rosenwaks' Assistentin.«

»Wer ist denn Dr. Rosenwaks?«

»Der beste Fruchtbarkeitsarzt in New York. Vielleicht in Amerika oder sogar der ganzen Welt. Er hat Céline Dion geholfen, mit Zwillingen schwanger zu werden. Und viele andere Prominente gehen auch zu ihm«, sagte sie triumphierend. »Wally erwartet morgen früh um neun deinen Anruf.«

Und so griff ich am nächsten Morgen zum Telefon, und sobald ich sie erreichte und meinen Namen sagte, brach Wally in Tränen aus. »Oh, Jackie, es tut mir so leid. Ich weiß, was du durchmachst«, sagte sie, als würden wir uns seit einer Ewigkeit kennen. »Mein kleiner Neffe ist erst vor drei Wochen gestorben, und meine Schwester ist untröstlich. Aber wenn du noch hier bist und das überstehst, dann weiß ich, dass sie es auch schaffen wird.«

Wir verbrachten lange Zeit am Telefon, weinten und redeten. Schließlich sagte sie mir, ich solle am nächsten Mittwoch in die Praxis kommen.

»Sag deiner Schwester, dass ich für ihren Sohn beten werde«, sagte ich, als wir auflegten.

In der nächsten Woche steckte ich ein Bild der Mädchen in meine Brieftasche, um es Wally zu geben.

»Wohin geht's jetzt schon wieder?«, fragte mich Warren, als wir in seinen Wagen stiegen, um nach Manhattan zu fahren. »Und wer ist dieser ominöse Arzt?«

»Jemand Wichtiges«, sagte ich vage. Ich wollte auf der Fahrt in Ruhe nachdenken.

Wally hatte gesagt, wir sollten sie von der Empfangsangestellten rufen lassen, wenn wir kamen, damit wir nicht warten müssten. Aber es war mir zu unangenehm, um besondere Aufmerksamkeit zu bitten, daher nannte ich nur meinen Namen und setzte mich in das große moderne Wartezimmer, in dem ein Riesentrubel herrschte. Paare, die offenbar verzweifelt versuchten, schwanger zu werden, kamen und gingen, flüsterten miteinander, verschwanden wieder in Behandlungsräumen und redeten mit Schwestern über Blutuntersuchungen und Hormonspiegel. Ich hatte nie mit Unfruchtbarkeit zu kämpfen gehabt, und ich spürte die Anspannung, die in der Luft lag.

Eine Stunde verstrich. Dann noch einmal eineinhalb …

Schließlich kam Wally heraus und sah mich. »Jackie, was tust du denn hier?«, fragte sie, nachdem sie den Namen auf unserem Patientenblatt erkannt hatte. Sie winkte uns durch eine Seitentür. »Nächstes Mal kommt ihr gleich hier durch und wartet nicht vorn. Ihr bekommt eine VIP-Behandlung.«

Wir gingen in ein anderes, glasumschlossenes Wartezimmer und sahen zu, wie attraktive junge Schwestern eifrig und freundlich lächelnd durch die Flure und Untersuchungsräume huschten. Zu eingeschüchtert, um zu reden, saßen wir schweigend da, bis wir schließlich aufgerufen wurden, um den berühmten Dr. Zev Rosenwaks kennenzulernen.

Angesichts seiner Referenzen verstand ich, warum die Leute

gewillt waren, beliebig lange zu warten, um ihn zu sprechen. Er war höflich und respektvoll, ohne jedes Gehabe. Er untersuchte mich gründlich und überprüfte Warrens Spermienzahl. Alles in Ordnung. Dann gingen wir in sein Büro, und er setzte sich an seinen Schreibtisch.

»Wie möchten Sie vorgehen?«, kam er sofort zur Sache.

»Ich weiß nicht. Ich will nicht schwanger werden«, sagte ich, ein Satz, der in diesem Zimmer vermutlich noch nie gefallen war.

»Warum sind Sie dann hier?«, fragte er.

»Ich will nur Embryos machen lassen«, sagte ich, an die Empfehlung der Ärztin in der anderen Klinik denkend.

Er sah mich einen Moment an, als wollte er mich fragen, wofür ich denn Embryos haben wollte, wenn nicht, um schwanger zu werden. Als würde ich vielleicht gleich verkünden, ich würde gern ein hübsches kleines Projekt für den Biologieunterricht in der Schule durchführen. Aber dann schien er die Bemerkung abzutun. Natürlich wird sie ein Baby haben wollen, schien er zu denken. Sie weiß es nur noch nicht.

»Machen Sie einen Termin mit Wally, und dann fangen wir an«, sagte er und erhob sich.

»Äh, eine Frage noch, wo ist denn die Geschäftsstelle?«, fragte Warren. »Wir müssen erst einmal das Finanzielle klären.«

»Das ist bereits geregelt«, sagte er, ging hinaus und schloss hinter sich die Tür.

In der plötzlichen Stille des Büros starrten Warren und ich uns an, nicht sicher, was eben passiert war. Schließlich stand ich auf und öffnete die Tür einen Spaltbreit. Ich sah Wally in der Nähe stehen und bat sie zu mir. »Wally? Was soll das heißen, es ist bereits geregelt?«, fragte ich in einem lauten Flüsterton.

»Er will das unentgeltlich für euch tun.«

»Warum?«, fragte ich.

Sie zuckte leicht die Schultern und lächelte breit. »Warum nicht?«

Wir begannen im Januar mit den Behandlungen. Paare, die ein solches Verfahren durchlaufen, beklagen sich oft, dass eine künstliche Befruchtung kompliziert und emotional erschöpfend ist, aber ich hatte keine Emotionen mehr, die mich erschöpfen konnten. Ich hatte nichts gegen das ganze Verfahren, da es all der leeren Zeit in meinem Leben, die sich ansonsten bedrückend lange vor mir ausdehnte, eine gewisse Struktur gab. Es gab tägliche Injektionen und Fahrten zur Arztpraxis, um Blutspiegel und die Größe der Eier zu messen. Verschiedene Freundinnen fuhren mich nach Manhattan, und alle in der Praxis waren unglaublich nett zu mir. Wally begrüßte mich regelmäßig, und Hunter, der schöne Pfleger, der meinem Fall zugewiesen war, beantwortete all meine Fragen und rief fast jeden Abend mit Anweisungen an. Die Oberschwester Jo kam oft vorbei, um nach mir zu sehen, und Jenny, die Arzthelferin, die mir das Blut abnahm, ließ mich an ihrer Schulter weinen. Aber so nett sie alle auch waren, führten mir die Besuche in dieser Fruchtbarkeitsklinik, in der ich – nach drei Kindern – nie gedacht hätte, eines Tages zu sein, meine seltsame Situation deutlich vor Augen.

Ich dachte oft darüber nach, wo ich früher gewesen war und wo ich mich jetzt rumtrieb, und es passte einfach nicht zusammen. Konnte die Person, die in dieser kühlen, sterilen Arztpraxis saß, um ihre Eier scannen zu lassen, wirklich dieselbe sein, die früher mit drei Kindern in ihrem Garten umhergetollt war? Wenn das damals die echte Jackie gewesen war, wer war dann diese Frau jetzt?

Auch wenn ich mit der künstlichen Befruchtung einen Schritt nach vorn tat, dachte ich im Hinterkopf noch immer, dass ich das Jahr nicht überleben würde. Ich hatte die Selbstmordgedanken nie wirklich aufgegeben, die mich in der ersten Zeit quälten, nachdem mir die Mädchen entrissen worden waren. Eine leise Stimme in meinem Kopf sagte, dass ich mich umbringen könnte, wenn Gott mich nicht bald freiwillig zu sich nahm. Und dann wäre alles gut: Warren könnte die Embryos haben, und jemand anderes würde unser Baby austragen. Jeder würde einen Teil von mir haben, und ich würde bei den Mädchen im Himmel sein.

Während ich eines Morgens auf dem Untersuchungstisch lag und die Schwester meinen Bauch scannte, um die Eier zu vermessen, hatte ich ein schlechtes Gewissen. Niemandem ist klar, dass ich nicht in der seelischen Verfassung bin, ein Baby zu bekommen. Und trotzdem ließ ich die 20 000 Dollar teure Behandlung über mich ergehen.

Nach dem ersten Zyklus entnahm Dr. Rosenwaks acht Eier, und fünf davon wurden erfolgreich befruchtet. Er schien zufrieden, und ich, schon immer bemüht, es anderen Leuten recht zu machen, freute mich, ihn glücklich zu machen. Wenigstens hatte ich auf diesem Weg etwas erreicht. Fünf Embryos klangen für mich nach einer ganzen Menge, aber er wollte noch einen Zyklus machen, damit wir mehr hatten, als wir brauchten.

Beim nächsten Zyklus bildete ich zehn Eier, aber dann ging unmittelbar vor der Entnahme irgendetwas mit der Medikation schief, und keines von ihnen wurde befruchtet. Dr. Rosenwaks rief mich enttäuscht an. »Machen wir es noch ein letztes Mal«, sagte er.

»Oh nein, nein«, sagte ich. »Ich bin Ihnen sehr dankbar für alles, was Sie getan haben, aber das kostet so viel Geld. Ich würde Sie nicht gern um noch mehr bitten.«

»Ich bestehe darauf.«

Ich wollte wirklich nicht noch einen Zyklus machen, aber ich konnte nicht Nein zu ihm sagen. Seine unerschütterliche Großzügigkeit rührte mich noch mehr als die Aussicht auf ein Baby.

Beim dritten Zyklus bildete ich zehn Eier, und alle zehn wurden befruchtet. Ich fühlte mich wie eine Musterhenne.

»Warum pflanzen wir sie nicht ein?«, schlug Dr. Rosenwaks vor, als er mich diesmal mit der Neuigkeit anrief. »Frisch ist besser.«

»Nein, nein, ich bin noch nicht bereit dazu«, sagte ich, während ich dachte: Ich werde nie bereit dazu sein.

»Na ja, jetzt haben Sie jedenfalls fünfzehn tiefgefrorene Embryos«, sagte er.

»Ist das gut?«

»Das ist sehr gut.«

»Ich bin ja so froh«, sagte ich.

Aber in diesem Augenblick meinte ich es nicht ernst.

ZWEITER TEIL

2010

16

Da ich als Katholikin und Kirchgängerin erzogen worden war, konnte ich das Gefühl nicht abschütteln, dass ich irgendetwas getan haben musste, was den Unfall verursacht hatte. Gott bestrafte mich. Wenn meine Mädchen auf diese sinnlose Weise hatten sterben müssen, dann musste es meine Schuld sein.

»Es muss irgendetwas sein, was wir getan haben«, sagte ich zu Warren, als ich eines Tages urplötzlich in Panik ausbrach. »Gott war sauer auf uns.«

»Ich habe nichts getan«, meinte Warren erschöpft. »Ich bin ein guter Mensch.«

»Geh zurück in deine Kindheit«, flehte ich ihn an. »Denk nach. Es muss irgendetwas geben!«

»Das werde ich nicht tun, Jackie. Wir sind nicht schuldig.«

»Aber wir müssen es sein«, beharrte ich.

Ich nahm mir ein Blatt Papier und begann eine Liste all der Dinge zu erstellen, die ich in meinem Leben falsch gemacht hatte:

- *Ich habe einen Lippenstift gestohlen, als ich sechzehn war.*
- *Ich habe meine Eltern belogen, um mit meinen Freundinnen ausgehen zu können.*
- *Ich habe Warren manchmal belogen, wenn ich teure Kleider gekauft habe.*
- *Ich habe mir eine Geschichte von Emmas gebrochenem Bein ausgedacht, um mich vor einem unangenehmen Termin zu drücken.*

- *Manchmal habe ich die Mädchen im Supermarkt einen Muffin essen lassen, wenn wir einkaufen waren – und ihn nicht bezahlt.*

Selbst in meinem emotional angespannten Zustand erschien mir die Liste dürftig. Ich ging zurück zu Warren. »Hast du gar keine Schuldgefühle?«, fragte ich ihn.

»Nein. Ich habe meine Kinder mit meiner eigenen Schwester wegfahren lassen, die ich von ganzem Herzen geliebt habe, die gut zu uns und den Kindern war. Ich habe alles getan, was in meiner Macht stand, um zu verhindern, dass das, was passiert ist, passiert. Ich habe nichts Unrechtes getan.«

»Ich weiß, aber sie sind tot. Offensichtlich haben wir doch irgendetwas Unrechtes getan.«

»Jackie, ich habe alles getan, was ich konnte«, sagte Warren, und er klang unendlich müde dabei.

Ich ging nicht mehr zur Messe, da es mir sinnlos erschien und da eine schlechte Predigt von einem Priester mich in ein spontanes Stimmungstief stürzen konnte. Aber ich schloss mich einer Frauen-Gebetsgruppe an – nur zur Sicherheit. Ich hatte Angst davor, mich ganz von Gott abzuwenden.

»Ich komme aus Aberglauben hierher«, gestand ich Kathy, der liebenswürdigen Frau, die die Gruppe leitete, eines Abends. »Ich habe Angst vor dem, was passieren wird, wenn ich es nicht tue.«

»Wir sind hier, um für Sie und Ihre Kinder zu beten«, sagte sie freundlich.

Wir gingen jedes Mal durch den Raum, in dem wir uns trafen, sagten unsere Absichten auf und beteten einen Rosenkranz. Jede von uns bat um irgendetwas Schönes. Eine Frau brauchte einen Job, eine andere betete, die Welt möge sicherer werden. Ein paar Mal betete ich einfach für Warren, da ich das Gefühl hatte, wenn es ihm nicht gut ging, könnte es mir auch nicht gut gehen. Es war einfach und ehrlich, nur Hoffnung und Güte, ohne von Schuld und Beichte überlagert zu sein.

Meine Mom glaubte an den Tag der Auferstehung, an dem wir alle wieder zusammen sein würden. Sie redete vom Himmel als einem wundervollen Ort. »Die Mädchen müssen nie wieder Schmerzen erleiden«, sagte sie zu mir. »Fühlst du dich dabei nicht gut?«

Ich hatte an den Himmel geglaubt, als mein Dad im Alter von sechsundfünfzig Jahren gestorben war. Als meine Großmutter väterlicherseits ihm wenig später folgte, war ich froh, dass die beiden wieder zusammen waren. Aber jetzt hatte ich nagende Zweifel. Gibt es überhaupt einen Himmel?, fragte ich mich.

Wer wusste das schon. Vielleicht waren die Mädchen einfach nur auf dem Friedhof, unter der Erde. Trotzdem, meine Hoffnung, dass ich die Mädchen wiedersehen würde – und könnte –, blieb bestehen.

Meine Kindheitsfreundin Cortney war die Einzige, die mich wirklich verstand. Wir kannten uns, seit wir vier Jahre alt waren, und sie liebte mich so sehr, dass sie den Gedanken an mein Leiden nicht ertragen konnte. »Okay, ich verstehe dich. Wenn es das ist, was du tun musst, dann solltest du es tun.«

»Du hältst mich nicht für verrückt?«, fragte ich.

»Nein. Du kannst mit diesem Schmerz nicht leben. Das weiß ich.«

Ihre Bestätigung wirkte seltsam beruhigend auf mich. Ich konnte mit den Mädchen zusammen sein, wann immer ich wollte – das Timing stimmte nur noch nicht. Ich hatte davor immer irgendetwas zu erledigen. Ich musste Alysons Kommunion hinter mich bringen. Oder Thanksgiving. Oder Weihnachten. Ich hätte es niemals zulassen können, dass die Freundlichkeit der Menschen unbeachtet blieb, daher musste ich jedem, der Geschenke und Spenden überbracht hatte, eine Danknotiz schreiben. Und es wäre nicht fair zu gehen, bevor ich Katies Geburtstag gefeiert hatte. Ich musste natürlich für den Familienspaßtag der Stiftung hier sein. Und dann noch mehr Dankbriefe an all die freiwilligen Helfer schreiben. Ich war vielleicht selbstmordgefährdet, aber ich war nicht unhöflich.

»Ich kann mich nicht vor Mai umbringen«, sagte ich eines Tages während der Paartherapie zu Dr. O'Brien.

»Warum nicht?«, fragte er ruhig.

»Ich muss für den Familienspaßtag der Hance-Stiftung hier sein. Es wäre nicht richtig gegenüber allen, die so hart dafür arbeiten, wenn ich nicht hinginge.«

»Ich finde, das ist eine gute Entscheidung«, sagte er.

»Aber danach … ich weiß nicht.«

»Dann konzentrieren Sie sich einfach auf den Mai«, sagte er. »Und danach werden wir weitersehen.«

»Ich kann nicht mehr hören, wie sie so redet«, explodierte Warren auf einmal. »Jedes Mal, wenn ich aus dem Haus gehe, frage ich mich, ob sie noch hier sein wird, wenn ich nach Hause komme.«

»Sie ist hier«, versuchte Dr. O'Brien eine etwas andere Sicht aufzuzeigen.

»Aber sie redet ständig davon, sich umzubringen. Sie müssen dafür sorgen, dass sie damit aufhört.«

»Jackie braucht dieses Hintertürchen, Warren. Nehmen Sie es ihr nicht weg.«

»Ich halte das aber nicht mehr aus«, beharrte Warren.

»Sie müssen begreifen, dass es Jackie hilft zu wissen, dass sie zumindest theoretisch einen Ausweg hat«, sagte Dr. O'Brien vernünftig. »Aber sie hat ihn noch nicht genommen. Und Jackie plant gern. Wenn sie einen festen Termin im Kopf hat, den sie wahrnehmen muss, dann wird sie ihn wahrnehmen.«

Natürlich wussten wir alle, dass es bis zum Mai und dem Familienspaßtag noch lange hin war.

»Planen Sie eine gemeinsame Reise«, empfahl Dr. O'Brien. »Sie brauchen beide ein bisschen früher etwas, worauf Sie sich freuen können.«

Warren begann direkt zu handeln. Er redete mit Brad und Mark darüber, wohin wir alle für einen Erwachsenen-Urlaub fahren könnten. Die Männer entschieden sich für ein verlängertes Wochenende in Key West – in der Annahme, dass dort nicht allzu viele Kinder sein würden. Ein Ort, der nicht auf Familien zugeschnitten war, war wichtig. Es würde für uns alle eine Flucht sein.

»Wir haben die Tickets«, sagte ich bei unserer nächsten Therapiesitzung zu Dr. O'Brien. »Wir fahren nach Key West.«

»Das ist ja toll«, sagte Dr. O'Brien und schien völlig begeistert.

»Warum sind Sie so glücklich darüber?«, fragte ich mürrisch.

»Diese Reise ist ein weiterer Meilenstein für Sie. Diese Meilensteine brauchen Sie. Wir werden einfach weiter von einem zum nächsten wandern.«

»Und wenn wir am Ende angelangt sind, kann ich mir das Leben nehmen«, sagte ich.

»Aber nicht vor Key West, okay?« Er wusste, wie man einen Deal machte.

»Na ja, wir haben die Tickets. Sie wissen, dass ich mich jetzt nicht um die Ecke bringen kann«, sagte ich.

Die Reise wurde ein Riesenspaß. Bei herrlichem Wetter und köstlichem Essen, um uns bei Kräften zu halten, lachten wir vier Tage lang und ließen die Wirklichkeit hinter uns. Einmal gingen wir sechs in ein Geschäft in der Stadt, in dem es die typischen Touristensouvenirs gab. Ich geriet bei einem kleinen Keramikhahn, auf dem »Key West« stand, ins Schwärmen. »Der ist einfach zu schön«, sagte ich. »Den will ich für meine Küche haben.«

»Dann kauf ihn doch«, sagte Melissa.

Ich nahm ihn in dem Augenblick in die Hand, in dem Brad eine riesige Lampe in der seltsamen (und hässlichen) Form eines Tintenfischs entdeckte. »Seht euch das an!«, rief er, während er sie ein- und ausschaltete. »Eine Tintenfischlampe. Ist das nicht toll? Die müssen wir haben.«

»Igitt«, sagte Melissa. »Wo willst du die denn hinstellen?«

»In meine Männerhöhle«, sagte er augenzwinkernd. Unter der Fuchtel von Melissas Haushalts-Perfektionismus war Brads »Männerhöhle« das einzige Zimmer des Hauses, das er so gestalten durfte, wie er wollte. Melissa hatte dabei nichts mitzureden. Aber sie versuchte es mit einem praktischen Argument. »Wir werden dieses, äh, Dings niemals im Flugzeug nach Hause bekommen«, erklärte sie.

»Wir verschicken überallhin«, schaltete sich der Ladeninhaber hilfsbereit ein.

»Wirklich? Das ist ja toll. Dann nehmen wir sie«, sagte Brad. Er wandte sich zu uns anderen um: »Wenn es sowieso verschickt wird, können wir uns ja noch jede Menge andere Sachen aussuchen.«

»Oooh, gut!«, sagten Melissa und ich.

In Urlaubshochstimmung schlenderten wir durch das Geschäft und wählten alle Key-West-Kunstgegenstände aus, die wir unbedingt haben mussten – von Holzschildern mit albernen Sprüchen bis hin zu einem Weihnachtsmann auf einem Surfbrett.

»Ich nehme die hier«, sagte Melissa und griff nach einem Salz- und Pfefferstreuer in Form von Key Wests gefürchtetsten Touristen – einem dicken Mann und einer dicken Frau in Badekostümen.

Wir kicherten und setzten immer mehr Artikel auf unsere Einkaufsliste. Es erinnerte mich an die Shoppingausflüge mit Karen – allein schon aus dem Haus zu kommen und mich ein bisschen zu verwöhnen schaltete den ernsten Teil meines Gehirns für eine Weile aus.

Später schlenderten wir zurück in den Sonnenschein, aßen köstliches Essen und setzten uns ans Meer. Als ich am nächsten Tag in einem Liegestuhl saß, während mir die Sonne aufs Gesicht brannte, schloss ich die Augen und dachte daran, wie traurig ich war. Aber während ich versuchte, mich auf mein Elend zu konzentrieren, hörte ich die sanften Geräusche der Wellen an der Küste und spürte die warme Brise auf meiner Haut, und strahlender Sonnenschein schien auf meine Lider und erhellte mein Innenleben.

Ich seufzte und schlug die Augen wieder auf. »Hier ist eine Lebensweisheit«, sagte ich zu jedem, der es hören wollte. »An einem Strand kann man nicht deprimiert sein. Das geht einfach nicht.«

Melissa lachte. »Na ja, dann sollten wir vielleicht alle für immer an den Strand ziehen.«

Schön wär's. Aber als unsere herrliche Flucht endete, sackte meine sonnenbedingte gute Stimmung ab. Melissa und Isabelle waren so einfühlsam gewesen, nicht davon zu reden, wie sehr sie ihre Kinder vermissten, während wir fort waren, aber als wir im Flugzeug nach Hause saßen, wusste ich, dass sie sich auf begeisterte Kinder freuen konnten, die sie an der Tür begrüßten und erzählten, was sie alles unternommen hatten, während ihre Eltern fort gewesen waren.

Ich saß im Flugzeug hinter zugezogenen Fensterjalousien. Ich hatte das Sonnenlicht verloren, das ich am Strand genossen hatte, die Sonne verjagt, die meine Düsterkeit vertrieb. Die Klimaanlage im Flugzeug lief auf Hochtouren, sodass es eiskalt war, und ein leichter Sonnenbrand, den ich bekommen hatte, sorgte dafür, dass mir die Kälte bis in die Knochen drang. Meine Füße waren so kalt, dass ich wünschte, ich hätte Socken und Schuhe angezogen anstelle von Sandalen. Das Gemurmel der Passagiere verstummte allmählich, während mir bewusst wurde, dass ich mich nur darauf freuen konnte, endlich wieder in meinem Bett zu weinen. Und in dem Augenblick, in dem das Flugzeug landete, senkten sich auch wieder meine Schuldgefühle mit ihrem ganzen Gewicht auf meine Schultern.

»Diese ganze Reise war so falsch«, sagte ich zu Warren, als wir unsere Koffer in unser leeres Haus schleppten. »Wir haben gelacht und so getan, als wäre nichts passiert. Es war schrecklich und respektlos gegenüber den Mädchen.«

»Wir müssen uns Momente gestatten, in denen wir normal sind«, sagte Warren ruhig.

»Wir sind nicht normal. Ich würde mich lieber ständig elend fühlen, als diese Höhen und Tiefen zu erleben.« Meine empörten Worte schienen in dem trostlosen Wohnzimmer widerzuhallen. »Warum Spaß haben, wenn es danach eine solche Enttäuschung ist, nach Hause zu kommen?«

»Das ist es wert. Wenn du dich ständig elend fühlst, nimmst du gar nicht mehr am Leben teil.«

»Na schön, ich will nicht mehr am Leben teilnehmen müssen. Ich habe genug davon, Spaß zu haben«, sagte ich stur.

»Wir müssen es weiterhin versuchen.«

»NEIN! Diese ganze Reise war falsch und macht alles nur noch schlimmer!«

Während ich immer erregter wurde, wurde Warren es auch, und unser Gespräch artete erneut zu einem Streit aus. Ich hätte aus früheren Erfahrungen wissen sollen, dass auf jedes Hoch ein noch tieferes Tief folgt, und in den nächsten Tagen versank ich in eine noch tiefere Depression. Die Vergnügungen, die ich am Strand in Key West empfunden hatte, wurden zu einer vergrabenen Erinnerung – bis ein paar Wochen später Melissa anrief. »Rate mal, was gekommen ist«, sagte sie mit tiefer Stimme.

»Was denn?«

»Ein riesiges Paket aus Key West. Ich habe die Tintenfischlampe und das ganze andere Zeug hier. Soll ich dir deine Sachen vorbeibringen?«

Ich versuchte, die fröhliche Stimmung von unserer Urlaubs-Einkaufstour wieder einzufangen, aber sie war längst verflogen. »Ich brauche nichts davon«, sagte ich. »Was haben wir uns eigentlich dabei gedacht?«

»Wir dachten, wir hätten es verdient, ein bisschen Spaß zu haben«, sagte Melissa sanft. »Selbst du.«

Ein paar Tage später brachte sie mir den Keramikhahn vorbei. Er stand lange Zeit in meinem Wohnzimmer, eine vage Erinnerung daran, dass ich in meiner neuen Weltordnung für einen Moment glücklich gewesen war. Jedes Mal, wenn ich den Hahn oder ein Album mit Fotos, die Brad an jenem Wochenende gemacht hatte, betrachtete, wunderte ich mich, wie unbeschwert wir damals waren.

Wie konnte ich mich nur so gut fühlen? Und würde es je wieder so sein?

17

Zu unserem elften Hochzeitstag Anfang April erwartete ich keine Feier. Ich war zu aufgewühlt, um zu erkennen, wie sehr Warren mich glücklich machen wollte. Er wollte mein Gesicht so gern strahlen sehen, und er machte sich zunehmend Sorgen, dass es das vielleicht nie wieder tun würde. Manchmal fragte ich mich, ob wir uns überhaupt einen Gefallen damit taten, dass wir zusammenblieben. Ich hatte Warren zum Teil deswegen geheiratet, weil er so stark und solide schien, ein Mann, auf den ich mich immer würde verlassen können. Als ich jung war, hatte ich mich oft so unsicher gefühlt, dass die Tatsache, dass ein Mann sich um mich kümmern konnte, einen altmodischen Reiz besessen hatte. Aber jetzt waren Warrens eigene innere Ressourcen so völlig erschöpft, dass er mir unmöglich bieten konnte, was ich brauchte. Vermutlich konnte das niemand. Ich war zu einer leeren Hülse geworden, nicht in der Lage, ihm die Komplimente, tröstlichen Worte und Zärtlichkeiten zu geben, nach denen er sich verzweifelt sehnte. Einander auch nur anzusehen war eine Qual.

Ein Jahr zuvor hatte Warren mich zu unserem zehnten Hochzeitstag mit Tanzstunden in einem örtlichen Tanzstudio überrascht – was umso erstaunlicher war, da er Tanzen hasste. Wenn wir zu einer Party gingen, flehte ich ihn jedes Mal an, mich auf die Tanzfläche zu begleiten, aber er stand immer nur am Rand, während ich sie betrat. Daher waren die Tanzstunden ein absolut selbstloses Geschenk, das mich prompt zum Grinsen brachte. Er rundete den Geschenkgutschein für die Tanzstunden mit einem verführerischen Kleid ab, das ich im Kurs tragen könnte, und mit einer Tageskarte für ein Spa, um mich vor dem Tanzen mit einer neuen Frisur, Make-up und einer Massage verwöhnen zu lassen. Es war das perfekte Paket.

»Dafür lohnt es sich eindeutig, noch einmal zehn Jahre zusammenzubleiben«, hatte ich ihn damals geneckt, und ich meinte es ernst. Wie könnte ich einen solch aufmerksamen Mann nicht lieben?

Aber der Unfall passierte, bevor wir auch nur einen einzigen Tanzschritt zusammen lernen konnten. Letztendlich spendete ich die Tanzstunden der Stiftung für eine Tombola und verbannte das Kleid ganz hinten in meinem Schrank.

Im Allgemeinen machte Warren kein großes Aufhebens um Geschenke. Er ließ öfter mal ein Päckchen in der Küche liegen, bevor er zur Arbeit fuhr, in dem Wissen, dass ich die Schleife herunterreißen und es öffnen würde. Doch zu unserem elften Hochzeitstag hatte Warren ein Geschenk, von dem er sicher wusste, dass es mir gefallen würde. Mit einem verlegenen Lächeln überreichte er mir eine hübsch verpackte Schachtel und trat dann einen Schritt zurück, um mich genau zu beobachten, während ich sie öffnete, vermutlich in der Hoffnung, mein Gesicht wieder strahlen zu sehen.

»Du hast es gekauft«, sagte ich, als ich die Schachtel öffnete und ein entzückendes Diamantkreuz hervorholte.

»Das Heiliger-Strohsack-Kreuz«, witzelte er.

»Ich hätte nie gedacht, dass du es kaufst«, sagte ich, während ich es zärtlich in der Hand hielt.

Ein paar Wochen zuvor war ich in das örtliche Juweliergeschäft gegangen, um mich bei den Besitzern für die Spenden zu bedanken, die sie für die Stiftung geleistet hatten. Stets freundlich, luden sie mich ein, zum Spaß alles anzuprobieren, was ich wollte – und ich begann, mir hübsche Armreife, ausgefallene Armbanduhren und übergroße Cocktailringe anzustecken. Aber mein religiöses Herz siegte, und die Augen gingen mir über, als ich eine große funkelnde Halskette in einer der Vitrinen sah.

»Heiliger Strohsack, seht euch dieses Kreuz an!«, rief ich, ohne zu überlegen. »Wenn ich dieses Kreuz tragen würde, könnten mich die Mädchen vom Himmel aus sehen.«

Als ich nach Hause kam und Warren die Geschichte erzählte, wies er mich darauf hin, dass ich bereits ein Kreuz besaß.

»Aber nicht so eines. Es würde bis zum Himmel funkeln«, hatte ich erwidert.

Jetzt, zu unserem Hochzeitstag, wollte Warren, dass die Mädchen mein Kreuz vom Himmel aus sehen konnten. Er verhakte die schwere Kette in meinem Nacken, und ich sah in den Spiegel.

»Es ist wunderschön«, sagte ich. »Ich werde es ständig tragen.«

»Ich hoffe, es schenkt dir ein bisschen Glück«, sagte er mit tränenerstickter Stimme.

Wir alle brauchen ein wenig Zuversicht inmitten des Unglücks, und dieses Kreuz um meinen Hals fühlte sich wie ein Hoffnungsstrahl an, der mich mit den Mädchen im Himmel verband. Und es hatte auch eine irdische Bedeutung, als Geste der Liebe. Warren glaubte nicht, dass die Mädchen mich mit dem Diamantkreuz sehen konnten. Er glaubte nicht, dass wir im Augenblick Geld für Schmuck ausgeben mussten. Aber er wusste, dass das Kreuz mir etwas bedeutete, und das war genug. Inmitten all unserer Streitereien, der Wut und der Feindseligkeit konnte ich jetzt von Zeit zu Zeit innehalten, das Kreuz berühren und einen Hauch von Hoffnung verspüren. Auch wenn Warren nicht immer wusste, wie er unsere Situation verbessern oder meine Wut besänftigen sollte, versuchte er es doch immer wieder.

Das Schmuckstück erinnerte mich auch an ein anderes gelungenes Geschenk, das Warren mir vor einiger Zeit gemacht hatte. Ein paar Tage vor meinem letzten Geburtstag hatte ich zufällig gehört, wie Emma am Telefon mit Warren geredet hatte.

»Nein, nein, Daddy, du musst ein rosa Fahrrad kaufen«, sagte sie, während sie mit dem tragbaren Telefon hinaus in den Garten ging, damit ich sie nicht hören konnte. »Es muss rosa sein.«

Ich lächelte im Stillen. Die Mädchen planten eine Geburtstagsüberraschung für mich, und sie hatten mir bereits gesagt, dass sie wünschten, ich hätte ein Fahrrad, damit ich mit ihnen herumfahren könnte. Ich gab ihnen recht und spitzte die Ohren.

Emma sagte: »Wenn du kein rosa Fahrrad finden kannst, wie wär's mit einem blauen?« Sie lauschte in den Hörer. »In Ordnung. Ich finde heraus, ob Mommy gern ein blaues Fahrrad hätte.«

Emma legte auf und kam zurück ins Haus. »Mommy, was ist deine Lieblingsfarbe?«, fragte sie.

»Du weißt doch, dass meine Lieblingsfarbe Fuchsia ist«, sagte ich und beschrieb ihr das dunkle Rosa, das wir alle mochten.

»Und magst du auch Blau?«, fragte sie.

»Blau liebe ich auch.«

»Oh, gut!« Ein Lächeln hellte ihre Miene auf.

An meinem Geburtstag machte ich gerade ein paar Besorgungen, als die Babysitterin anrief, um zu fragen, wann ich nach Hause kommen würde.

»Bald«, sagte ich. Ich konnte mir schon denken, weshalb alle so aufgeregt waren.

Ein paar Minuten später rief Emma mit derselben Frage an. Ich stürzte sofort los, um nach Hause zu fahren. Sobald ich zur Tür hereinkam, begannen die Mädchen auf und ab zu hüpfen. »ÜBERRASCHUNG!«, riefen sie.

»Oooooh!«, sagte ich, während sie mich an den Armen packten und ins Wohnzimmer zerrten. Das glänzende blaue Fahrrad stand mitten im Zimmer, und die Mädchen hatten eine große rote Schleife darum gebunden.

»Das ist perfekt«, sagte ich, während ich den Ledersitz und die Griffe und den großen Korb vorn bewunderte. Sie hatten ein altmodisches Strandfahrrad ausgewählt, genau das, was ich brauchte, um mit ihnen herumzukurven.

Nachdem ich das Fahrrad bewundert und jedes der Mädchen mindestens zweimal umarmt hatte, schlug Emma vor, mit mir meine erste Runde um den Block zu fahren.

»Na klar«, stimmte ich zu.

Alyson wollte auch mitkommen, aber ich hatte seit einer Ewigkeit auf keinem Fahrrad mehr gesessen, und ich nahm an, dass ich dabei nicht mehr als ein Mädchen auf einmal im Auge haben könnte.

»Ich werde wiederkommen und dich holen«, versprach ich ihr.

Emma stürzte los, um ihre Flipflops gegen ein Paar Turnschuhe zu tauschen und ihren Helm aufzusetzen. Wir hatten schon vor langer Zeit Sicherheitsregeln aufgestellt, und sie waren unumstößlich.

»Wo ist denn dein Helm?«, fragte mich Emma, als sie wiederkam, bereit, loszufahren.

»Ich habe noch keinen«, sagte ich, die blutige Anfängerin.

»Vielleicht solltest du deinen Skihelm aufsetzen«, schlug sie, umsichtig wie immer, vor. »Und du solltest dir andere Schuhe anziehen. Wenn ich keine Flipflops tragen darf, solltest du keine hochhackigen Schuhe anziehen.«

»Ich komme schon zurecht.«

Aber ich hätte auf Emma hören sollen. Weiße Schlaghosen und Sandalen mit hohen Keilabsätzen sind keine passende Kleidung zum Fahrradfahren. Wir waren kaum um den Block gefahren, als sich meine Hose in der Kette verhedderte und ich stürzte.

»Wow!«, rief ich, als das Fahrrad umkippte und ich auf dem Boden landete. Ich war nicht verletzt, und als ich zu lachen begann, lachte Emma ebenfalls. Ich kam mit zerrissenen Jeans, einer Portion Demut und dem Versprechen, mich zu bessern, zurück nach Hause. Danach kaufte ich mir praktischere Fahrradkleidung und einen Helm und fuhr mit den Mädchen überallhin. Zum einen wollte ich sie beaufsichtigen und beschützen. Aber es hatte mir auch gefallen, einfach mit ihnen draußen unterwegs zu sein und mich auf meinem bequemen Ledersitz wieder wie ein Kind zu fühlen.

Jetzt konnte ich mir nicht vorstellen, je wieder mit diesem Fahrrad zu fahren. Ich wollte es einer Hilfsorganisation spenden, aber Warren bestand darauf, dass ich es behielt.

»Warum sollte ich es nicht weggeben?«, fragte ich ihn.

»Vielleicht wirst du es irgendwann wieder fahren«, sagte er. »Man kann nie wissen.«

Ich wusste nicht, was er dachte. Mit wem sollte ich denn jemals wieder Rad fahren? Doch ich hörte auf ihn und ließ es in der Garage. Eine weitere traurige Erinnerung an glücklichere Zeiten.

Ich hatte immer dafür gesorgt, dass Geburtstage in unserem Haus groß gefeiert wurden, aber ich konnte mir nicht vorstellen, dass mein Geburtstag in diesem Jahr irgendetwas anderes als unglücklich sein würde. Neununddreißig zu werden, bedeutete mir nichts. Ich beschloss, den Tag überhaupt nicht zu feiern, nicht einmal mit dem üblichen Mittag- oder Abendessen mit Freunden.

Daher traf es mich völlig unvorbereitet, als meine Freundin Maria, eine Hospizschwester, an jenem Nachmittag vorbeikam und mich zum Geburtstag umarmte. »Hier sind ein paar Leute, die dich sehen wollen.«

»Wie? Was ist los?«, fragte ich, als etwa zehn Frauen auf einmal in meine Küche traten. Sie kamen aus unterschiedlichen Bereichen meines Lebens. Ich konnte mir nicht vorstellen, woher sie sich alle kannten – bis mir klar wurde, dass sie seit dem Unfall durch mich verbunden waren.

»Ein Geburtstagsgeschenk. Von uns allen«, sagte Maria und überreichte mir eine Schachtel. Ich öffnete sie, und darin lag eine Halskette mit den Buchstaben »EAK« in Diamanten darauf.

Ich hatte das Gefühl, zum ersten Mal in meinem Leben wirklich sprachlos zu sein. Jedes »Danke!« und »Das ist so großzügig!« und »Sie ist wunderschön!« blieb mir in der Kehle stecken. Überwältigt sah ich meine Freundinnen nur an.

»Alles Gute zum Geburtstag«, sagte Maria.

Die anderen stimmten in einen Chor guter Wünsche ein und wandten sich dann zur Tür.

»Augenblick, kann ich euch etwas zu essen anbieten? Oder zu trinken?«, fragte ich, bemüht, meine Umgangsformen zu wahren.

Aber sie wollten nicht, dass ich ihretwegen eine ausgedehnte emotionale Szene durchstehen musste, daher winkten sie nur und gingen wieder. Ich starrte auf die EAK-Halskette, dann ließ ich mich aufs Sofa fallen und dachte über die unglaubliche Freundlichkeit meiner Mitmenschen nach. Selbst inmitten meiner Verzweiflung erkannte ich, wie glücklich ich mich schätzen konnte, ständig von Mitgefühl und Wohlwollen getragen zu werden. Ihr Geschenk hatte eine ganz besondere Bedeutung für mich. Sie wussten, dass ich EAK-Armreife, -Logos und -T-Shirts besaß, und die Initialen kamen sogar in meiner E-Mail-Adresse vor. Jetzt konnte ich dieses wunderschöne Symbol meiner Mädchen um den Hals tragen, nah an meinem Herzen, jeden Tag. Ich verbrachte die nächsten Tage damit, jeder der Frauen einen Dankesbrief zu schreiben, um das zum Ausdruck zu bringen, für das zu bekunden ich zu überwältigt gewesen war.

Mit Warrens Kreuz und den EAK-Diamanten meiner Freundinnen hatte ich jetzt die beiden schönsten – und für mich bedeutungsvollsten – Halsketten der Welt.

Ich hatte einen liebevollen Ehemann und fürsorgliche und aufmerksame Freundinnen. Trost und Liebe, wohin ich mich auch wandte. Dieser Beistand half mir, jeden Tag zu überstehen, aber wie konnte irgendetwas das Loch in meinem Herzen ausfüllen? Was könnte mich je für das entschädigen, was ich verloren hatte?

Je näher der Hance-Familienspaßtag im Mai rückte, desto mehr schien jeder, den ich kannte, so beschäftigt mit Vorbereitungen zu sein, dass ich mir Sorgen machte, ihre Jobs und Kinder und Abendessen würden zu kurz kommen. Ich versuchte mich zu beteiligen, da es das Richtige war, aber mit dem Herzen war ich nicht bei der Sache.

Warren hingegen stürzte sich in die Planungen. Er und sein Freund John Power, der Landschaftsarchitekt, leiteten ein groß angelegtes Projekt, um die Centennial Gardens in der Stadt auf Vordermann zu bringen. John brachte sein Team von rund zwanzig Gärtnern mit, um den Park zu säubern, Unkraut zu jäten und Sträucher zu pflanzen, unterstützt von anderen Freiwilligen. Auf einer Seite des Parks bauten wir eine Bühne auf, wo bei unserem Spaßtag und anderen Veranstaltungen im Laufe des Jahres Bands spielen konnten.

»Du solltest auch mithelfen«, sagte Warren eines Morgens, bevor er aufbrach, um wieder einen Tag lang den Park zu säubern und Blumen zu pflanzen.

»Ich will nicht mitkommen.« Wie immer war ich abgeneigt gegen seine Bemühungen, mir das Positive vor Augen zu halten.

»Aber es wird so toll aussehen.«

»Das freut mich.«

Ich blieb zu Hause, aber Scharen von Leuten, darunter Pfadfinder und Pfadfinderinnen, Eltern und Kinder und Gruppen von Jugendlichen kamen, um Unkraut zu jäten und die Anlage zu säubern.

»Die Gärten sehen umwerfend aus«, berichtete mir Warren an jenem Abend aufgeregt. »Und ganz nebenbei haben wir der Stadt damit ein tolles Geschenk gemacht.«

Ich war froh, dass die Mission Warrens Stimmung aufzuhellen schien. Von meiner eigenen Stimmung konnte ich das kaum behaupten, aber ich wusste, dass ich für alle, die so viel taten, eine gute Miene zur Schau tragen musste. Mein Bild in der Öffentlichkeit war weitaus besser als das, was Warren zu Hause zu sehen bekam.

In der Woche vor dem Familienspaßtag lud Heather eine große Gruppe von Frauen zu einer zwei Abende dauernden zweckgebundenen Party zu sich nach Hause ein. Wie immer versuchte ich tapfer zu lächeln. Aber die meiste Zeit schlenderte ich ziellos umher, während meine künstlerisch veranlagten Freundinnen Tombolapreise dekorativ in großen Körben arrangierten, sie mit Zellophan und bunten Schleifen umwickelten, beschrifteten und eine Broschüre für das gestalteten, was zum Verkauf angeboten wurde.

Trotz des ganzen Sortierens, Einwickelns und Verpackens schienen alle, die in Heathers Keller herumwuselten, in Hochstimmung zu sein. Vielleicht verspürten sie die Euphorie, etwas für einen guten Zweck zu tun. Die Befriedigung, Hoffnung aus Horror, Sinn aus Schmerz entstehen zu lassen.

»Du hast alle zusammengebracht«, sagte eine meiner Freundinnen, während sie einen Haufen gespendeter Stofftiere durchsah. »Die Leute schließen neue Freundschaften und arbeiten zusammen. Alle haben Spaß. Das ist so toll.«

Na toll, dachte ich. Meine Mädchen waren tot, aber die Leute schlossen neue Freundschaften. Sollte das etwa ein Silberstreif am Horizont sein? Ich sah mich um, auf all die Frauen, die sich so viel Mühe gaben, und versuchte mir in Erinnerung zu rufen, dass sie das hier für Emma, Alyson und Katie taten. Aber das laute Geplapper im Keller dröhnte in meinen Ohren, und die fröhlichen Stimmen knirschten quälend.

Ich versuchte die schreienden Stimmen in meinem Kopf zu ignorieren, die mir sagten, ich solle weglaufen. Das konnte ich nicht tun. Ich musste bleiben und mich beteiligen. Ich würde die Gefühle der Leute ehren, die sich solche Mühe gaben, etwas Gutes zu tun.

Als wir fertig waren, hatten wir einhundertzwanzig Körbe. Es war viel Arbeit gewesen, aber es bedeutete auch, dass wir viel Geld sammeln konnten.

»Wie geht es dir?«, fragte meine Freundin Deana, die herüberkam, während ich auf die Broschüre starrte, in die ich die Korbnummern eintragen sollte. Bis jetzt hatte ich noch nichts geschrieben.

»Gut«, log ich.

»Sicher?«, fragte Deana. Ihre Kinder waren im selben Alter wie meine Mädchen, und sie hatte sich in die Planungen gestürzt wie ein Ertrinkender auf einen Rettungsring. »Es ist vermutlich schwerer für dich, als dir bewusst war.«

»Nein, es ist alles okay. Es geht mir gut.« Ich spürte, wie mein Lächeln ins Wanken geriet. »Ich nehme an, ich werde nur langsam müde.«

Ich versuchte eine begeisterte Miene aufzusetzen. Es war alles so nett und großzügig und gut. Aber selbst eine Million Körbe würden mir meine Mädchen nicht wiederbringen.

Bitte, bringt mich von hier weg …

Ich hatte keine Möglichkeit, mich vor dem 22. Mai zu drücken. Dass ich den ganzen Tag überlebte, ohne in der Öffentlichkeit zusammenzubrechen, zu schreien oder zu schluchzen, zeugt von starkem Willen und moderner Medizin. Ich hatte bereits gelernt, wie ich mich innerlich verhärten konnte, um jeden Schmerz zu überstehen. Und bei den Tausenden von Leuten, die zu den Feierlichkeiten erwartet wurden, war »überstehen« das Beste, worauf ich hoffen konnte.

Am Vormittag drehte sich alles um die Rennen, und die schiere Anzahl von Leuten, die kamen – über tausendzweihundert – war überwältigend. Wir begannen mit einem Kinderrennen für die unter Siebenjährigen, die über eine Brücke liefen und Medaillen und Cupcakes bekamen, als sie das Ziel erreichten. Selbst ich musste zugeben, dass es niedlich war – die meisten gingen mit ihrem Preis in einer Hand und einem Cupcake in der anderen weg. Als Nächstes gab es ein Rennen über eine Meile mit dem Namen »Emmas Meile«, das viele Kinder anlockte, von Zehnjährigen bis hin zu Teenagern. Danach gab es einen Fünf-Kilometer-Lauf mit an die Tausend Joggern und Gehern, angefeuert von der Livemusik einer Teenieband.

Nachdem die Medaillen verteilt worden waren, sortierten wir uns neu für den Nachmittag – und für den ersten Spaßtag der Hance-Familienstiftung. Wir hatten zweihundertfünfzig Freiwillige, und rund dreitausend Leute kamen zu den jetzt wunderschönen Centennial Gardens. Ich schlenderte umher und begrüßte die Freunde und Klassenkameraden der Mädchen, ihre Lehrer und Lagerbetreuer, Nachbarn, Ladeninhaber und Leute, die ich aus der Stadt kannte. Die ganze Gemeinde von Freunden und Familienangehörigen hatte angesichts unserer Tragödie gemeinsam getrauert. Jetzt, an dem Ort, an dem die Mädchen ihr kurzes Leben verbracht hatten, wollten die Menschen, die so tief berührt von ihrem Verlust waren, wieder Hoffnung finden, und sie kamen aus Wohlwollen und aufrichtigen Gefühlen zusammen. Während ich in all die vertrauten Gesichter voller Freundlichkeit und Entschlossenheit sah, erkannte ich trotz meines ganzen Schmerzes den Triumph einer Stadt, die eine solche Anstrengung unternehmen konnte, um der Mädchen zu gedenken.

Es war so viel los, dass ich gar nicht alles aufnehmen konnte. Es gab Livemusik und Spiele, Gesichtsbemalungen und Mini-Maniküren. Das Hockeyteam der New York Islanders schickte sein Maskottchen und sorgte für Spiele wie Slapshot. Kinder spielten auf den Hüpfburgen, die gespendet worden waren, und schossen Fotos mit Teenagern, die sich als Märchenfiguren verkleidet hatten. Sie malten Bilder in »Alys Kunstgalerie« und hängten sie mit Wäscheklammern an eine Leine, sodass alle sie ansehen konnten, und sie bekamen in »Katies Ecke« Verkleidungen für Kostümspiele. »Emmas Geist, Alysons Freude und Katies Unschuld strahlten auf jedem Gesicht in der Menge«, schrieb Bernadette später auf der Webseite der Stiftung.

Es war in jeder Hinsicht ein umwerfender Erfolg.

Und doch hätte ich nicht glücklicher sein können, als es endlich zu Ende war.

18

Juli. Ein ganzes Jahr seit dem Unfall. Die Leute scharten sich beschützerisch um mich, als der Tag nahte, aber seltsamerweise waren es die gewöhnlichen Tage, die schwerer zu überstehen waren.

Am 21. Juli schrieb ich in einem Brief an meine Freundinnen: *Die Leute fragen mich oft, ob es mir besser geht als vor einem Jahr. Die Antwort lautet schlicht: Nein. Mein Verstand ist viel klarer, aber mit der Klarheit gehen auch viel Schmerz und Leid einher. Seit dem Unfall habe ich jeden Tag geweint. Es zu unterdrücken wäre noch viel schlimmer, daher gestatte ich mir immer zu weinen. Ich weiß, wie es ist, zuzusehen, wie das Leben um einen herum weitergeht, und nicht aus dem Treibsand herauszukommen, in dem man zu versinken glaubt.*

In den vergangenen zwölf Monaten hatte ich viele Sätze mit »Letztes Jahr bin ich mit den Mädchen« oder »Wisst ihr noch letztes Jahr, als die Mädchen und ich« begonnen. Jetzt konnte ich das nicht mehr sagen, und ich konnte kaum glauben, wie viel Zeit verstrichen war, seit ich meine Töchter zuletzt gesehen hatte. Die Zeit schnitt die Wunden, anstatt sie zu heilen, nur noch tiefer. Ich vermisste Katies Umarmungen, Emmas Weisheit und Alysons Lächeln. Als wir noch unsere normale Alltagsroutine zusammen hatten, zählte ich die Zeit, die wir getrennt waren, in Minuten und Stunden, nicht in Wochen und Monaten. Und selbst diese Minuten erschienen mir manchmal wie eine Ewigkeit.

Katie wird den ganzen Vormittag im Kindergarten sein, hatte

ich mir noch vor einem Jahr gesagt. Was werde ich mit dieser ganzen Zeit anfangen? Jetzt musste ich mich umorientieren und in Jahren denken.

Jahre ohne meine Mädchen.

Ich ging zu einem Treffen einer Selbsthilfegruppe für trauernde Eltern, die Kinder verloren hatten. Die Mütter dort waren unterstützend und voller Hoffnung. Aber ihre Hingabe ging mir auf den Geist.

»Ihre Kinder bleiben für immer bei Ihnen«, sagte eine Frau, die ein liebevolles Ritual schilderte, das sie in jenem Jahr am Muttertag zelebrierte.

»Wie lange ist es her, seit Ihre Tochter gestorben ist?«, fragte ich sie.

»Zweiundzwanzig Jahre im nächsten Monat«, sagte sie.

Ich spürte, wie mich der Mut verließ. Zweiundzwanzig Jahre? Ich konnte mir nicht vorstellen, zwei Jahrzehnte leidend ohne meine Mädchen zu verbringen. Ich wollte schreiend aus dem Raum stürzen. Als ich all die Mütter ansah, deren Kinder vor zehn, zwanzig oder dreißig Jahren gestorben waren, packte mich auf einmal die Angst. Sie schienen friedfertig und gelassen, aber sie gingen noch immer zu dieser Trauergruppe.

Vielleicht wird es nie besser.

Warren wollte, dass ich glaubte, dass unser Leben wieder besser werden könnte, und nach der Lektion von Key West schlug er vor, einen Teil des Sommers am Meer zu verbringen. »An einem Strand kann man nicht deprimiert sein«, erinnerte er sich voller Hoffnung an meine Bemerkung.

Melissa sagte, sie wolle nicht erneut zu dem Strandklub zurückkehren, an dem wir im letzten Sommer gewesen waren, und mietete ein Haus in den Hamptons. Warren und ich blieben für eine

Weile dort und teilten uns im Anschluss ein Haus mit Isabelle und Mark auf Long Beach Island. Wieder getröstet von dem Geräusch von Wellen und Wasser und gewärmt vom Sonnenschein, überstanden wir die Zeit einigermaßen passabel.

Während wir am Strand waren, wohnte meine Mutter in unserem Haus in Floral Park, vordergründig, um auf unseren alten Wheaten Terrier Oliver aufzupassen. Meine Mom hatte in diesem Jahr mit Depressionen zu kämpfen. Sie war so völlig erschüttert von dem Verlust ihrer Enkelkinder, dass ich nicht von ihr erwarten konnte, mich, ihre Tochter, zu trösten.

Auf den Hund aufzupassen gab ihr eine Aufgabe, und sie bot eifrig an, in unserem Haus zu wohnen, während wir zum Strand flüchteten. Von den vertrauten Dingen der Mädchen umgeben zu sein schenkte ihr vielleicht den Trost, den es auch mir manchmal brachte.

Anfang der Woche rief sie mich am Strand an, um zu hören, wie es uns ging. »Ich nehme an, du hast nichts dagegen, dass die Schaukel abgebaut wird«, sagte sie mit leicht besorgtem Unterton.

»Was?!«, fragte ich, während meine Stimme zu einem Kreischen anschwoll.

»Oh, ähm, wusstest du das gar nicht? Ich dachte, du wüsstest es. Euer Freund ist hier und baut die Schaukel ab. Er sagte, Warren wollte sie abbauen lassen.«

Ich legte auf und rannte hysterisch zu Warren. »Die Mädchen haben diese Schaukel geliebt!«, schrie ich, während ich mich erinnerte, wie er sie zu Emmas erstem Geburtstag gekauft hatte. »Und es kommen noch immer Kinder zu uns nach Hause, die darauf spielen.«

»Wir müssen sie abbauen«, sagte Warren. »Sie wird allmählich alt und könnte instabil sein. Wir können es nicht riskieren, dass jemand darauf spielt und sich verletzt.«

Ich konnte nicht sagen, ob »gefährlich« nur eine Ausrede für Warren war, um eine Erinnerung loszuwerden, deren täglicher Anblick zu schmerzlich für ihn war. Aber er bestand darauf, daher lenkte ich ein.

Der Anruf meiner Mom hatte mich vorbereitet, daher machte ich mich, als wir vom Strand zurückkamen, darauf gefasst, ein klaffendes Loch im Garten vorzufinden. Aber unser Freund John, der Landschaftsarchitekt, hatte nicht einfach die Schaukel abgebaut – er hatte begonnen, einen wunderschönen Steingarten und einen Wasserfall an ihrer Stelle anzulegen. Ich dachte sofort an die kleinen japanischen Minigärten, die man sich auf den Schreibtisch stellt, um zu entspannen. In demselben Geist verströmte diese natürliche Gedenkstätte ein Gefühl von Frieden. In den nächsten Wochen arbeiteten John und Warren gemeinsam an dem Projekt. Als es fertig war, vermisste ich die Schaukel noch immer, aber der stille Garten schuf einen Ort für Ruhe und Betrachtung.

Im Laufe des zweiten Jahres schien mein einst wundervolles Leben immer weiter in die Vergangenheit zu rücken. Geburtstage, erste Schultage – wir hatten diesen Zyklus einmal durchlaufen, und alle erwarteten, dass die zweite Runde leichter sein würde. Aber so war es nicht. Es war, als würde ich in einem Ruderboot auf dem Meer treiben – Wellen zogen mich immer weiter fort von der schönen Küste, die ich zurückgelassen hatte, und auf der anderen Seite konnte ich noch immer keinen sicheren Boden sehen.

Psychologie-Ratgeber geben den Leuten ein Jahr Zeit, um von ihrer Trauer zu genesen. Mein Jahr war um, ohne dass Genesung in Sicht war. Keine schützenden Narben hatten sich über der Wunde der Trauer gebildet – wenn überhaupt, wurde es von Tag zu Tag nur noch schwerer. Wer immer diese Ratgeber schreibt, hat ganz offensichtlich keine Ahnung.

Selbst unser Hund Oliver schien eine schwere Zeit durchzumachen. Er wurde allmählich alt, was hieß, dass ich bald auch ihn verlieren würde. Warren hatte ihn mir als Überraschung gekauft, kurz nach dem Tod meines Dads – daher war er wie unser erstes Baby gewesen. Als Emma ein paar Monate später zu unserer Familie stieß, schien Oliver leicht beleidigt. Bei Alys Ankunft sah er mich an, als wollte er sagen: »Wie? Noch ein Baby?« Aber er schien sich daran zu gewöhnen, die Mädchen um sich zu haben, und Emma liebte ihn über alles. Einmal, als Aly etwa vier Jahre alt war, fasste sie in seine Schnauze, um ihm Essen wegzunehmen, das er sich aus dem Abfall genommen hatte – und er schnappte zu.

»Einen Hund, der beißt, müssen Sie einschläfern«, sagte der Tierarzt, nachdem Aly genäht worden war.

Aber Emma wollte nichts davon wissen. Als Beschützerin aller Lebewesen sperrte sie sich mit Oliver in ihrem Zimmer ein. »Wenn er geht, gehe ich auch«, verkündete sie theatralisch.

Da wir lieber beide behalten wollten, engagierten wir stattdessen einen Hundetrainer, der zu uns nach Hause kam. »Der Hund muss wissen, welche Hierarchie im Haus herrscht: erst Sie und Warren, dann die Mädchen, dann er«, erklärte uns der Trainer. »Im Augenblick wird er wie ein König behandelt, und er denkt, er hat das Sagen.«

Ein König? Na ja, vielleicht kochte ich tatsächlich besondere Mahlzeiten für Oliver. Daher nahmen wir den Rat des Trainers ernst und stellten neue Regeln auf. Und tatsächlich, sobald wir eine andere Hackordnung in der Familie festgelegt hatten, besserte sich Olivers Verhalten deutlich. Er wurde nie wieder aggressiv. Aber er blieb verwöhnt.

Nachdem die Mädchen nicht mehr da waren, kochte ich für ihn und niemanden sonst. Unser trauriger alter Hund schien in dem leeren Haus ebenso einsam und verloren wie ich. Dann, eines Tages, ein Jahr nach dem Unfall, überraschte mich Warren, indem er einen neuen Hund mit nach Hause brachte.

»Was soll ich mit ihm denn anfangen?«, fragte ich. Ich wusste nicht, wie ich mich dazu aufraffen könnte, mich um ein Lebewesen zu kümmern.

»Oliver braucht einen Freund«, sagte Warren.

Das kleine weiße Fellknäuel, das er mit nach Hause gebracht hatte, war ein Havaneser, der bereits ein Namensschild an seinem Halsband trug, auf dem »Jake W. Hance« stand.

»Du hast ihm schon einen Namen gegeben?«, fragte ich Warren.

»Nicht irgendeinen Namen«, sagte Warren triumphierend. »JAKE – Jackie, Alyson, Katie, Emma. W für Warren. Der Hund ist nach uns allen benannt.«

Oliver blühte in Jakes Gegenwart tatsächlich auf. Aber so aufmerksam Warrens Namensgebung auch war, ich wollte keinen neuen Hund. Und mehr sogar, ich weigerte mich regelrecht, ihn zu lieben. »Ich werde mich gut um ihn kümmern«, sagte ich zu Warren, »aber mehr nicht. Ich habe keine Liebe mehr zu geben.«

Der muntere Jake tat, was er konnte, um mich vom Gegenteil zu überzeugen. Er rollte sich in meinem Schoß zusammen, wenn ich weinend allein dasaß. Fraß das Fertig-Hundefutter, anstatt auf Selbstgekochtes zu bestehen. Huschte aufs Fensterbrett und spähte zwischen den Jalousien hindurch, um mir nachzusehen, wenn ich hinausging.

Aber mich um einen Hund zu kümmern, der Emma, Alyson und Katie nie gekannt hatte, erschien mir wie ein Verrat, so wie ein Garten, in dem sie nie sitzen würden, kaum Freude für mich barg. Ich fühlte mich innerlich hohl. Wie der Blechmann aus »Der Zauberer von Oz« vermisste ich mein Herz.

19

Das Leben hatte für mich aufgehört. Ich konnte nicht erwarten, dass es für andere Leute ebenfalls aufhörte, aber in vieler Hinsicht war es so in dieser Zeit. Freunde hatten ihre eigenen Aktivitäten in die Warteschleife gelegt, um bei uns zu übernachten, uns Essen zu bringen und rund um die Uhr zur Verfügung zu stehen. Jetzt, über ein Jahr später, mussten sie mit ihren Familien zur Normalität zurückkehren. Sie kamen noch immer ständig vorbei, riefen an und überschütteten mich mit Hilfe und Beistand. Aber der Schock hatte nachgelassen, und jeder wollte wieder mit seinem eigenen Leben weiterkommen.

Viele der Kinder unserer Freunde gingen wegen Angststörungen, die nach dem Unfall aufgetreten waren, zu Therapeuten. Die Psychologen beschworen die Eltern, alles zu tun, was sie könnten, um für eine Atmosphäre der Stabilität und Kontinuität zu sorgen. Niemand ließ mich im Stich oder hielt seine Kinder von mir fern, aber ich hätte es verstanden, wenn sie es getan hätten. Ich war das personifizierte Monster unter dem Bett, die Verkörperung von jedermanns schlimmsten Befürchtungen: eine Mutter, die ihre Kinder nicht hatte schützen können.

Obwohl ich das Bedürfnis anderer Leute nach Normalität verstand, fiel es mir schwer, ihre Bemühungen um einen Alltag, wie er vorher gewesen war, zu verkraften. Jeder Versuch erschien mir wie noch ein Schritt auf dem Weg, meine Mädchen zu vergessen und die Erinnerungen an sie aufzugeben.

Jeannine verschickte Einladungen zu ihrer alljährlichen Halloweenparty, die sie im letzten Oktober abgesagt hatte. Es traf mich schwer. All meine Wut, die ich normalerweise an Warren ausließ, richtete sich jetzt gegen eine meiner besten Freundinnen. Wie konnte Jeannine mir das antun?

»Wer geht alles hin?«, fragte ich Isabelle, als der Tag näher rückte.

»So ziemlich jeder«, gab sie zu.

»Du auch?«

»Nein, ich werde mit dir zu Hause bleiben. Das ist mir viel lieber, als mich zu verkleiden.«

Ich war ihr zutiefst dankbar, aber das gab ich nicht zu. So sehr ich auch litt, ich wollte niemandem Unannehmlichkeiten bereiten.

»Du kannst gern gehen, wenn du willst«, sagte ich schulterzuckend.

»Ich bin eigentlich kein großer Halloween-Fan«, sagte Isabelle. »Früher bin ich hingegangen, weil alle anderen gegangen sind. Das jetzt ist eine tolle Ausrede, um zu Hause zu bleiben.«

Isabelle ist freundlich, süß und witzig, und mit ihrem sanften Charme, den sie voll aufdrehte, überstand ich den Abend der Party gut. Aber nachdem Isabelle gegangen war, sackte meine Stimmung wieder auf den Nullpunkt ab. Ich blieb die ganze Nacht wach, außer Stande, meine Wut im Zaum zu halten.

Gegen drei Uhr morgens, als ich endlich den Dampf ablassen musste, schrieb ich Jeannine eine SMS: *Ich muss mir das hier von der Seele reden. Ich verstehe nicht, wie du eine Halloweenparty geben konntest, bei der du mit all unseren Freunden gelacht und gefeiert hast. Es bricht mir das Herz. Geburtstage und Weihnachten versuchen wir alle zu feiern, aber die Halloweenparty hättest du nicht geben müssen. Es war nicht nötig. Ich weiß, es ist falsch von mir, und ich bin irrational und egoistisch. Aber so fühle ich eben.*

Um sieben Uhr morgens hatte Jeannine mir bereits zurückgeschrieben. Sie entschuldigte sich dafür, dass sie mich verletzt hatte, und sagte, das sei das Letzte auf der Welt, was sie gewollt habe. Aber sie hätte die Party für ihre Familie geben müssen. Sie und Rob hätten schon vor der Geburt ihrer Kinder Halloweenpartys gefeiert, und nicht zu feiern, sei seltsam für sie. Die Kinder seien aufgelöst gewesen.

Die Kinder wollten wieder ein Halloween haben, schrieb sie. *Letztes Jahr konnten wir erklären, weshalb es keine Party gab, aber jetzt muss ihr Leben wieder ein bisschen normaler werden. Ich entschuldige mich noch einmal dafür, wie du dich fühlst, aber wir mussten es tun.*

Ich begriff, dass sie recht hatte. Jeannine ist so kompetent und stabil, dass ich mich immer von ihrem Urteil leiten lasse. Und vielleicht ist das auch der Grund, weshalb mir diese Party, die sie immer am Wochenende vor Halloween gab, einen solch tiefen Stich versetzte. Was immer Jeannine tat, war sorgfältig überlegt und durchdacht. Sie hatte selbst vier Kinder, an die sie denken musste, und sie verstand, dass die Leute ihr Leben weiterleben mussten. Sie wollte, dass ich auch weiterlebte.

Aber das konnte ich noch nicht.

»Was hast du heute vor?«, fragte mich Warren eines Morgens, als er sich für die Arbeit anzog und sah, dass ich wieder unter die Decke gekrochen war. »Wen wirst du heute sehen?«

»Ich will niemanden sehen.«

»Es ist Donnerstag«, beharrte Warren. »Du solltest zu deiner Bowling-Gruppe gehen.«

»Mir ist heute nicht nach Bowlen«, sagte ich gereizt.

»Du *musst* bowlen gehen.«

»Wirklich, Warren? Meine Kinder sind tot, und du hältst es für wichtig, dass ich bowlen gehe?« Ich funkelte ihn quer durch das Zimmer an. »Ich habe das Recht zu tun, was immer ich will.«

»Wir haben alle etwas zu tun«, sagte Warren unbeirrbar. »Ich muss auch mit diesem Schmerz leben. Ich habe keine andere Wahl. So kläglich und traurig ich auch bin, ich muss weitermachen. Was, wenn ich nicht zur Arbeit gehen würde?«

»Das wäre mir egal.«

»Es wäre dir nicht egal. Wir könnten die Rechnungen nicht mehr bezahlen, und wir brauchen ein Dach über dem Kopf.«

Ich zog die Decke höher. »Lass mich allein«, sagte ich mit tränenerstickter Stimme. So stark meine Muskeln vom Laufen vielleicht auch waren, emotional war ich zu ausgelaugt, um mich vom Fleck zu rühren.

»Hör mich an!«, befahl mir Warren, brüllend wie ein Marinesergeant in der Grundausbildung. »Wenn ich arbeiten gehen muss, dann musst du aufstehen«, sagte er wütend.

»Warum? Ich habe keine Kinder, um die ich mich kümmern muss, und nichts zu tun. Ich will heute im Bett bleiben.«

Natürlich wusste ich, dass Warren recht hatte und dass er nur mein Bestes wollte. Etwas zu finden, was mich beschäftigte, war besser, als allein zu Hause zu bleiben, um mich in meinem Elend zu suhlen. Das war Warren ebenso klar wie mir. Und auch wenn er es nicht zugeben wollte, hatte er Angst davor, mich allein zu lassen.

Da Warrens Büro in der Nähe unseres Zuhauses ist, rief ich ihn manchmal an, als die Kinder noch klein waren, um ihn zu bitten, kurz nach Hause zu kommen, damit ich rasch zur Drogerie fahren oder eine Besorgung machen konnte. »Was, wenn ich weiter weg arbeiten würde?«, hatte er früher oft gefragt.

»Aber das tust du nicht«, hatte ich stets fröhlich geantwortet.

Jetzt, ohne Kinder, um die ich mich kümmern musste, hatte

ich keinen Grund mehr, ihn darum zu bitten. Aber er kam trotzdem oft tagsüber nach Hause, um nach mir zu sehen. Mich im Bett anzutreffen führte zwangsläufig zu einem neuen Streit. Daher stand ich manchmal, wenn ich weder Warren noch die Welt sehen wollte, vor Isabelles Türschwelle. »Kann ich mich in dein Bett legen?«, fragte ich immer kläglich, wenn sie öffnete.

Dann umarmte sie mich und ließ mich herein, und ich kuschelte mich für ein, zwei (oder auch drei) Stunden in ihr weiches Bett, geborgen und allein. Vielleicht war es ein bisschen seltsam, aber was in meinem Leben war denn nicht seltsam? Manchmal ging ich auch zu Laura, die quer über die Straße wohnte, um ein Nickerchen zu halten. Aber anstatt einfach hinüberzugehen, fuhr ich mit dem Wagen um die Ecke und parkte ihn so, dass Warren ihn nicht sehen konnte. Falls er zu Hause vorbeischaute, würde er denken, dass ich weggefahren war. Wie ein Teenager, der sich für eine Zigarette aus dem Haus schleicht, stahl ich mich zum Schlafen davon.

Nach den Feiertagen legte sich irgendwo in mir ein Schalter um. Andere Leute lebten ihr Leben weiter, aber mein Leben war im Grunde vorbei. Jeder Elternteil auf der Erde könnte verstehen, dass ich nicht mehr weiterleben wollte – ich verspürte extreme Schuldgefühle, weil ich die Kinder nicht beschützt hatte, und eine übergroße Einsamkeit, ohne sie hier zu sein.

Als ich eines Morgens, nachdem Warren zur Arbeit gefahren war, im Wohnzimmer stand, traf ich die bewusste Entscheidung, mir das Leben zu nehmen. Mit meinen Töchtern im Himmel wiedervereint zu werden war schon immer eine Möglichkeit gewesen, die ich mir offengehalten hatte. Heute wollte ich meinen Wunsch in die Tat umsetzen.

Spät an jenem Abend begann ich im Internet nach den besten Möglichkeiten zu suchen, mein Leben zu beenden. Ich hatte nie eine Schusswaffe besessen, und ich lehnte jede Gewalt grundsätzlich ab, daher kam das nicht infrage. Erhängen wäre grotesk. Pillen schienen eine naheliegende Lösung zu sein. Da ich immer vorausschauend dachte, hatte ich mir von jedem Rezept ein paar Pillen beiseitegelegt, und ich hatte jede Menge, die ich alle auf einmal schlucken könnte. Ich war gern bereit, sie zu nehmen, aber bei Pillen gibt es leider keine Garantien.

Ich las von anderen Methoden, mein Leben zu beenden, während ich mich wunderte, welch detaillierte Informationen über Selbstmord und Tod im Internet zu finden sind. Frostschutzmittel, das farb- und geruchlos ist und süßlich schmeckt, hatte einen gewissen Reiz. Und so fand ich meine Antwort: Frostschutzmittel und Pillen. Ich war froh, eine Lösung für meinen Schmerz gefunden zu haben. Ich würde es im Floral Park Motel tun, damit Warren mich nicht zu Hause finden musste. Er sollte weiterhin in seinem eigenen Haus leben können, ohne das Gefühl zu haben, es könnte verflucht sein. Ich würde meinen Wagen auf dem Parkplatz des Motels abstellen, damit alle wussten, wo sie mich finden konnten.

Nachdem dieser Plan in meinem Kopf Gestalt angenommen hatte, ging ich so ruhig zu Bett wie schon lange nicht mehr. Ich schlief fast augenblicklich ein und hatte den lebhaftesten Traum, den ich je gehabt hatte. Ich sah mich an der Himmelspforte stehen. Genau hinter der Pforte konnte ich Emma, Alyson und Katie sehen, lächelnd, süß und zum Greifen nah. »Mommy, Mommy, du bist hier!«, riefen sie aufgeregt.

Ich begann auf sie zuzustürzen, aber Gott ließ mich nicht durch die Pforte hinein. »Du hast auf der Erde nicht alles getan, was du konntest«, sagte er.

»Doch, das habe ich«, wimmerte ich. »Ich habe gebetet und jedem einen Dankbrief geschrieben. Aber ich leide zu sehr.«

»Der Arzt hat dir ein Geschenk gegeben. Warum hast du es nicht verwendet?«, fragte Gott.

»Ich will bei meinen Mädchen sein!«, flehte ich.

»Du musst das Geschenk annehmen und es zumindest versuchen. Dann kannst du wiederkommen.«

Ich wachte mit hämmerndem Herzen auf. Versuchen … dann kannst du wiederkommen. Die Worte waren so klar, dass ich nicht wusste, ob das Gespräch in Wirklichkeit oder nur im Traum stattgefunden hatte. Ich lag lange Zeit im Bett und wiederholte jedes Wort immer wieder.

Am Nachmittag des darauffolgenden Tages war ich mit dem Auto unterwegs, um ein paar Besorgungen zu erledigen, als ich auf einmal auf einen Parkplatz fuhr und in Tränen ausbrach. Seit sechzehn Monaten steckte ich in demselben Augenblick fest, ohne Träume oder Ziele. Ich konnte an keine Zukunft denken, da ich nur die Vergangenheit zurückholen wollte. Ein Teil von mir verstand, dass ich das, was verloren war, nicht wiederfinden konnte. Der Himmel ist vielleicht der Wunschtraum, an den wir uns klammern, wenn das Diesseits allzu quälend wird, aber solange wir am Leben sind, brauchen wir Hoffnung. Niemand kann ohne Hoffnung leben. Und in den letzten sechzehn Monaten hatte ich keine gehabt.

Während ich allein auf diesem Parkplatz saß und versuchte, mein Schluchzen in den Griff zu bekommen, zückte ich mein Handy und rief Jo in Dr. Rosenwaks' Praxis an.

»Ich kann nicht mehr so leben«, sagte ich zu der befreundeten Ärztin, die das Gespräch entgegengenommen hatte. »Alle leben ihr Leben weiter, nur ich nicht.«

»Ich bin froh, dass du angerufen hast«, sagte sie, ohne zu zögern. »Ich werde mit Dr. Rosenwaks sprechen und mich gleich wieder bei dir melden.«

Ich legte erleichtert auf. Ich nahm an, dass ich niemals tatsächlich schwanger werden würde, aber zumindest tat ich, was mir in dem Traum befohlen worden war. Ich versuchte das Geschenk der tiefgefrorenen Embryos anzunehmen.

20

Ich gab mir Mühe, nicht allzu viel über irgendeinen Plan für eine Schwangerschaft nachzudenken, bis Warren und ich in der darauffolgenden Woche in den Wagen stiegen, um zu unserem Termin in der Kinderwunschpraxis zu fahren. Der Verkehr nach Manhattan staute sich an jenem Morgen noch mehr als sonst, und während wir uns hinter einem riesigen, Abgase ausstoßenden Laster langsam in den Midtown Tunnel vorschoben, sahen wir uns unsicher an.

»Und, warum fahren wir jetzt eigentlich zu diesem Termin?«, fragte Warren, die Hände fest ums Lenkrad gelegt. »Soll das heißen, du willst jetzt doch ein Baby?«

»Ich weiß nicht«, sagte ich. Ich hatte ihm nichts von dem Traum erzählt – und das würde ich noch sehr lange nicht tun. »Ich glaube nicht, dass ich ein Baby will. Nicht jetzt. Und du?«

»Wir sind auf dem Weg zu der Praxis«, sagte Warren. »Wir müssen einen Grund dafür haben. Wir haben diese tiefgefrorenen Embryos.«

»Aber ich glaube nicht, dass ich ein Baby will«, sagte ich noch einmal. »Was sollen wir sagen, wenn wir dort ankommen?«

»Lass uns einfach herausfinden, wie das Verfahren abläuft«, sagte Warren.

Als wir die Praxis erreichten, fragte uns Dr. Rosenwaks nicht, warum wir gekommen waren – er ging einfach davon aus, dass wir ein Baby wollten. Indem er die Führung übernahm und uns einen Plan erläuterte, machte er es uns sehr leicht. Zunächst musste ich für ein paar Monate die Antidepressiva absetzen, und da ich ansonsten keine Fruchtbarkeitsprobleme hatte, würde er die Einpflanzung in einem natürlichen Zyklus ohne weitere Medikamente vornehmen.

Wenn man verwirrt und verunsichert ist, hilft es, jemanden zu haben, der genau zu wissen scheint, was man tun sollte – und die Gewissheit des Arztes war eine Erleichterung für mich. Er kümmerte sich um alles für uns, und das war genau das, was wir brauchten. Ich blickte hinüber zu Warren, während Dr. Rosenwaks sprach, und wir sahen uns fest in die Augen. Irgendein Schalter legte sich in uns beiden um. Seit dem Unfall hatten wir keine nächsten Schritte gehabt, auf die wir uns freuen konnten, keine Zukunft, die wir planen konnten. Jetzt könnten wir eine haben. Wir würden versuchen, die Embryos einzupflanzen.

An jenem Abend sah ich sehnsuchtsvoll auf die Fläschchen mit Antidepressiva, Schlaftabletten und angstlösenden Medikamenten, die seit einem Jahr meine Küchenschränke füllten, und schloss dann fest die Tür. Ich würde sie sofort absetzen. Jetzt, wo ich mich dazu entschlossen hatte, wollte ich das Verfahren umgehend in die Wege leiten.

Aber ich war besorgt, ich könnte völlig ausflippen, sobald ich die Medikamente nicht mehr nehmen würde. Bei unserer nächsten Sitzung mit Dr. O'Brien warnte ich Warren, ich könnte in den kommenden Monaten vielleicht noch schwerer zu ertragen sein als bisher.

»Warren, wie wollen wir das anstellen?«, fragte ich. »Im Moment bin ich vollgepumpt mit Medikamenten. Wie wird es ohne die Medikamente sein?« Allein schon der Gedanke machte mir Angst, und ich konnte mir nicht vorstellen, wie mein Mann damit klarkommen würde.

»Das schaffen wir schon«, sagte Warren, wie üblich. Warum müssen Männer immer so tun, als ob ihnen alles gelingt?

Dr. O'Brien war realistischer. »Warren, es wird eine Herausforderung sein. Sind Sie dazu bereit?«

»Natürlich bin ich bereit«, sagte Warren.

Und so fingen wir an.

Einige Zeit später wachten wir eines Morgens von einem Schneesturm auf, der über Nacht losgebrochen war. Die ganze Stadt war von heftigen Stürmen und starkem Schneetreiben eingeschlossen worden, und Warren und ich wussten, dass wir den ganzen Tag zu Hause festsitzen würden. Da die Schulen wegen des Wetters geschlossen blieben und all unsere Freunde mit ihren Kindern zu Hause waren, war die einzige Zerstreuung, die ich hatte, ein gelegentlicher Schneepflug, der vorbeituckerte. Gefangen in diesem Haus voller Erinnerungen, fühlte ich, wie die Angst in mir aufstieg. Wie üblich begannen Warren und ich zu streiten. Wir hatten keinen bestimmten Grund – vielleicht war ein Streit die einzige Unterhaltung, die wir uns an diesem Tag vorstellen konnten.

Da ich kein anderes Ventil für meine Anspannung hatte, rannte ich hinunter in den Keller. Mir schwirrte der Kopf, und mein Herz hämmerte in meiner Brust. Ich bekam kaum noch Luft, während ich ziellos im Kreis lief und wie eine Geistesgestörte brabbelte und mich fragte, warum ich mich zu Dr. Rosenwaks' Plan bereit erklärt hatte.

»Was tue ich hier eigentlich, was tue ich hier eigentlich?«, sagte ich zu niemand Bestimmtem. »Ich kann das nicht machen. Diese ganze Idee ist doch verrückt. Warum will ich überhaupt schwanger werden? Ich kann mein Leben nicht noch einmal von vorn anfangen.«

Warren kam nach unten und versuchte mich zu beruhigen –

was alles nur noch schlimmer machte. Ich lief weiter auf und ab, mit rudernden Armen, während sich meine Worte in einem irrsinnigen Tempo überschlugen.

»Das ist doch verrückt, das ist doch verrückt!«, tobte ich. »Was tun wir hier eigentlich? Diese ganze Idee war so idiotisch. Warum höre ich überhaupt auf andere Leute? Ich mache das nicht, Warren. Ich will meine Mädchen. Ich will meine Mädchen sehen. Scheiß drauf.«

Normalerweise ließ mich Warren allein und verließ das Haus, wenn meine Hysterie zu viel für ihn wurde. Aber jetzt, mit dem Schneegestöber draußen, gab es für ihn kein Entkommen.

»Ich halte das nicht mehr aus, Jackie«, sagte er, während er sich die Hände an den Kopf hielt.

»Ach wirklich, Warren? Du hast Dr. O'Brien doch versprochen, du würdest das schaffen. Du hast mir versprochen, du würdest damit klarkommen. Und jetzt überlegst du es dir anders?«

»Ich wusste ja nicht, dass du so durchdrehen würdest«, sagte er.

»Ich muss hier raus«, sagte ich, während ich durchs Fenster auf den tobenden Schneesturm sah.

»Du gehst nirgendwohin«, sagte Warren ungeduldig. »Draußen liegt einen Meter hoch Schnee.«

»Ich gehe spazieren«, beharrte ich.

»Du bist ja verrückt!«, brüllte er.

»Ich weiß. Das habe ich dir selbst schon gesagt.«

Ich stürmte nach oben und rief Bernadette an.

»Na klar, lass uns spazieren gehen. Tolle Idee«, sagte sie, fröhlich wie immer. »Aber wie wollen wir uns treffen? Wir können ja schlecht mit den Autos losfahren.«

»Wir treffen uns auf halbem Weg«, schlug ich vor.

Ich packte mich in meine Skihose und Stiefel und lief hinaus in den Sturm. Die Schneepflüge hatten nur eine schmale Schneise in der Straßenmitte gezogen, und riesige Schneeberge türmten sich überall. Ich kletterte über den Schnee, ein zehnminütiger Weg, der viermal so lang wie normalerweise dauerte. Als ich schließlich ankam, wartete Bernadette bereits, mit rosigen Wangen und einem Lächeln, während der Schnee auf ihre weiße Strickmütze fiel. »Du hast es geschafft!«, sagte sie.

Wir gingen fast drei Stunden spazieren, kletterten über die Schneeberge, redeten und lachten dabei sogar.

»Jackie, du tust das Richtige mit der künstlichen Befruchtung und den Embryos«, sagte Bernadette, wie immer ruhig und beschwichtigend. »Du musst es versuchen. Im Augenblick ist nichts leicht, aber du kannst es schaffen.«

Wir gingen zu ihr nach Hause und entspannten uns bei einem heißen Kakao. Ich spürte, wie mich die Wärme durchströmte. Bernadette hatte recht. Wenn ich über Schneeberge klettern konnte, dann konnte ich auch ohne meine Medikamente auskommen.

Ein paar Tage später, als das Wetter sich beruhigt hatte und Karen und ich auf einem unserer Dienstagsausflüge waren, erwähnte sie, sie würde eine Akupunkteurin kennen, die mir mit meiner Anspannung vielleicht helfen könnte.

»Akupunktur?«, fragte ich zweifelnd. »Du machst Witze.«

»Es ist einen Versuch wert.«

Wir fuhren spontan hin, und ich lernte die Akupunkteurin kennen, eine entzückende Frau namens Michelle. Karen erzählte ihr meine Geschichte, und sie bot mir ihre Dienste unentgeltlich an. Im nächsten Augenblick lag ich auf einem Tisch, mit Nadeln in Ohren, Nase und Stirn.

»Das wird Ihnen helfen, die verrückten Gedanken loszuwerden und Ihren Geist zu beruhigen«, sagte sie, während sie mir schmerzlos noch eine Nadel in die Stirn schob. Sie steckte noch ein paar Nadeln in meine ausgestreckten Hände und sah mich dann zufrieden an.

»Ich werde den Raum jetzt verlassen«, sagte sie. »Bleiben Sie einfach eine halbe Stunde hier liegen und entspannen Sie sich und klären Sie Ihren Kopf.«

Entspannen? Ich? Das sollte wohl ein schlechter Scherz sein. Kaum war sie gegangen, sprang ich vom Tisch und nahm einen Spiegel aus meiner Handtasche, um zu sehen, wie ich aussah. Ich begann zu kichern. Die dünnen Nadeln, die überall aus mir hervorragten, sahen absolut albern aus. Aber sie taten nicht weh. Und warum eigentlich nicht? Im Regen spazieren gehen, Antidepressiva absetzen, versuchen, schwanger zu werden – wie die kleinen Nadeln, die in diesem Moment aus meinem Kopf ragten, konnte nichts von alledem schaden. Neue Wege einzuschlagen, war an diesem Punkt die einzige Möglichkeit, die ich hatte, um einen Grund zu finden, weiterzuleben.

Im Laufe der nächsten Wochen spürte Warren, dass das Bemühen, schwanger zu werden, mein allerletzter verzweifelter Versuch war. Wenn das nicht klappte, hatte ich entschieden, dann konnte man nichts mehr von mir erwarten. Dann konnte ich mich in dem Wissen aus diesem Leben verabschieden, dass ich alles versucht hatte, um einen Sinn für mich zu finden. Er machte sich zu Recht Sorgen, was passieren würde, wenn die Implantation nicht klappte. Während die Wochen verstrichen und wir auf die erste Implantation warteten, wurde er zunehmend nervös.

»Weißt du, vermutlich wirst du nicht gleich beim ersten Mal schwanger werden«, sagte er. »Du darfst dich nicht aufregen, wenn es nicht gleich klappt.«

»Schon gut«, sagte ich leichthin. Ich ergänzte nicht, dass ich ohnehin kaum damit rechnete, schwanger zu werden. Und eigentlich war es mir auch egal. Ich würde das Geschenk verwenden, und wenn es nicht klappte, dann würde ich frei sein, um zu tun, was ich wirklich tun wollte.

»Wir werden es dreimal versuchen, okay?«, fragte Warren. »Drei Zyklen. Und versprich mir, dass du dich nicht aufregen wirst, wenn es nicht gleich klappt.«

Aufregen? Ich würde vermutlich eher sauer sein, wenn ich doch schwanger werden sollte. Drei Versuche, die Embryos einzupflanzen, würden, mit verschiedenen Verzögerungen, bis zum Juni dauern. Das hieß, jetzt hatte ich einen festen Termin, auf den ich zeigen konnte, ein Endspiel für meinen Schmerz.

Bis zum Juni würde ich schwanger sein. Oder bei Emma, Alyson und Katie.

Im Februar hatte ich die erste Implantation. Es war mir absolut unangenehm, praktisch kopfüber auf einem nach hinten gekippten Tisch zu liegen, völlig entblößt vor den Schwestern, Ärzten und technischen Assistentinnen, die um mein nacktes Gesäß standen, ihre Aufmerksamkeit auf etwas gerichtet, was nach einer Art Hightech-Truthahnpipette aussah. Was tue ich hier eigentlich?, dachte ich, während ich an die Decke starrte und versuchte, mich nicht gedemütigt zu fühlen.

Am Abend zuvor waren fünfzehn meiner Freundinnen zu einer spontanen Pre-Schwangerschafts-Party vorbeigekommen und hatten mir kleine rosa und blaue Geschenke überreicht – Kerzen, Pralinen und bunt glasierte Cupcakes. Vielleicht waren sie aufgeregter als ich selbst. Während ich auf dem Tisch lag und mich mit den Händen so fest an den Seiten festhielt, dass meine Knöchel weiß wurden, fragte ich mich, ob ich die einzige Frau in dieser (unangenehmen) Lage war, der egal war, was passierte. Ich war immer ein braves Mädchen gewesen, leistungsbereit und ehrgeiziger, als mir bewusst war, daher wollte ich, dass das Verfahren klappte. Aber tief in mir war ich hin- und hergerissen.

Nachdem das Truthahnpipetten-Team den Raum verlassen hatte, lag ich für einige Zeit völlig still da, wie man es mir empfohlen hatte, dann fuhr ich vorsichtig nach Hause. Die nächsten zwei Tage blieb ich im Bett. Frauen werden seit Langem schwanger, und die Legenden, was dabei hilft, sind unerschöpflich. Meine Freundinnen hatten Ideen – und ich versuchte es mit allen. Ich aß eine ganze Ananas, da irgendjemand sagte, es würde den Embryos helfen, sich einzunisten, und dann verschlang ich eine Tüte Walnüsse, da ich gehört hatte, sie hätten denselben Effekt. Ich blieb eine ganze Woche liegen. Ich ging nicht mehr laufen.

Ich sagte mir, dass ich nur versuchte, die Leute zu überzeugen, dass schwanger werden das war, was ich wollte. Ich sagte mir, dass ich bereits drei Kinder bekommen hatte und ich sie nicht verraten wollte, indem ich auch nur eine Minute daran dachte, noch ein Kind zu bekommen. Aber wenn ich es wirklich nicht wollte, warum machte ich mir dann all diese Umstände? Warum die Ananas, die Walnüsse und die Bettruhe? Die Mischung aus Schuldgefühlen, Schmerz, Aufregung und Hoffnung in meinem Inneren war ein komplexes Gemenge, das ich selbst nicht ganz verstand.

Trotzdem konnte ich nicht umhin, insgeheim zu hoffen, ich möge schwanger werden. Die größte Freude, die ich in meinem Leben je empfunden hatte, waren meine drei Mädchen, und ein Funken von Optimismus, tief in meinem Inneren verborgen, sagte, dass ich eine Spur dieser Freude vielleicht wiederfinden könnte. Ich betrauerte den Verlust der Mädchen zumindest teilweise deshalb so tief, da das Leben ein Geschenk ist und es so ungerecht war, dass es ihnen genommen worden war. Mit einem neuen Baby könnte ich vielleicht anfangen, dieses Geschenk wieder zu würdigen.

Jeden Abend seit dem Unfall hatte ich zu den Mädchen im Himmel gebetet, hatte darum gefleht, bald wieder mit ihnen vereint zu sein. Aber der Abend vor der Implantation war das letzte Mal, an dem ich dieses Gebet sprach, in dem ich darum bat, am nächsten Morgen nicht mehr aufzuwachen. Sobald die Embryos eingepflanzt waren, änderten sich meine allabendlichen Gebete an Emma, Alyson und Katie.

Bitte macht Mommy schwanger.

Und meine Mädchen hörten zu. Sie hörten immer zu.

Dr. Rosenwaks hatte mich davor gewarnt, irgendwelche Heim-Schwangerschaftstests durchzuführen, da sie bei einer künstlichen Befruchtung unzuverlässig sein könnten. Ich musste einfach stillhalten (und Ananas essen) bis zu meinem Termin für eine Blutuntersuchung.

Aber eine Woche vor dem Termin tauchten Denine und Laura zu unserem üblichen Montag-Fernsehabend bei mir zu Hause auf, und bevor *Der Bachelor* auch nur begonnen hatte, holten sie schon einen Schwangerschaftstest aus einer Tüte.

»Komm schon, es kann nichts schaden«, sagte Denine, während sie mit der Packung durch die Luft fuchtelte. »Ich will nur sehen, was passiert.«

Ich ging damit ins Bad, pinkelte auf das Stäbchen und starrte es dann angestrengt an, während ich darauf wartete, dass sich irgendetwas veränderte. Ein, zwei Minuten verstrichen. Ich konnte kaum einen Schatten sehen. Aber vielleicht war er auch nur Einbildung.

Dennoch rannte ich nach oben und weckte Warren, der nach der Arbeit gleich ins Obergeschoss gegangen war, um vor dem Mädchenabend im Wohnzimmer zu flüchten.

»Ist das eine Linie?«, fragte ich ihn.

»Ich kann keine erkennen«, sagte er, während er sich die Augen rieb.

»Da ist eine, sieh mal hin.«

»Ja, das könnte eine Linie sein«, sagte er. »Aber freu dich nicht zu früh.«

Zu spät. Ich spürte ein unerwartetes Kribbeln in meinem Körper.

Am nächsten Tag machte ich noch einen Test, und diesmal schien die Linie etwas dunkler zu sein. Ich kann Dinge nicht sehr gut für mich behalten, daher sickerte die Neuigkeit durch, und meine Freundinnen reagierten mit übersprudelnder Begeisterung. Wir waren wie Highschool-Mädchen, die von glitzernden Kleidern zum Schulabschlussball und duftenden Korsagen redeten, nicht wie Erwachsene, die die Möglichkeit eines echten Babys in Betracht zogen. An jedem Abend, an dem Freundinnen zu Besuch kamen, wurde mir ein neuer Schwangerschaftstest mitgebracht.

»Mach ihn für mich! Ich will es auch sehen!«, beharrte Jeannine, als sie am Dienstag vorbeischaute.

»Oooh, zeig mal her!«, sagten die Frauen in der Strickgruppe, der ich mich angeschlossen hatte, ein paar Abende später. Melissa und Isabelle verlangten jede ihren eigenen Beweis. Am Ende der Woche hatte ich siebenundzwanzig Schwangerschaftstests gemacht. Ich nummerierte sie alle und reihte sie auf und machte ein Foto davon. Und natürlich, die Linien wurden immer dunkler.

Aber trotz alledem fühlte ich mich so nervös wie jede Frau, die zum ersten Mal Mutter wird, als ich zu der Blutuntersuchung in Dr. Rosenwaks' Praxis kam. Ich erwähnte nichts von meinen Tests, und er versprach, mich rasch mit offiziellen Ergebnissen anzurufen.

Am nächsten Tag entschied ich, nicht bowlen zu gehen – es erschien mir riskant in dieser Phase –, aber aus Geselligkeit ging ich zu dem anschließenden Mittagessen mit dem Team. Wir hatten uns eben an den Tisch gesetzt, als mein Handy klingelte und ich Dr. Rosenwaks' Nummer sah. Ich schnappte mir Isabelle und zerrte sie fast von ihrem Stuhl hoch. »Er ist es«, flüsterte ich, während wir beide hinausrannten.

»Jackie, es sieht alles gut aus«, sagte Dr. Rosenwaks, während Isabelle sich nah vorbeugte, um mitzuhören. »Sie sind schwanger. Wir werden alles weiterhin genau beobachten und noch mehr Blutuntersuchungen durchführen, aber die Chancen stehen sehr gut.«

»Oh, wow, wirklich?« Ich sah Isabelle an, so verblüfft, als hätte ich nie eines dieser siebenundzwanzig Stäbchen gesehen. Dann wandte ich mich wieder zum Telefon und fragte den Arzt: »Sind Sie glücklich?«

Er lachte: »Ja, ich bin sehr glücklich. Sind Sie denn glücklich?«

»Ja«, sagte ich, verblüfft, dass ich es wirklich meinte. »Vielen Dank für alles.«

Ich legte auf, und Isabelle und ich begannen, wie zwei Teenager herumzuhüpfen und zu kichern. Es kam mir vor wie ein Riesenerfolg.

Wir gingen zurück ins Restaurant, und ich wusste, dass ich jetzt unmöglich Small Talk führen konnte. »Es tut mir leid«, sagte ich zu den anderen, »aber ich muss los.«

»Alles in Ordnung?«, fragte eine der Frauen.

»Ja – ich bin schwanger«, gab ich zu. »Bitte sagt es noch niemandem. Im Ernst, sagt es niemandem. Selbst mein Mann weiß es noch nicht.«

Sie jubelten und beglückwünschten mich, und eine Frau stand auf und gab mir einen Kuss auf die Wange. Einige dieser Frauen kannte ich noch nicht sehr lange, und ich kannte sie mit Sicherheit nicht gut. Aber Kreise der Unterstützung formen sich auf die unerwartetste Weise, und da wir zusammen Bowlingkugeln über glänzende Bahnen rollten, gehörten sie eben zu den Ersten, die mein Geheimnis erfuhren.

Ich rief sofort Warren an, und bis ich nach Hause kam, war er auch schon da. Er hätte nicht schockiert sein sollen – wir hatten uns seit Tagen mit dem Gedanken vertraut gemacht –, aber Dr. Rosenwaks' Bestätigung zu haben verwandelte unsere hübsch zurechtgelegte Fantasie auf einmal in eine unumstößliche Tatsache. Ich traf ihn zusammengesackt auf dem Sofa an, ein emotionales Häuflein Elend.

Ein normales Paar hätte sich überglücklich umarmt und geküsst, aber Warren und ich, überrumpelt von unserer neuen Situation, starrten uns nur an und wechselten kaum ein Wort. Ich ließ mich neben ihm aufs Sofa fallen. Die Hochstimmung, die ich bei der Bowlinggruppe empfunden hatte, schwankte auf einmal so unsicher wie eine Bowlingkugel, die in der Rinne gelandet ist.

Als Warren schließlich etwas sagte, war es nicht das, was ich erwartet hatte. »Ich bin erschöpft«, sagte er und stand auf. »Ich muss ins Bett.«

Obwohl es noch mitten am Nachmittag war, war Warren auf einmal emotional überfordert. Er wollte ein Baby, und er hatte mich dabei die ganze Zeit voll unterstützt, aber die Wirklichkeit war einfach zu schwer zu verkraften.

Und so saß ich nun ganz allein mit meiner Neuigkeit da. Ich rief meine Mom an, und ihre Reaktion war ein unverbindliches »Oh-oh«. Vielleicht versuchte sie meine Gefühle abzuschätzen, bevor sie allzu heftig reagierte, oder sie spürte sofort, wie seltsam diese Situation sein könnte.

»Du bist schwanger«, sagte sie langsam. »Ist das etwas Gutes?«

»Mom, ich weiß es nicht.«

»Wie viele Babys?«, fragte sie.

»Ich glaube, nur eines«, sagte ich. »Ich meine, es sollte besser nur eines sein.«

Dr. Rosenwaks pflanzte einer Frau meines Alters im Allgemeinen drei Embryos ein, in der Hoffnung, dass einer überlebte. Aber ich hatte mich für nur einen ausgesprochen. Mehr als ein Baby könnte ich nicht verkraften. Er beharrte darauf, dass er nie nur einen einzigen Embryo einpflanzte – die Chancen waren zu gering –, daher hatten wir uns auf zwei geeinigt. Im Laufe der nächsten Woche war mein Hormonspiegel so hoch, dass wir alle begannen, mit Zwillingen zu rechnen. Aber bald schon stellten wir fest, dass nur ein gesundes Baby in mir heranwuchs.

Als sich der erste Schock gelegt hatte, begannen Warren und ich wieder zu reden, gestanden einander fast widerstrebend, wie wir uns fühlten.

»Wo wollen wir das Baby unterbringen?«, fragte ich ihn eines Nachmittags. »Wie wollen wir das organisieren?«

»Wir haben noch Zeit, darüber nachzudenken«, sagte er nüchtern. »Wir kriegen das schon hin.«

»Meinst du, ich schaffe das noch einmal?«, fragte ich.

»Natürlich. Es wird alles gut gehen«, sagte er. Auf einmal war er übernatürlich ruhig und gelassen.

Wir verspürten beide ein wenig Hoffnung. Und viel Angst. Ein bisschen Aufregung. Und übergroße Dankbarkeit für das, was Dr. Rosenwaks für uns getan hatte. Ein paar Wochen später schrieb ich ihm einen Brief, in dem stand: *Sie sind einer der Gründe, weshalb Warren und ich noch hier auf dieser Erde sind. An dem Tag, an dem wir erfuhren, dass ich schwanger bin, empfanden Warren und ich Freude. Es war seltsam. Wir hatten seit über eineinhalb Jahren keine Freude mehr in unserem Leben gehabt.*

Noch während ich diese Worte schrieb, fragte ich mich, ob wir wirklich so gefühlt hatten – oder ob es nur das gewesen war, was ich dachte, dass wir fühlen sollten. Aber die Hochstimmung, die ich bei jenem Anruf an der Bowlingbahn empfunden hatte, war echt gewesen. Freude und Unsicherheit können nebeneinander existieren, sagte ich mir.

Ich schrieb weiter: *Wir haben sogar schon einen kleinen Blick in die Zukunft geworfen. Wir hatten seit dem Unfall nicht mehr über das gesprochen, was vor uns liegen könnte, da wir ohne unsere schönen Mädchen keine Zukunft haben wollten. Ich glaube, das war das Beste dabei – dass Warren und ich zum ersten Mal wieder Hoffnung verspürten. Hoffnung, dass wir vielleicht doch eine Zukunft haben könnten. Sie haben uns diese Hoffnung gegeben.*

Freunden und Familienangehörigen die Neuigkeit beizubringen erwies sich als noch befriedigender, als sie selbst zu erfahren. Nach neunzehn langen, traurigen Monaten begann ich zu spüren, dass sich die schwarze Wolke verzogen hatte. Vielleicht nicht aufgelöst – aber verzogen. Anstatt Schmerz und Traurigkeit in den Augen anderer Leute gespiegelt zu sehen, durfte ich auf einmal Hoffnung, Glück und vielleicht Erleichterung erblicken. Denn in all diesen Monaten hatten mir die Leute natürlich Worte des Optimismus sagen wollen – aber es waren ihnen keine eingefallen. Wie konnte irgendjemand Hoffnung versprechen, wenn die Zukunft ausgelöscht war? Jetzt nahm die wunderbare Neuigkeit einen Teil des Schmerzes fort, den jeder mit sich herumgetragen hatte.

Emily Dickinsons berühmtes Gedicht »Hoffnung« beginnt so:

Die Hoffnung ist das Ding mit Federn,
das sich in der Seele niederlässt
und das Lied ohne Worte singt
und niemals verstummt.

Hope is the thing with feathers,
That perches in the soul,
And sings the tune without the words,
And never stops at all.

Unsere neue Hoffnung hatte sich unsicher auf meinen Schultern niedergelassen – oder vielleicht in meinem Bauch. Aber ich hatte noch immer das Gefühl, dass sie, wie Dickinsons metaphorischer Vogel, jeden Augenblick davonfliegen könnte.

DRITTER TEIL

2011

21

Nachdem die erste Euphorie verflogen war, setzte die Unwirklichkeit ein.

Eine Schwangerschaft ist immer ein langer Weg, und da wir die Embryos fast ein Jahr zuvor hatten einfrieren lassen, war dieser Weg länger gewesen als bei den meisten.

Warren und ich hatten noch immer keine Ahnung, wie wir uns mit unserer neuen Situation fühlen sollten. Die Trauer zu bewältigen war schon schwer genug gewesen – zu versuchen, die Trauer überlagert von dieser Freude zu bewältigen, schien nahezu unmöglich. Wie üblich ließen wir unser emotionales Chaos aneinander aus. Unsere Streitereien nahmen zu. Jetzt war die Zukunft nicht mehr nur ein leerer Raum, sie war erfüllt von Benommenheit und Unsicherheit. Konnten wir wirklich wieder Eltern sein?

Dr. O'Brien versuchte es mit jeder Technik, die er kannte, um uns zu überzeugen, dass wir gute Eltern gewesen waren – und es wieder sein konnten. Warren schien das zu akzeptieren. Ich selbst verstand zwar theoretisch das Konzept, aber in meinem Herzen konnte ich die Vorstellung nicht annehmen. Ich hatte Emma, Alyson und Katie nicht beschützt, wie konnte ich daher davon träumen, jemals wieder für ein anderes Leben verantwortlich zu sein?

Gute Mütter lassen nicht drei Kinder sterben.

Mein Leben und meine Erwartungen waren so völlig außer Kontrolle geraten, dass ich mir nicht unbedingt vorstellen konnte, noch ein Kind zu bekommen. Ich war während meiner ersten drei Schwangerschaften vorsichtig gewesen, hatte dafür gesorgt, dass alles planmäßig ablief, aber jetzt rechnete ich jeden Tag mit einer Katastrophe. Jedes Mal, wenn ich zu einer Ultraschall- oder Vorsorgeuntersuchung zu meiner Geburtshelferin fuhr, ging ich davon aus, schlechte Neuigkeiten zu erfahren.

»Ein schöner kräftiger Herzschlag, und alles sieht gut aus«, sagte die Ärztin bei einem meiner ersten Termine, während sie sich das Ultraschallbild auf dem Monitor ansah.

Ich wandte mich verblüfft um. »Wirklich? Das Baby ist noch am Leben?«

»Aber ja, natürlich«, sagte sie lächelnd.

Natürlich? Ich hatte das Gegenteil erwartet. Seit dem Unfall glaubte ich, alles Gute, was ich im Leben bekam, würde mir wieder entrissen werden. Die Schwangerschaft war doch sicher nicht mehr als eine weitere Form göttlichen Hohns.

Zu Beginn des zweiten Schwangerschaftsdrittels schienen meine Angst und Verwirrung noch mehr zuzunehmen. Obwohl ich mir einerseits ein Baby wünschte, konnte ich andererseits den Gedanken nicht ertragen, meinen drei Mädchen untreu zu werden, indem ich jemand anderen als sie liebte. Warren hatte zweifellos seine eigenen Ängste, aber er weigerte sich, darüber zu sprechen. Und er wollte die Einzelheiten meiner nervösen Beklommenheit nicht hören, die ich jeden Morgen und Abend mit ihm erörtern wollte. Er schloss mich aus, da er sich durch meine endlose Angst nicht noch elender fühlen wollte.

»Du bist so gemein!«, schrie ich ihn eines Freitagabends an. »Wie kannst du dort sitzen und fernsehen, während ich so leide?«

Er war mitten im Satz von mir weggegangen, nicht gewillt, zuzuhören, wie ich mich laut fragte, ob wir das Recht hätten, ein neues Baby in unser unglückliches Haus zu bringen. Emma, Alyson und Katie waren so fröhlich gewesen, aber jetzt waren Warren und ich immer so traurig. Eine schwarze Wolke schwebte über uns, und ich schauderte bei der Vorstellung, ein unschuldiges Baby unserem Elend auszusetzen.

»Ich kann das nicht mehr hören«, sagte Warren, ohne sich vom Fernseher wegzubewegen.

»Du musst aber!«, brüllte ich.

Unser Streit eskalierte an jenem Abend, und am nächsten Tag wurde er nur noch schlimmer. Das ganze Wochenende über lieferten wir uns einen offenen Schlagabtausch. Wir schrien und weinten, und unser Stress erreichte Pegel, die, wie wir selbst wussten, für keinen von uns gut sein konnten.

»Wir benehmen uns fürchterlich«, sagte Warren am Ende des Wochenendes angewidert. »Wir haben dieses Baby nicht verdient.«

Der Streit hatte mich völlig ausgelaugt. Ich aß und trank nichts mehr – ich konnte nur noch weinen. Ich versuchte nicht, das ungeborene Leben in mir zu schädigen, aber ich konnte der Schwangerschaft einfach nicht mehr viel Aufmerksamkeit widmen.

»Du musst auf dich achtgeben«, sagte Warren wütend, als er am Montag zur Arbeit fuhr. »Wir sind nicht für den Unfall oder das, was mit Emma, Aly und Katie passiert ist, verantwortlich. Aber wenn dieses Baby nicht geboren wird, dann sind wir dafür verantwortlich.«

»Ich tue nichts Schlechtes«, sagte ich halbherzig.

»Wenn etwas schiefgeht, dann werde ich mit mir selbst nicht mehr leben können«, sagte Warren, während er die Tür zuknallte und ging.

Ich versuchte ein paar Schluck Wasser zu trinken, aber ich wurde von Übelkeit überwältigt. Ich hatte nie unter morgendlichem Erbrechen gelitten, daher musste diese Übelkeit eine eher emotionale Ursache haben. Fast zwei Jahre lang hatte ich mir die Zukunft nur als ein Datum vorgestellt, an dem mein Leben enden würde. Jetzt ragte die Zukunft groß, echt und beängstigend vor mir auf. Warrens Worte hallten in meinem Kopf wider: Wenn dieses Baby nicht geboren wird, dann sind wir dafür verantwortlich. Dann werde ich mit mir selbst nicht mehr leben können.

Ich erinnerte mich an all die Vorsicht, die ich bei meinen früheren Schwangerschaften hatte walten lassen, und ich dachte daran, wie unvorsichtig ich mich jetzt verhielt. Ich brach in Panik aus, nach dem Wochenende, das wir eben durchgemacht hatten, müsse irgendetwas Schreckliches mit dem Baby passiert sein.

Ich rief Laura an. »Das Baby ist tot«, sagte ich tonlos zu ihr. »Ich weiß es. Kannst du mich zur Notaufnahme fahren?«

Laura stellte keine Fragen. Sie kam sofort herüber und packte mich in ihren Wagen. Wir fuhren zum North Shore Hospital, und im nächsten Augenblick stolperte ich schon die Glastüren hinein und begann zu weinen. »Ich brauche sofort einen Ultraschall, weil mein Baby tot ist«, sagte ich zu der Schwester, die herbeigeeilt kam.

Oder zumindest glaubte ich, das zu sagen. Ich hatte mir vorgenommen, höflich und vernünftig zu klingen, aber offenbar begann ich zu brabbeln und zu schluchzen und unverständliches Zeug von mir zu geben.

»Ich habe das ganze Wochenende geweint und nichts gegessen oder getrunken, und jetzt habe ich noch ein Baby getötet und bin völlig am Boden zerstört. Kann mir bitte jemand helfen, ich brauche einen Ultraschall.«

Die Schwester sah zweifelnd Laura an, die ihr im Flüsterton rasch erklärte, wer ich war.

Bald saß ich allein in einem völlig kahlen Raum. Eine Schwester hatte mir meine Jacke, meine Handtasche und mein Handy abgenommen, und ich konnte nichts tun, außer dazusitzen und ins Leere zu starren. Durch eine Glasscheibe konnte ich sehen, dass vor dem Raum ein Mann abgestellt war, der dort Wache hielt. Allmählich dämmerte mir, dass das hier vermutlich nicht der Ort für einen Ultraschall war.

Laura musste ein paar Anrufe getätigt haben, um Hilfe zu holen, denn Isabelle, Jeannine und Melissa tauchten sehr schnell auf. »Wir müssen dich hier rausholen«, sagte Melissa ganz geschäftsmäßig.

»Warum? Was ist los?«, fragte ich.

»Sie nehmen eine psychiatrische Beurteilung vor«, erklärte Jeannine. »Sie machen sich Sorgen wegen Selbstmord. Sie wollen dich in die geschlossene Abteilung einweisen.«

Ich schloss die Augen. Dieses Krankenhaus erschien mir gar nicht so schlecht. Nach dem Wochenende, das ich durchgemacht hatte, wäre es vielleicht gut, eine Weile hierzubleiben und mich zu erholen.

»Ich brauche nur ein bisschen Ruhe«, sagte ich. »Das ist schon gut. Ich werde bleiben.«

Aber meine Freundinnen hatten andere Vorstellungen. »Wir werden dich hier rausholen und uns um dich kümmern«, sagte Jeannine entschieden. »Sag ihnen, dass es dir gut geht und dass du nach Hause musst. Du hast dir Sorgen um das Baby gemacht und wolltest nur den Herzschlag kontrollieren lassen.«

Zwei Psychiaterinnen erschienen und baten darum, allein mit mir zu sprechen. Jeannine und Melissa blickten besorgt, als sie den Raum verließen, und Isabelle drückte meine Hand. Aber die Ärztinnen waren beide nett, und ich war gern bereit, mit ihnen zu reden. Es war mir egal, ob sie mich dabehalten würden. Eigentlich wollte ich gar nicht nach Hause.

Aber als sie den Raum verließen, riefen meine Freundinnen Dr. O'Brien an. Sobald sie konnten, kamen sie wieder herein und reichten mir das Telefon.

»Kriegen Sie sich wieder ein, Jackie«, sagte Dr. O'Brien ohne große Vorrede. »Tun Sie alles Erforderliche, um dort rauszukommen.«

»Warum kann ich nicht bleiben?«, fragte ich.

»Man wird Sie in eine psychiatrische Einrichtung stecken, in der Sie nicht sein wollen. Wenn Sie eine stationäre Behandlung benötigen, dann werden wir eine für Sie finden. Aber ich wiederhole noch einmal: Tun Sie alles Erforderliche, um dort rauszukommen. Sofort.«

Ich legte seufzend auf. Eine vorübergehende Flucht von Zuhause wäre schön, aber er klang eindringlich, und offenbar hatte ich es auch gar nicht in der Hand. Melissa, Jeannine und Isabelle wuselten um mich herum, redeten mit den Psychiaterinnen und versicherten, dass sie mich nicht allein lassen würden. Bevor ich wusste, was los war, hatten sie mich schon zur Tür hinaus und zurück nach Floral Park gebracht.

Am nächsten Tag ging es mir ein bisschen besser. Ich begann über das nachzudenken, was Dr. O'Brien erwähnt hatte, und stellte ein paar Recherchen zu privaten Kurkliniken an. Das Problem war, dass sie mit ihrer Bergkulisse, ihren beheizten Pools und dem, was sie »ganzheitliche Rehabilitation« nannten, sündhaft teuer waren – eher etwas für Hollywoodstarlets als für mich.

»Wenn du wirklich dorthin musst, dann werde ich das Geld schon irgendwie auftreiben«, sagte Warren.

»Diese Orte klingen so nett«, sagte ich verträumt. »Meinst du wirklich, ich sollte fahren?«

»Eigentlich nicht«, räumte er ein.

Im Allgemeinen machte sich Warren, wenn ich wegfuhr, Sorgen, ich könnte nie mehr nach Hause kommen.

Ein paar Tage später konfrontierte ich Warren mit einer neuen Idee. »Lass uns umziehen«, schlug ich vor. »Lass uns ein neues Haus finden, in dem wir mit dem Baby einen Neuanfang machen können.«

»Ich glaube nicht, dass das im Moment eine gute Idee ist«, sagte er nüchtern. »Lass uns erst einmal das Baby bekommen. Wir hatten schon genug Veränderung. Vielleicht willst du dann doch lieber hier bleiben.«

»Ist es denn fair, ein Baby in ein Haus mit diesen ganzen Erinnerungen zu bringen?«, fragte ich ängstlich.

»Es waren glückliche Erinnerungen«, sagte er. »Die will ich nicht verlieren.«

Er blickte aus dem Fenster, und auf einmal sah ich wieder die Sommerabende vor uns, an denen wir unsere Familien-Grillpartys gefeiert hatten, mit Warren am Grill, während Emma vorsichtig herauskam, ein Tablett mit Hamburgern und Hotdogs balancierend, die er braten sollte, und Alyson und Katie zusahen, wie er sie auf den Rost warf. Während wir aßen, liefen die Mädchen durch den Garten, und ich konnte noch immer sehen, wie Warren Katie ins Haus trug, als sie müde wurde, in seine Arme gekuschelt, beide mit zufriedenen Gesichtern.

Sein Widerstand gegen einen Umzug ärgerte mich, aber ich stritt mich nicht weiter darüber, denn ehrlich gesagt, schenkte es mir noch immer ein bisschen Frieden, im Zimmer der Mädchen zu sein. An vielen Tagen legte ich mich einfach auf ihre Betten, erst auf das eine, dann auf das andere, und weinte. Aber jetzt konnte ich mir nicht mehr nur um mich Sorgen machen, jetzt musste ich an dieses Baby denken. War es fair, ein Kind in ein Zuhause zu bringen, in dem jede Ecke bereits mit den Erinnerungen an verlorene Schwestern ausgefüllt war? Und warum wollte mein Ehemann die Dinge eigentlich nie aus einem anderen Blickwinkel sehen?

Vor dem Unfall hatten Isabelle und ich davon geredet, unsere kleinen Häuser für unsere wachsenden Familien vergrößern zu wollen. Wir hatten überlegt umzuziehen, aber unser nachbarschaftlich-freundschaftliches Verhältnis war so besonders, dass Umbaumaßnahmen damals eine bessere Idee zu sein schienen. Die enge Verbundenheit unserer Kinder hatte jedem so viel Freude bereitet, dass alle Wohnungsprobleme belanglos erschienen waren.

»Ich würde mein Haus sofort aufgeben, um eine Nachbarin wie Isabelle zu haben«, hatte meine Freundin Kathy eines Tages gesagt, die in einem riesigen, luxuriösen Haus lebte, bei dem allen die Augen übergingen.

»Abgemacht!«, witzelte ich. »Du bekommst Isabelle, und ich nehme dein Haus.« Aber selbst während wir lachten, verstand ich, was sie meinte. Freundschaft sticht die Größe eines Hauses jederzeit aus.

Isabelle ist wie die Schwester, die ich nie hatte und mir immer wünschte – witzig, süß und zu allem bereit. Unsere Ehemänner bezeichneten uns gern als Lucy und Ethel, in Anlehnung an die beiden unzertrennlichen Freundinnen aus der US-amerikanischen Sitcom »I love Lucy« aus den Fünfzigern. Wir hatten alle möglichen verrückten Pläne zusammen ausgeheckt, und an den Tagen, an denen unsere Kinder regelmäßig zusammen gespielt hatten, taten Isabelle und ich es auch. Sie war unkompliziert und entspannt und brachte jeden zum Lachen.

Als Moms waren Isabelle und ich im Allgemeinen mit den Kindern unterwegs gewesen, waren einkaufen gefahren oder hatten uns wunderbare Ideen für die Kinder ausgedacht. Aber in einem Frühling, als Katie etwa vier war, kam Warren zufällig an mehreren Tagen genau zu der Zeit nach Hause, als Isabelle bei mir war. Und jedes Mal, wenn er hereinkam, ertappte er Isabelle und mich bei einem seltenen Moment des Entspannens.

»Wo sind denn die Kinder?«, fragte er eines Tages, als er rasch hereinkam, um ein paar Unterlagen zu holen, und uns bei einer Tasse Kaffee in der Küche antraf.

»Im Garten, sie spielen«, sagte ich.

»Nein, dort sind sie nicht«, sagte Warren und sah aus dem Fenster.

»Dann sind sie in meinem Garten und spielen«, sagte Isabelle, während sie in den Türrahmen trat und winkte.

Warren schüttelte nur den Kopf und murmelte irgendetwas von dem leichten Leben, das wir hatten.

»Wie kann es sein, dass er immer ausgerechnet in den fünf Minuten nach Hause kommt, in denen wir nichts tun?«, fragte Isabelle verwirrt. »Es ist, als ob er irgendeinen magischen Radar hat.«

Als es das nächste Mal passierte, sprang ich vom Tisch auf. »Schnapp dir einen Schwamm! Nimm einen Besen in die Hand!«, rief ich ihr zu. »Lass es so aussehen, als ob wir irgendetwas tun!«

Als Warren hereinkam, hatte Isabelle ihren Kaffee in einer Hand und hielt untätig einen Besen in der anderen. Warren sah sie seltsam an, gab diesmal aber keinen Kommentar ab.

Wir waren noch nicht aus dem Schneider. Ein paar Tage später, als die Kinder spielten, kam Isabelle hoch in mein Schlafzimmer, um sich einen großen Stapel Kleider anzusehen, die ich mir kurz zuvor gekauft hatte.

»Zieh sie an, ich will sie sehen!«, drängte sie mich.

Daher zog ich mich aus und schlüpfte in eines der neuen Kleider. Nachdem ich Isabelles Beifall bekommen hatte, zog ich es aus und griff eben nach einem anderen, als wir Warrens Wagen vorfahren hörten.

»Oh nein, nicht schon wieder«, sagte ich, während ich in meiner Unterwäsche dastand und mich sehr entblößt fühlte.

»Ich glaub's nicht«, sagte Isabelle. »Schon wieder dieser Radar. Er wird sich darüber lustig machen, dass wir hier herumhängen.«

»Ich will nicht, dass er mich dabei ertappt, wie ich Kleider anprobiere«, sagte ich, während ich meine Einkäufe zusammenraffte und in den Schrank stopfte. »Was sollen wir jetzt machen?«

»Leg dich ins Bett!«, sagte Isabelle. »Unter die Decke, schnell.«

Kichernd sprangen wir beide ins Bett – Isabelle vollständig bekleidet und ich etwas weniger – und zogen die Quiltdecke über uns.

Wir hörten Warrens Schritte auf der Treppe. Einen Augenblick später stand er im Türrahmen und sah uns verdutzt an. »Was tut ihr denn da?«, fragte er.

»Fernsehen«, sagte ich fröhlich.

»Im Bett?«, fragte er. »Mitten am Tag?«

»Wir hatten einfach Lust dazu.«

Er trat ins Zimmer – und natürlich war der Fernseher nicht an.

»Wir haben ihn ausgeschaltet, als wir dich hochkommen hörten«, sagte Isabelle.

Warren sah uns seltsam an. Er schnappte sich, was er holen wollte, und floh.

Isabelle und ich versuchten zu warten, bis er wieder draußen war, bevor wir hysterisch losprusteten, aber es war uns nicht gelungen.

Jetzt, wo ich wieder schwanger war, lachten Isabelle und ich noch immer ständig zusammen, und sie besuchte mich regelmäßig. Aber davon abgesehen blieb die Pforte zwischen unseren Häusern meistens geschlossen. Nachdem ihre besten Freundinnen nicht mehr da waren, blieben ihre Kinder in ihrem eigenen Garten. Traumatisiert von ihrem Verlust, wollten sie den Schmerz, den sie empfanden, wenn sie zu uns kamen, nicht noch einmal erleben. Ein Therapeut, den Isabelle konsultierte, legte nahe, es könnte Kailey und Ryan helfen, wenn sie nicht mehr in die leeren Zimmer gegenüber starren müssten. Aber Isabelle wollte nichts davon wissen. »Ich ziehe nicht weg von dir«, erklärte Isabelle loyal. »Denk gar nicht erst dran.«

Sie engagierte stattdessen einen Architekten, der Pläne entwarf, wie sie die Größe ihres Hauses verdoppeln könnten. Achttausend Dollar später studierten wir zusammen die Pläne.

»Das ist doch idiotisch«, sagte ich zu ihr. »Ihr werdet dieses riesige Haus in einem Block haben, in dem es sonst nichts Vergleichbares gibt. Ihr werdet euer Geld nie rausbekommen, wenn ihr verkauft.«

»Dann werde ich eben nicht verkaufen«, sagte sie. »Ich werde für immer hier leben. Ich verlasse dich nicht, Jackie. Das würde ich einfach nicht tun.«

Ihre Loyalität rührte mich, aber wie könnte ich sie bitten, ein solches Opfer zu erbringen? Ich hatte bereits gelernt, wie ein Lebensplan zerbrechen kann. »Vielleicht solltest du doch über einen Umzug nachdenken«, sagte ich. »Das ist schon okay. Ich weiß ja nicht, wie ich mich fühlen werde, wenn das Baby erst einmal da ist. Was, wenn ihr dieses große Haus baut und ich dann umziehen will?«

Aber Warren hatte nicht vor umzuziehen, und er war entschieden dafür, dass Isabelle und Mark blieben. Er und Isabelle redeten davon, wie mit unserem neuen Baby alles wieder so sein würde wie früher. Die beiden Gärten würden wieder voller glücklicher Kinder sein.

»Ihr zwei seid doch unrealistisch«, sagte ich zu Warren. »Was

Kailey, Ryan und die Mädchen hatten, wird nicht wieder passieren. Es wird nie wieder so sein wie früher.«

»Warum denn nicht?«, fragte er. Er wollte die Vergangenheit wieder einfangen, aber das würde nicht passieren. Die Kinder würden nicht annähernd im selben Alter sein.

»Ryan wird elf sein, wenn das Baby geboren wird. Er wird vielleicht für uns babysitten, aber er wird nicht sein bester Freund sein. Und das Baby wird in absehbarer Zeit nicht durch die Pforte zu Isabelles Haus laufen.«

Ausnahmsweise einmal war ich die Vernünftige, die klar sehen konnte, was die anderen nicht wahrhaben wollten.

»Warren will nicht, dass wir umziehen«, sagte Isabelle eines Morgens, als sie herüberkam, um über ihre Ausbaupläne zu sprechen.

»Dann ist Warren egoistisch«, sagte ich. »Hast du dir denn schon das Haus angesehen, das in der Adams Street zum Verkauf angeboten wird? Im Internet sieht es ganz hübsch aus. Es hat die richtige Größe für euch. Und es ist nur eine Meile weit entfernt.«

Isabelle schüttelte den Kopf. »Ich will es mir gar nicht ansehen.«

»Das solltest du aber«, beharrte ich.

Ein paar Tage später rief mich Warren von der Arbeit aus an, und er weinte. Noch bevor ich seine Stimme am Telefon hörte, nahm ich ein lautes, hicksendes Schluchzen wahr.

»Was ist los?«, fragte ich ihn.

»Ich habe Isabelle gesagt, sie könnte umziehen«, sagte er. »Das Haus, von dem du ihr erzählt hast, hat ihr gut gefallen. Ich glaube, sie wird ein Angebot dafür einreichen.«

Ich rief Isabelle an, und sie weinte ebenfalls. »Woher soll ich denn mein Frühstück bekommen, wenn ich umziehe?«, fragte sie, nur halb im Scherz.

Isabelle brachte auf den Punkt, was unsere Freundschaft wirklich ausmachte: Ihr Mann Mark und ich waren Frühaufsteher, und am Wochenende fuhr einer von uns morgens immer los, um für alle Bagels zu holen. Wir haben beide viel überschüssige Energie, während Isabelle und Warren gern ausschlafen. Wir witzelten immer, wenn Mark und ich verheiratet wären, dann hätten wir ein großes geputztes Haus und würden ständig neue Projekte planen.

»Viel wichtiger ist doch die Frage, woher Warren sein Junkfood bekommen wird, wenn ihr umzieht«, neckte ich sie. Angesichts der Tatsache, dass unsere eigenen Küchenschränke entweder leer oder mit gesundem Essen gefüllt waren, rief Warren oft Isabelle an und fragte, ob sie irgendwelche Süßigkeiten oder Chips übrig hätte.

An dem Tag, an dem der Umzugswagen vor Isabelles und Marks Haus vorfuhr, fühlte ich mich deprimierter, als ich erwartet hatte. Ihr Umzug in die Adams Street bedeutete einen Neuanfang, und auch wenn meine Schwangerschaft dasselbe hätte bedeuten können, fühlte ich es noch nicht. Ich wollte mein altes Leben wiederhaben. Ich wollte meine Kinder. Ich wollte, dass meine Kinder mit Isabelles Kindern in unseren Gärten spielten.

An jenem Abend kam ich mit einem Abendessen zu Isabelles neuem Haus.

»Du bist gekommen!«, rief sie fröhlich und riss die Tür weit auf.

»Freu dich nicht zu früh. Es ist nur Junk Food.« Ich stellte das Essen auf einen noch nicht ausgepackten Umzugskarton.

Sie kicherte und führte mich hinein. Trotz der überall herumstehenden Kartons konnte ich sehen, wie glücklich sie in ihrem neuen Haus war. Wir hätten uns beide gewünscht, dass die Pforte zwischen unseren Gärten ewig offen stand und in unseren

Häusern die fröhlichen Stimmen von Kailey, Ryan, Emma, Alyson und Katie widerhallten, die miteinander spielten. Aber das war vorbei, und etwas anderes war an dessen Stelle getreten. Ich verstand vielleicht zum ersten Mal, dass eine Veränderung mich nicht zwangsläufig zu Grunde richtete.

»Ich freue mich für Isabelle«, erklärte ich Warren, als ich nach Hause kam. »Ich nehme an, das ist es, was die Leute meinen, wenn sie uns sagen, wir müssen einen Neuanfang machen.«

»Wir werden niemals einen Neuanfang machen, Jackie«, sagte er. »Was passiert ist, wird uns für immer begleiten. Aber wir müssen versuchen, uns vorwärtszubewegen. Einfach vorwärtsbewegen, immer nur einen Schritt nach dem anderen. Das ist das Beste, was wir tun können.«

Er hatte recht. Es würde eine Weile dauern, mich an die nächste Phase meines Lebens zu gewöhnen. Ich sah auf meinen Bauch, der sich unter meiner Bluse leicht wölbte. Immer nur einen kleinen Schritt nach dem anderen.

22

Einmal, als Alyson noch ganz klein gewesen war, fragte ich sie, ob sie gern berühmt werden würde.

»Neeein, Mommy, ich will nicht berühmt werden«, sagte sie kopfschüttelnd.

»Ach nein?«, fragte ich überrascht. »Warum willst du denn nicht berühmt werden? Ich wäre soooo gern berühmt.« Ich stand von ihrem Bett auf und warf mich in eine Filmstar-Pose.

Aly kicherte. »Ich bin glücklich so, wie ich bin«, sagte sie. Aufgeschlossen und zufrieden im Leben, musste sie sich kein strahlendes Rampenlicht vorstellen. »Aber du solltest berühmt sein, Mommy. Du bist berühmt!«

Manchmal wurde ich von diesen Worten heimgesucht.

Denn seit dem Unfall wusste ich, wie es war, wenn Fotografen in dem Moment ein Bild von mir schossen, in dem ich am wenigsten damit rechnete, oder wenn sich die Augen von Verkäufern weiteten, wenn sie den Namen auf meiner Kreditkarte lasen. Das Interesse an dem, was die Boulevardzeitungen die »Taconic-Tragödie« genannt hatten, schien anzuhalten, auch wenn Warren und ich nichts taten, um es zu schüren. Wir redeten nicht mit den Reportern, die nach wie vor an unsere Tür klopften, und auch wenn ich mich mit mindestens einer bekannten Fernsehjournalistin per E-Mail anfreundete, stellte ich von Anfang an klar, dass ich nicht vorhatte, ein Interview im Fernsehen zu geben. Was sollte das bringen? Abgesehen von der schriftlichen Stellungnahme, die wir in der ersten Zeit abgegeben hatten, mieden wir das Rampenlicht und versuchten, in der Öffentlichkeit unsere Würde zu wahren.

Mein Schwager Danny hatte keine solchen Absichten. Vielleicht war Dannys Wunsch, Dianes Namen reinzuwaschen, stärker als alles andere – einschließlich seines besseren Wissens. Von Anfang an hatten Warren und ich Dominic Barbara misstraut, dem schmierigen Anwalt, der Danny missbrauchte, um unmittelbar nach dem Unfall einen Mediensturm zu entfesseln. Im Februar befanden die Gerichte Barbara verschiedener Delikte für schuldig und entzogen ihm für achtzehn Monate die Anwaltszulassung. Er ging prompt in den Ruhestand. Aber viele andere Leute verdrehten Danny weiterhin den Kopf. Im späten Winter hörten wir, dass HBO einen Dokumentarfilm über den Unfall plante, produziert von einer Filmemacherin namens Liz Garbus. Danny unterzeichnete einen Vertrag mit ihr.

»Warum tut er das?«, fragte ich Jay, Dannys Schwägerin und seine Medien-Komplizin. Da Danny nicht mehr mit Warren und mir redete, bekam ich meine ganzen Informationen über sie.

»Ich nehme an, wir suchen alle immer noch nach Antworten«, sagte Jay.

Vielleicht wollte Danny auch Geld. Die Washington Post wusste von Gerüchten, denen zufolge »Daniel Schuler 100 000 Dollar für seine Mitwirkung an dem Film bekam« (aber der Pressesprecher des Films sagte, es sei weitaus weniger gewesen – was vermutlich stimmte). Als Warren und ich einen Anruf von den Filmemachern bekamen, lehnten wir jedes Angebot, interviewt zu werden, rundheraus ab. Keine Diskussion. Wir bezweifelten, dass die Dokumentation HBO mit Stolz erfüllen würde. Die Filmemacherin Garbus schien dem Weg zu folgen, den Barbara eingeschlagen hatte – eine medizinische Erklärung für den Unfall zu finden, irgendetwas, das ans Licht bringen würde, warum die Nichttrinkerin Diane betrunken gewesen war. Ich hatte nichts gegen ihre Skepsis, und ich teilte die Ansicht, dass irgendetwas passiert sein musste, was keiner von uns wirklich verstand. Aber die Vorstellung, ein öffentliches Spektakel daraus zu machen, war zu viel.

»Was meinst du, das der Film sagen wird?«, fragte ich Warren eines Abends. »Gibt es irgendeine Möglichkeit, ihn zu verhindern?«

Natürlich konnten wir ihn nicht stoppen. Eine freie und offene Presse ist etwas Tolles – bis man ihr Opfer wird. Bei dem Gedanken an den Dokumentarfilm drehte sich mir der Magen um. Warum wollte man die Geschichte wieder hervorzerren? Sollte in unserer Rund-um-die-Uhr-Nachrichtenkultur inzwischen nicht irgendetwas anderes im Brennpunkt stehen?

Warren erhielt einen Brief von den Produzenten, in dem sie ihn um sein Einverständnis baten, Dianes Leichnam zu exhumieren. Da die Grabstelle uns gehörte, musste er zustimmen, bevor irgendetwas geschehen konnte. Es erschien uns schmutzig und grauenhaft, aber Warren und ich entschieden, wenn Danny Antworten brauchte, dann wollten wir ihm dabei nicht im Weg stehen.

So sehr ich das Rampenlicht scheute, wollte ich aber auch, dass die Leute unsere Töchter in guter Erinnerung behielten. Es machte mich rasend, wenn Reporter, die von dem Unfall redeten, sagten, unter den Opfern seien Diane, ihre Tochter Erin und »ihre drei Nichten auf der Rückbank« gewesen. Ich bin die Mutter dieser drei wunderschönen Mädchen, wollte ich schreien. Emma, Alyson und Katie waren nicht nur anonyme »Nichten«!

Währenddessen ging das Gerede über bevorstehende Klagen weiter. Wir hatten drei Kinder verloren, und jetzt könnten wir auch noch alles verlieren, was wir besaßen. Nach den verschlungenen Gesetzen der versicherungstechnischen und juristischen Verantwortung könnte Warren verklagt werden, da Diane seinen Wagen gefahren hatte. Und damit nicht genug. Offenbar könnten wir ein ganzes Karussell an Klagen in Gang setzen: Ich könnte im Namen der Mädchen auf Dianes Nachlass klagen. Danny könnte Warren in Bryans Namen verklagen, da es sein Wagen gewesen war. Und so weiter. Die Presse stürzte sich darauf und übertrumpfte sich gegenseitig mit Geschichten von dem Zerwürfnis zweier Familien, was mich schon wieder aus der Fassung brachte. Vielleicht herrschte bei uns im Moment nicht eitel Sonnenschein, aber jeder wollte doch nur bekommen, was ihm von den Versicherungen zustand. Obwohl es eine komplizierte Art war, einen sehr kleinen Versicherungstopf zu teilen, bestanden die Anwälte darauf, dass es nötig sei.

Warren wollte einfach nur, dass es vorbei war. Er sagte den Bastardis – der Familie der Männer, die in dem SUV ums Leben gekommen waren, gegen den der Windstar geprallt war –, wir würden auf jedes Geld, das uns von der Versicherung vielleicht zustand, verzichten, wenn wir uns nur rasch einigen könnten. Über ihre Anwälte ließen sie uns wissen, dass es damit nicht getan sei. Ich hatte gewiss Verständnis dafür, dass sich Leute in Trauer nach einem tragischen Unfall in einem quälenden Kreislauf aus Wut und Vorwürfen verheddern können. Aber das war vielleicht das beste Beispiel dafür, wie Opfern die Schuld zugeschoben wird.

Meine Nerven lagen ohnehin schon blank wegen der Schwangerschaft, und jetzt mussten wir uns auch noch mit Anwälten und Klagen und der absurden Möglichkeit herumschlagen, auf hohe Summen verklagt zu werden. Angesichts der Tatsache, dass diese ganze entsetzliche Geschichte eine Fernsehsendung werden würde, die sich die Leute als beiläufige Unterhaltung ansahen, rastete ich schließlich aus.

Als alles schon so schlimm war, wie man es sich nur vorstellen konnte, wurde es noch dramatischer. HBO kündigte an, dass der Titel des Dokumentarfilms »There's Something Wrong with Aunt Diane (Mit Tante Diane stimmt was nicht)« lauten würde. Emmas letzte Worte an mich.

»O mein Gott, wie können sie uns das antun?«, wimmerte ich. »Das ist so schrecklich! Das ist so grausam! Haben sie überhaupt das Recht, diesen Titel zu verwenden?«

Wie konnte irgendjemand mit normalem menschlichen Mitgefühl Emmas letzte Worte als Fernsehslogan missbrauchen? Vielleicht waren die Produzenten und Leiter von Fernsehsendern wirklich so herzlos wie das Hollywood-Klischee. Ich rief bei HBO an, beschwor die Leute dort, den Titel zu ändern. Seit fast zwei Jahren gingen mir die Worte aus meinem letzten Gespräch mit Emma immer wieder durch den Kopf. Ich hörte jede Veränderung ihres Tonfalls, grübelte darüber nach, was sie gedacht und gefühlt haben musste. Es war ein privates Gespräch gewesen, ein intimer, besorgter Austausch zwischen Mutter und Kind. Und jetzt würde es nicht mehr als ein reißerischer Titel sein, um Einschaltquoten zu erzielen.

Ende April, noch bevor der Name der Sendung veröffentlicht worden war, hatte unsere Stiftung einen Scheck in Höhe von 30 000 Dollar von HBO erhalten, mit einer freundlichen Notiz: *Bitte akzeptieren Sie diese Spende im Namen von HBO Documentary Films. Wir bedauern Ihren Verlust zutiefst. Emma, Alyson und Katie leben fort in der guten Arbeit, die Sie mit der Hance-Familienstiftung leisten.*

Ich hatte vor Freude einen Luftsprung gemacht und entzückt aufgekreischt. Wie viel Gutes konnten wir mit diesem Geld tun! Der Sender hatte um nichts im Gegenzug gebeten. Warren war misstrauischer gewesen. »Löse ihn noch nicht ein. Lass uns erst einmal abwarten, was in dem Film kommt.«

»Oh, ich lass dich nicht an meine Kröten«, hatte ich im Scherz gesagt, während ich den Scheck umklammert hatte. »Der Film ist längst gemacht. Lass uns den Scheck einlösen und irgendetwas Positives mit dem Geld bewirken.«

Aber Warren hatte mich überzeugt zu warten, und jetzt, ein paar Monate später, war ich froh darüber.

»Du hattest recht. Das Geld können wir unmöglich annehmen«, sagte ich zu Warren, sobald wir von dem Titel des Films erfuhren. Wir schrieben HBO einen kurzen Brief, in dem wir erklärten, dass die Stiftung den Scheck zurückschicken würde. Wir schlugen vor, wenn sie wirklich etwas Gutes tun wollten, dann sollten sie im Namen der Mädchen eine Spende an eine der anderen Hilfsorganisationen entrichten, die die Stiftung unterstützte.

Soweit ich weiß, haben sie das nie getan.

Ich versuchte, Verständnis für Dannys Bestrebungen aufzubringen, mit HBO zu kooperieren. Wenn er Antworten oder eine Absolution (oder beides) wollte, war das schön und gut. Aber jetzt hatte er eine Grenze überschritten. Seine eigene Seele konnte er verkaufen, aber was für ein Recht hatte er, meine Töchter auszunutzen?

»Ich möchte wetten, man hat ihn bei dem Titel gar nicht um seine Zustimmung gebeten«, sagte Jeannine in einem Versuch, mich zu beruhigen und mir eine etwas andere Sicht der Dinge aufzuzeigen. »Vermutlich hatte er insgesamt nicht viel mitzureden.«

»Dann hätte er den Vertrag nicht unterzeichnen sollen«, sagte ich. »Denkt er denn an gar nichts?«

Als ich mich über den Titel beschwerte, waren die Leute bei HBO ungefähr so mitfühlend wie die Leute vom Kundenservice einer Kreditkartenfirma, wenn man überzogen hat. Sie murmelten, wie leid es ihnen täte, sagten, sie würden sich darum kümmern, und taten dann gar nichts. Vermutlich dachten sie, wenn der Titel mich so in Rage brachte, dann würde er auch die Einschaltquoten hochtreiben.

Eines Morgens, in aller Frühe, überschlugen sich meine Gedanken, und meine ganze aufgestaute Wut auf Danny fühlte sich an, als würde sie mitten in meinem Herzen explodieren. Ich missgönnte ihm nicht das Geld, das er für seine Mitwirkung an dem Dokumentarfilm bekommen hatte, egal, wie viel es war. Denn ich wusste, er brauchte es. Aber ich wollte eine Entschuldigung, koste es, was es wolle. Diane konnte nicht mehr für sich sprechen, daher musste sich Danny in ihrem Namen entschuldigen. Und er musste erkennen, wie sehr sein Tun andere Leute verletzte.

Ich schnappte mir mein Handy und begann, eine SMS zu tippen: *Denkst du bei irgendwelchen Entscheidungen, die du triffst, eigentlich je an Warren und mich? Warren hat bei der Beerdigung in liebevollen Worten von Diane, Erin und Bryan gesprochen. Hast du dich bei ihm je dafür bedankt? Er hat die Grabstellen besorgt und sich um alles gekümmert. Zählt das für dich gar nichts?*

Die Leute warnen einen davor, Ex-Liebhaber anzurufen, wenn man betrunken ist. Was ist damit, einem Schwager eine SMS zu schicken, wenn man erschöpft und wütend ist? Andererseits denke ich nicht, dass ich irgendetwas Unvernünftiges gesagt habe. Ich dachte, ich wäre hilfsbereit und würde ihm den Rat erteilen, den ihm niemand anders geben wollte.

Es spielt keine Rolle, wie der Unfall passiert ist, schrieb ich weiter. *Acht Menschen sind tot, und sie brauchen eine Entschuldigung. Diane ist nicht da, um für sich zu sprechen, daher musst du dich in ihrem Namen entschuldigen. Es ist so, wie wenn ein Kind etwas Unrechtes tut – man steht zu ihm, aber man entschuldigt sich trotzdem.*

Ich hasste Danny nicht, und ich hatte sogar etwas Mitleid mit ihm. Er musste sich ganz allein um Bryan kümmern, und er hatte nicht viele Ressourcen, auf die er dafür zurückgreifen konnte. Während Warren und ich von liebevollen Freunden umgeben waren, blieb Danny offenbar sich selbst überlassen, ohne irgendjemanden zu haben, der ihm gute Ratschläge gab. Ich wollte ihm lediglich aufzeigen, wie verletzend sein Verhalten war, in der Hoffnung, es könnte sich ändern. Ich hielt nichts davon, anderen Leuten den Rücken zu kehren, und war noch immer zuversichtlich, dass meine SMS Danny eine neue Sichtweise aufzeigen würde, von mir zu hören, dass wir uns alle umarmen und wieder Freunde sein könnten.

Ich las mir die SMS noch einmal durch und dachte darüber nach. Dann drückte ich auf »Senden«.

Ein paar Minuten später schrieb er zurück: *Du bist verrückt. Besorg dir Hilfe.*

Ich starrte auf mein Telefon und begann zu hyperventilieren. War das, nach all diesen leidvollen Monaten, der Punkt, an dem wir angekommen waren – bei sinnlosen Beleidigungen? Wir waren doch noch immer eine Familie und mussten uns in dieser Zeit der Not beistehen. Wie hatten wir es so weit kommen lassen können, dass wir nicht mehr kommunizierten? Vielleicht bedeutete Dannys abblockende Haltung, dass er doch irgendetwas wusste – irgendetwas Schlimmes, das er verbergen wollte. Wir waren alle am Boden zerstört, vom selben Ereignis zerrissen, und ich suchte ebenfalls nach Antworten. Ich sorgte mich um meinen Neffen und wollte ihn gern wiedersehen.

Da ich nach dieser hässlichen einzeiligen SMS wieder zu Verstand kommen musste, schnappte ich mir erneut mein Handy. Aber diesmal würde ich Danny keine SMS schicken – ich würde ihn anrufen. Ich rechnete eigentlich nicht damit, dass er abnehmen würde, aber auf einmal war er in der Leitung. Er war nicht nett – deswegen war ich es auch nicht. Wir fingen an uns anzuschreien, und Monate ohne jegliche Kommunikation endeten in einem Ausbruch emotionaler Angriffe und Beschuldigungen.

Ich legte auf und begann unkontrolliert zu weinen. Auf einmal bekam ich keine Luft mehr. Ich klammerte mich an das Sofa, schnappte nach Luft, versuchte mich wieder zu fangen. Doch ich konnte keine Luft mehr in meine Lungen bekommen und stürzte hinunter in den Keller, wo Warrens Bruder David schlief, und erzählte ihm die Geschichte.

»Du darfst es Warren nicht sagen«, beschwor ich ihn. »Er wird stocksauer sein. Aber hilf mir! Ich bekomme keine Luft mehr.«

»Beruhig dich, beruhig dich. Denk an das Baby«, sagte David.

Er führte mich nach oben, um mir eine Papiertüte zu besorgen, in die ich atmen könnte. In dem Augenblick tauchte Warren auf.

»Was ist denn hier los?«, fragte er.

»Nichts«, keuchte ich. »Es ist nur ... es ist schon okay. Ich bekomme nur keine Luft mehr.«

Aber David ignorierte meine Warnung. »Sie hat Danny eine SMS geschrieben. Und dann hat sie ihn angerufen.«

»Warum hast du das denn getan?«, stöhnte Warren. »Warum hast du ihn kontaktiert?«

»Es tut mir so leid«, schluchzte ich. »Ich wollte, dass sich unser Verhältnis bessert. Aber stattdessen ist alles nur noch schlimmer geworden.«

»Du wirst von ihm nicht bekommen, was du brauchst«, sagte Warren. »Warum versuchst du es immer wieder?«

»Ich will, dass er sich entschuldigt. Ich verstehe das alles nicht. Wir alle standen uns doch einmal so nahe. Wie kann es sein, dass wir auf einmal gar nichts mehr miteinander zu tun haben?«

»Er wird sich nicht entschuldigen«, sagte Warren. »Hör auf. Hör einfach auf!«

Ich sprudelte mit der ganzen Geschichte heraus, während ich zusah, wie sich Warrens Gesicht allmählich in eine starre Maske verwandelte. Die Wut schien ihm aus jeder einzelnen Pore zu strömen, und wenn wir in einem Film gewesen wären, dann wären vermutlich Flammen aus seinen Augen geschossen.

»Ich habe genug«, sagte er. »Es reicht. Ich habe mir lange genug auf die Zunge gebissen.«

Er wandte sich zur Tür, und ich rannte ihm nach, hielt ihn am Arm fest. »Wohin willst du?«

»Zu Danny. Es reicht. Ich halte das nicht mehr länger aus«, sagte Warren und schnappte sich seine Autoschlüssel.

»Bitte bleib«, flehte ich. »Hast du unsere Regel vergessen? Nicht Auto fahren, wenn du wütend bist?«

»Das ist mir egal. Ich kann mich nicht mehr beherrschen«, bellte er.

Die Wucht seiner Wut machte mir Angst. »Bleib hier«, sagte ich, während ich mich schluchzend an ihn klammerte. »Es tut mir leid. Ich hätte ihn nicht anrufen sollen. Es gab nur ein paar Dinge, die ich sagen wollte. Er sollte verstehen, was er tut.«

»Ich werde ihn umbringen«, sagte Warren, und seine Drohung hallte nach, während er die Wagentür zuknallte und den Motor hochjagte.

Ich versuchte in die Auffahrt zu laufen und mich hinter den Wagen zu stellen, damit er nirgendwo hinfahren könnte, aber er war schneller und fuhr los, während ich schluchzend dastand und ihm nachsah.

Ich weiß nicht, wo Warren an jenem Morgen landete, aber er fuhr nicht zu Danny, und wie bei so vielen anderen Streitigkeiten ließen wir die Angelegenheit schließlich auf sich beruhen. Warrens Wutausbruch rief mir in Erinnerung, dass seine Emotionen, auch wenn er sie meistens unter Kontrolle hielt, dennoch ebenso tief waren wie meine. Ich hatte meine fabelhaften Freundinnen, mit denen ich fast jeden Tag reden konnte, aber wer war da, um Warren zu stützen, wenn wir uns gegenseitig angriffen, anstatt einander Halt zu geben? Er hatte viele enge Freunde, aber sie waren den ganzen Tag beschäftigt. Wenn Warren um drei Uhr nachmittags von unmenschlicher Traurigkeit übermannt wurde, würde er kaum Brad in der Investmentbank stören, in der er arbeitete, oder Doug in seinem Büro, um etwas Zuspruch oder emotionalen Beistand zu bekommen. Zum Glück schauten einige seiner Freunde ein paar Mal die Woche abends vorbei, um auf unserer Couch zu sitzen. Nichts Weltbewegendes wurde je gesagt, es war nur wichtig, dass sie da waren.

Unsere Nachbarin Laura, die Warrens Vater Mr. Hance seit ihrer Kindheit kannte, rief ihn eines Tages an, als sie Warren in einem verzweifelten Zustand gesehen hatte. Sie dachte, es könnte ihm helfen, seinen Dad zum Reden zu haben. »Warren geht es nicht gut, er macht eine schwere Phase durch«, sagte sie zu Mr. Hance.

»Warum macht er eine schwere Phase durch?«, fragte er.

Musste sie das wirklich erklären? Laura wusste nicht, was sie sagen sollte. Mr. Hance hatte vier Enkelkinder und seine einzige Tochter bei dem Unfall verloren, aber seine einzige Gefühlsregung war stoische Ruhe.

Als Laura mir die Geschichte erzählte, rief ich Warrens Dad selbst an. »Dein Sohn bricht zusammen«, sagte ich zu ihm. »Du musst ihm helfen.«

»Was soll ich denn machen?«, fragte er.

»Komm einfach her, um bei ihm zu sein. Ihr müsst nicht reden. Setz dich einfach hin und schau dir ein Baseballspiel mit ihm an.«

Sowohl meine Mutter als auch Warrens Vater taten sich mit ihren Rollen Warren und mir gegenüber schwer. Meine Mutter war eine wundervolle Babysitterin für die Mädchen gewesen, vertraut, liebevoll und stets bereit, rasch vorbeizuschauen, wenn wir einen Ausgehabend planten. Meine Töchter hatten sie angehimmelt. Wenn sie gekommen war, hatten sie immer »Nanny!« gerufen und waren entzückt zur Tür gerannt, mit freudestrahlenden Gesichtern angesichts der bedingungslosen Liebe, die nur eine Großmutter geben kann.

Nach dem Unfall war sie ebenso verstört wie ich. Sie hatte ihre drei Enkelinnen verloren – und in gewisser Weise hatte sie auch ihre Tochter verloren. Ich war anders, leer. Ich war immer entspannt gewesen, wenn sie kam, hatte ihr nie über die Schulter gesehen oder ihr Anweisungen gegeben, wie sie babysitten sollte. Jetzt war ich ein Nervenbündel und hatte nicht viel zu sagen.

Auch Mr. Hance war ein toller Babysitter für die Mädchen gewesen, und sie hatten ihn ebenso sehr geliebt wie ihre Grandma. Aber es widerstrebte ihm mittlerweile ebenfalls, zu uns herüberzukommen. Und vielleicht war ich dabei auch keine große Hilfe.

Eines Tages, als Mr. Hance unangekündigt vor unserer Tür stand und mit mir zu reden versuchte, warf ich ihm einen kalten Blick zu, als wollte ich sagen: Was tust du denn hier? Ich war nicht sehr freundlich gestimmt, und ich nehme an, das spürte er. Ein Teil von mir wollte, dass er hier war, um Warrens Schmerz mit ihm zu teilen, aber ein anderer Teil von mir sträubte sich dagegen. Manchmal hatte ich das Gefühl, zwischen all den Hances um mich herum unterzugehen. Da Warren, sein Bruder David und der Geist von Diane ständig in unserem Haus anwesend waren, musste ich mich zusammenreißen, um nicht wild um mich zu schlagen.

Warrens Rolle in unserer Ehe war es, sich um mich zu kümmern – trotz meines Grolls, dass er dieser Aufgabe jetzt nicht immer gewachsen war.

»Du musst Jackie durch ihre Schwangerschaft hindurchhelfen«, flüsterten Freunde ihm jedes Mal zu, wenn wir ausgingen. »Ihre Hormone spielen im Moment verrückt. Du musst verständnisvoll sein.«

Was Warren verstand, war, dass ich mir alles erlauben konnte – und er sich damit abfinden musste. Ich nahm keine Pillen gegen Angst oder Depressionen mehr, ein Baby wuchs in mir heran, und ich hatte viel durchgemacht, um an diesen Punkt zu gelangen. An Tagen, an denen ich besonders gereizt war, fragte ich mich, warum eigentlich jede Bürde den Frauen aufgeladen wird. Daher gestattete ich mir von Zeit zu Zeit, melodramatisch und launisch zu sein.

»Nur noch ein paar Monate«, versprachen dieselben Freunde Warren, wenn ich spontan eine Party unvermittelt verließ, indem ich erklärte, erschöpft zu sein, und dann einen ganzen Tag lang weinend im Bett lag.

»Macht sich eigentlich irgendjemand Sorgen darum, wie ich mich fühle?«, fragte er, während Isabelle und Jeannine und etliche andere kamen und gingen, um sicherzustellen, dass es mir gut ging.

»Nein«, sagte ich rundheraus. »Im Augenblick nicht. Du bist nicht schwanger.«

Die physischen Belastungen der Schwangerschaft (und Schwangerschaftshormone können, wie PMS oder die Menopause, eine verdammt gute Ausrede für schlechtes Benehmen sein) ertrug ich gut, aber das ganze Prozedere war überwältigend anstrengend. Obwohl ich Warren selbst gebeten hatte, umzuziehen und einen Neuanfang zu machen, wurde mir bewusst, dass ich gar nicht noch einmal von vorn anfangen konnte. Ich wollte in dem Haus leben, in dem ich noch immer das Gelächter meiner Töchter hören konnte. Wenn wir umziehen würden, würde mein Leben mit meinen Töchtern vielleicht noch mehr verblassen.

Fast nichts im Haus hatte sich seit dem Tag des Unfalls verändert. Ihre Betten waren für mich praktisch Pilgerstätten. Ich ging noch immer in die Zimmer der Mädchen und schüttelte ihre Kissen auf und sorgte dafür, dass ihre Hausschuhe ordentlich aufgereiht dastanden. Ich legte mich auf die bequemen Matratzen und dachte an sie. Ich hatte früher darauf bestanden, dass die Mädchen ihre Betten jeden Morgen machten, da mir der Gedanke nicht gefiel, dass sie sich abends in ungemachte Betten legten – damit fühlte man sich einfach nicht gut. Sobald ich es ihnen erklärt hatte, waren sie einverstanden gewesen und hatten jeden Morgen vor der Schule die Laken glatt gestrichen und die Decken aufgeschüttelt. Solch brave Mädchen.

Irgendjemand gab mir ein Buch über eine Frau, die ihren geliebten Ehemann bei einer Tragödie verloren hatte, und in dem Buch schilderte sie, wie sie unmittelbar danach all seine Kleider und Habseligkeiten wegpackte und aus dem Haus schaffte. Ein paar Monate später ließ sie es renovieren und neu streichen, um nicht mit den Erinnerungen leben zu müssen. Aber ich wollte mit Erinnerungen leben. Sie würden mir helfen, die Mädchen für immer bei mir zu behalten.

Doch so wenig ich loslassen wollte, wir mussten uns auf das Baby vorbereiten und uns überlegen, wie wir zu Hause alles arrangieren sollten. Das war gar nicht so einfach. Das Zimmer, das sich Emma und Alyson geteilt hatten, und das wir noch immer »das Mädchenzimmer« nannten, würde ein Gitterbett für das Baby anstelle von Emmas Bett bekommen. Und Katies winziges Zimmer würden wir in einen begehbaren Kleiderschrank verwandeln, den sich die Mädchen immer gewünscht hatten. Im Urlaub mussten sich die drei manchmal ein Zimmer teilen. Dann redeten sie oft davon, zu Hause dasselbe zu tun und Katies Zimmer in ein Ankleidezimmer für uns alle zu verwandeln. Jetzt würde es dazu kommen.

Eines Samstags im Juni ging ich mit Melissa shoppen – und ich dachte wirklich nicht über Gitterbetten, Kleiderschränke und Korbwiegen nach, als ich nach Hause kam und nach oben ging, um meine Einkäufe abzustellen. Ich traute meinen Augen nicht. Katies Zimmer war leer. Sogar das Bett und die Kommode waren verschwunden. Alle Kleider und persönlichen Gegenstände, die in den Schubladen gelegen hatten, waren drunter und drüber in Emmas und Alysons Zimmer geworfen worden.

»O MEIN GOTT! Was ist passiert? Wo ist Katies Bett?« Ich flippte fast aus. »Was ist mit ihren ganzen Sachen passiert? Warren! Was ist los?« Ich rannte hektisch von einem Zimmer ins nächste, schockiert von dem chaotischen Anblick der Zimmer meiner Kinder.

Warren kam die Treppe hochgestapft, mit bleicher Miene. Die Schweißtropfen standen ihm auf der Stirn. »Das hatten wir doch so besprochen«, erinnerte er mich. »Ich wollte das Zimmer fertig machen und alles umräumen, solange David noch hier ist.«

Nachdem er seit dem Unfall fast jedes Wochenende bei uns verbracht hatte, war sein Bruder von der Air Force versetzt worden und würde im August in die Türkei abfliegen.

»Aber sieh dir doch bloß dieses Zimmer an«, rief ich. »So kannst du doch nicht mit Katies Sachen umgehen! Wie konntest du das tun? Alles liegt drunter und drüber. Das kannst du nicht machen! Was hast du dir denn dabei gedacht?«

»Es musste schnell gehen. Ich konnte mich nicht erst hinsetzen und Kleider zusammenlegen«, brüllte er zurück. »Die Kommode haben wir in den Keller getragen, um sie neu zu lackieren. Und das Bett haben wir Jonathan gegeben, für Maddie. Sie ist jetzt fast aus ihrem Bettchen herausgewachsen und kann es gut gebrauchen.«

Ich begann zu heulen. Ich mochte unsere Nachbarn Jonathan und Desi, und es machte mir Freude zuzusehen, wie ihre kleine Tochter Maddie auf Katies Fahrrad durch die Straße flitzte. Warren hatte es geputzt und eine Klingel und Troddeln daran befestigt, bevor er es ihr vor ein paar Monaten geschenkt hatte, und es sah absolut niedlich aus.

Aber Katies Bett nicht mehr zu haben? Aus dem Fenster zu sehen und zu wissen, dass es dort drüben stand, so nah und doch nicht mehr hier bei mir? Ich nehme an, ich wusste, dass wir ihre kostbare Schlafstätte weggeben mussten, um Platz für das Ankleidezimmer zu schaffen, aber ich hatte es nicht durchdacht.

»Ich will es wiederhaben!«, schrie ich.

»Jackie, das ist jetzt Maddies Bett«, sagte Warren.

»Ich will es wiederhaben. Bring es zurück, bring die Kommode zurück. Ich brauche den begehbaren Kleiderschrank nicht, und ich will, dass alles wieder so ist, wie es vorher war.«

»Nein, es bleibt dabei«, sagte Warren entschieden. »Die Angelegenheit ist erledigt.«

»Das ergibt doch keinen Sinn!«, brüllte nun ich. Ich trat an das offene Fenster und begann zu schreien, sodass jeder draußen es hören konnte. »Ich will mein Bett wiederhaben! Ich will Katies Bett wiederhaben!«

Warren versuchte mich wegzuzerren, aber ich schrie und weinte wie von Sinnen. Ich ging in Emmas und Alysons Zimmer, warf mich auf ihre Betten und klammerte mich an Katies Kleider, die überall verstreut lagen. Ich weinte hysterisch, außer Stande, mich wieder zu beruhigen. Warren ließ mich schließlich allein.

Nach fast einer Stunde ebbte mein Schluchzen allmählich ab. Aber ich lag noch immer da, den Kopf auf dem durchnässten Kissen, und zitterte am ganzen Körper. Draußen hörte ich Desis Stimme. Sie stand in unserem Vorgarten und redete mit Warren. »Soll ich das Bett zurückbringen?«, fragte sie.

»Nein«, sagte Warren. »Bitte mach dir keine Sorgen. Geh einfach wieder nach Hause und lass es stehen.«

Ein paar Minuten später kam Laura herüber. Sie redete eine Weile vor dem Haus mit Warren, und dann hörte ich ihre Schritte auf der Treppe. Ich schaffte es, mich aufzusetzen. Sie stand im Türrahmen von Emmas und Alysons Zimmer und sah sich um. »Lass uns dieses Zimmer aufräumen«, sagte sie.

»Kannst du glauben, was Warren getan hat?«, fragte ich.

Laura schüttelte den Kopf. »Er hat versucht, das Richtige zu tun. Für ihn war es auch nicht leicht, Jackie. David hat mir erzählt, als sie das Bett die Treppe hinuntergetragen haben, hätte Warren sich übergeben müssen.«

Ich schloss für einen Moment die Augen. Komisch, wie unsere Körper auf Stress reagieren. Ich konnte nichts essen. Warren erbrach sich. Das passierte in letzter Zeit oft. Ich hörte ihn im Bad würgen, als wollte sein Körper alles von sich geben und sich irgendwie selbst reinigen. Das Leben ohne seine Mädchen brachte ihn nur dazu, unentwegt kotzen zu wollen.

Ich stand vom Bett auf. »Er hat es nicht sehr gut geplant. Ich hätte ihre Sachen doch zusammengepackt.«

Ich hatte bereits ein paar rosa Behälter für die Dinge der Mädchen gekauft, und jetzt falteten Laura und ich sorgfältig alles zusammen, legten Bilder, Hosen und Pyjamas in die Behälter. Ich ließ ein paar Sachen übrig, um sie in den Schrank zu hängen, den Warren bauen würde.

Viel später kam Warren wieder. »Was tut ihr denn da?«, fragte er.

»Packen. Das kann alles auf den Speicher über der Garage«, sagte ich, endlich zur Vernunft gekommen.

Er starrte auf ein rosa Kissen, das ich in einen der Behälter gestopft hatte. Es hatte die Form einer Krone und trug die Aufschrift »Prinzessin«. Er beugte sich darüber, zog es heraus und drückte es an sich. »Das Prinzessinnenkissen kommt nicht auf den Speicher«, sagte er. »Das muss hierbleiben.« Er hielt sich das Seidenkissen, das er einst als Geschenk für Emma gekauft hatte, an seine raue Wange, und Tränen traten ihm in die Augen.

Ich wandte den Blick ab. »Okay«, sagte ich. »Das Kissen bleibt auch.«

Wir packten die ganze Nacht.

Am nächsten Tag rief Desi an, um zu fragen, ob ich das Bett wiederhaben wollte, und ich verspürte einen Anflug von Erleichterung, als ich ihr sagte, sie solle es behalten.

Jetzt, wo ich meine ganzen Medikamente wegen der Schwangerschaft abgesetzt hatte, fühlte ich mich verängstigt – ich hatte sie so lange genommen. Ich glaubte an die Pillen, und egal, ob es ein Placebo-Effekt oder eine tatsächliche chemische Reaktion war, ich machte mir Sorgen, wie ich mich ohne sie fühlen würde. Daher nahm ich weiterhin ein Präparat namens Ambien, um besser schlafen zu können. Die Anweisungen für ein Medikament dieser Sorte sind sehr spezifisch: Nehmen Sie die Tablette, legen Sie sich hin und lassen Sie sie wirken. Wenn ich trotz des Präparats wach blieb, war ich vom Warten auf die einsetzende Wirkung irgendwann völlig überdreht und aufgeputscht. Einmal fegte ich mitten in der Nacht wie wild die Garage. Ein andermal rannte ich hektisch durchs Haus, sah die ganzen Bilder der Mädchen durch und verstreute sie überall auf dem Boden.

Jetzt, wo ich schwanger war, stand ich in der Nacht oft auf, um auf die Toilette zu gehen, und sobald ich trotz der Medikamente in meinem Organismus wach war, raste mein Verstand mit einer Million Meilen in der Stunde in meinem Kopf herum, und das Adrenalin in meinem Körper schien völlig außer Kontrolle. Eines Nachts verspürte ich um vier Uhr morgens den Drang, Brownies zu backen. Ich nahm die Hälfte der Töpfe in der Küche aus den Schränken und zerrte jedes bisschen Schokolade und Mehl hervor, das ich finden konnte. Anstatt einen Teig anzurühren, richtete ich ein Riesenchaos an.

Am nächsten Morgen beschloss ich, die Schlaftabletten abzusetzen – einerseits, um das Baby, andererseits, um mich selbst zu schützen.

Warrens Erfahrungen mit Schlaftabletten schienen nicht viel besser zu sein.

»Du musst sie wirken lassen«, erinnerte ich ihn, als er eine Tablette schluckte und dann irgendetwas in Angriff nahm, anstatt sich ins Bett zu legen und zur Ruhe zu kommen. Anstelle einer Antwort raste er in den Keller und begann zu wüten. Ich weiß nicht, was er sich dabei dachte, aber er riss jedes Bild von den Wänden, fegte jede Sporttrophäe von den Regalen und warf alle Spielsachen und Puzzles der Mädchen auf einen riesigen Haufen. Am nächsten Morgen erwähnte er seinen Ausbruch mit keinem Wort. Vielleicht erinnerte er sich gar nicht mehr daran. Nachdem er zur Arbeit gefahren war, sah ich das Chaos im Keller, und ich wusste genau, was letzte Nacht passiert war. Ich rief meine Freundin Denine an, damit sie mir half, das Durcheinander aufzuräumen, und wir verbrachten den ganzen Tag damit, drei riesige Müllsäcke mit den kaputten Überresten der Spielsachen der Mädchen zu füllen.

Waren wir im Grunde nur brodelnde Kessel voller Hormone, Chemikalien und Neurotransmitter? Ausnahmsweise einmal konnte ich nicht wütend auf Warren sein, da ich nicht glaubte, dass das, was er getan hatte, irgendetwas mit seinem echten Selbst zu tun hatte. Und war denn auch nur einer von uns seit dem Unfall überhaupt »der echte Warren« oder »die echte Jackie« gewesen? Es war, als wäre unser eigentliches Wesen als gute, glückliche und vernünftige Menschen von dem Unfall ausgelöscht worden. Wir verstanden uns selbst kaum noch.

»Erledigt«, sagte Denine, als sie den letzten Müllsack zuschnürte.

»Danke. Aber können wir das vielleicht für uns behalten? Ich will nicht, dass Warren sich noch schlechter fühlt.«

»Na klar«, sagte sie. »Das ist nett von dir.«

Wie konnte ich vermeiden, mit Warren darüber zu reden, wenn die überquellenden Müllsäcke in der Auffahrt ein unleugbarer Beweis für sein nächtliches Treiben sein würden? Ich wollte ihm nicht unter die Nase reiben, was irgendein fremdgesteuerter Roboter-Warren getan hatte.

»Ich kann die Müllsäcke mit nach Hause nehmen«, bot Denine an. »Die Müllmänner können sie von dort mitnehmen.«

»Oh, würdest du das wirklich tun? Danke.«

Ich half ihr, die Müllsäcke in ihrem Kofferraum zu verstauen. Es war schon komisch, wie sehr ich Warren schützen wollte. Ich spürte, wie sich mein Herz für meinen Mann erweichte, während ich an all die Dinge dachte, mit denen er ebenfalls zu kämpfen hatte. Er musste von seiner Randale in der letzten Nacht ohnehin schon einen seelischen Kater haben, und er sollte nicht noch mehr leiden müssen.

Nach dem Debakel mit Katies Bett entschied ich ein paar Wochen später, die Dinge selbst in die Hand zu nehmen, als wir bereit waren, Emmas Bett zu entfernen, um Platz für das Gitterbett zu schaffen. Ein anderes Nachbarpaar, Gina und Sal, wollte das

Bett für ihr Gästezimmer haben, und ich erklärte mich rasch einverstanden. »Es würde mich freuen, zu wissen, dass ihr es habt«, sagte ich.

Ihre damals fast jugendliche Tochter Erica hatte ab und zu auf unsere Mädchen aufgepasst. Ich hatte sie manchmal tagsüber angerufen, wenn ich eine Besorgung zu erledigen hatte, und sie kam immer kurzfristig vorbei. Sie hatte eine innige Beziehung zu den Mädchen, aber als der Unfall passierte, war sie in einem Ferienlager. Als sie nach Hause kam, die Mädchen nicht mehr da waren und die Beerdigung vorbei, war sie völlig aufgelöst. Lange Zeit konnte sie mir nicht einmal in die Augen sehen. Mir gefiel die Vorstellung, dass Emmas Bett in ihrem Haus war. Erica würde mit derselben sanften Freundlichkeit darauf aufpassen, die sie den Mädchen gegenüber gezeigt hatte.

Das Bett zu bewegen würde nicht einfach sein. Emma hatte ein Kastenbett mit Schubladen darunter, und es war extragroß, sodass es nicht um die Ecke der Treppe in unserem Haus passen würde. Um es in ihr Zimmer zu bekommen, brachten wir damals vor dem Haus ein Flaschenzugsystem an, hievten das Bett in den ersten Stock und zwängten es durch ihr Fenster. Jetzt planten wir dasselbe umgekehrt. Ich vereinbarte mit unseren Nachbarn Sal und Jonathan, dass sie herüberkommen würden, um Warren zu helfen. Sie würden das Bett aus dem Fenster und aufs Dach ziehen und es dann seitlich am Haus hinunterlassen.

Ich zog die Laken ab und legte die Bettdecken zusammen. Ein letztes Mal legte ich mich auf die Matratze. Ich würde nicht zulassen, dass dieser Abbau so schrecklich ablief wie der letzte. Die Männer würden am Sonntag kommen, um das Projekt in Angriff zu nehmen, und ich würde das Haus einfach still verlassen, bis sie fertig waren.

»Ich bin so weit«, sagte ich zu Warren.

Aber ich war nicht vorbereitet auf das, was Dienstagnacht passierte, fünf Tage bevor das Bett weggeschafft werden sollte.

Gegen zwei Uhr morgens wachte ich aus dem Tiefschlaf auf, als ich seltsame Geräusche über mir hörte. Ich lag ganz still da und versuchte mir vorzustellen, was los sein könnte. Ich nahm nicht an, dass es Einbrecher waren, und wenn, dann war es mir egal. (Nehmt alles mit, was ihr wollt. Alles, was mir etwas bedeutet hat, ist ohnehin nicht mehr da.) Aber die Geräusche waren zu rhythmisch und beharrlich für einen Einbrecher. Als ich schließlich begriff, woher der Krach kam, stand ich auf und ging in das Zimmer der Mädchen.

Im Mondlicht sah ich Warren, der mir den Rücken zugewandt hatte, während er keuchend und stöhnend Emmas Bett aus dem Fenster zu schieben versuchte.

»Was tust du denn da?«, fragte ich und schaltete das Licht ein. »Du kannst das Bett nicht allein bewegen.«

»Warum denn nicht?« Er sah mich mit wildem Blick an, während er weiter mit übermenschlicher Anstrengung das Bett durch das offene Fenster wuchten wollte.

»Hör auf, Warren. Du kannst das Bett nicht mitten in der Nacht vom Dach herunterbekommen.«

»Dann mache ich es morgen früh.«

»Das heißt, du wirst Emmas Bett die ganze Nacht draußen lassen?«, fragte ich, während ich Panik in mir aufsteigen spürte.

»Ich habe die Wettervorhersage gehört. Es soll schön bleiben«, sagte er.

»O mein Gott.« Ich hielt mir die Hände vors Gesicht. »Das kann nicht dein Ernst sein.«

»Was ist denn los? Warum regst du dich auf?«, fragte er, als sei ihm nicht bewusst, dass sein seltsames Verhalten ausreichte, um die Frage zu beantworten.

»Du wolltest das am Sonntag mit den Männern machen!«

»Ich konnte nicht bis Sonntag warten.« Er redete zu schnell, und seine Stimme klang fast verzweifelt. »Ich bin zu nervös. Ich kann es genauso gut selbst erledigen.«

Ich ging wieder zu Bett und lag mit weit aufgerissenen Augen da. Warren klang verrückt, aber es mussten die Medikamente sein, die ihn antrieben. Warum sonst sollte er um zwei Uhr morgens aufgekratzt, überreizt und strotzend vor Energie sein? Angesichts seiner anderen Randale, nachdem er Schlaftabletten genommen hatte, nahm ich an, dass es für Menschen, die derlei Präparate nahmen, nicht allzu seltsam war, mitten in der Nacht ein Bett aus einem Fenster zu wuchten.

Aber zu verstehen, was passiert war, machte es nicht besser. Ich lag da und starrte an die Decke, während ich spürte, wie das emotionale Gewicht von Emmas Bett vom Dach auf mich hinunterdrückte. Emmas Bett, das gefährlich schief dort draußen hing, schutzlos der Nachtluft ausgesetzt. Ein argloser Gegenstand – wie ein unschuldiges Kind, hilflos ausgeliefert und verletzlich. Das Bild des massiven Holzrahmens, schwankend auf dem Dach, erschien mir wie eine Metapher für mein tiefstes, dunkelstes Gefühl von Scham. Ich hatte die Mädchen nicht beschützt. Hatte nicht für ihre Sicherheit gesorgt.

Vielleicht war der Zusammenhang etwas weit hergeholt, aber während die Stunden verstrichen – drei Uhr, vier Uhr –, konnte ich an nichts anderes mehr denken. In seinem erregten Zustand hatte Warren gedacht, die Nachtluft würde Emmas Bett nichts anhaben. Aber in meinem Kopf war das Mindeste, was wir jetzt tun konnten, alles zu schützen, was mit den Mädchen zusammenhing, mit ihrem Andenken, mit ihrem Leben.

Ich tat kein Auge zu. Gegen halb fünf schickte ich meinen Lauffreundinnen eine SMS: *Kann heute Morgen nicht kommen. Warren hatte eine schlimme Nacht.* Ich stand trotzdem auf, ich hatte lange genug schlaflos dagelegen. Zu erschöpft, um zu laufen, könnte ich wenigstens unseren Hund Jake ausführen. Eine Stunde später schlenderte ich mit Jake vor unserem Haus auf und ab, als Una vorbeikam – eine Frau aus der Laufgruppe.

»Hey, du bist ja auf den Beinen«, sagte sie und verlangsamte ihr Tempo. »Was ist los?«

»Sieh mal.« Ich zeigte nach oben. »Auf meinem Dach ist ein Bett.«

Una legte den Kopf in den Nacken und blieb wie angewurzelt stehen. »Oh, wow. Soll Doug vorbeikommen?«

»Nein. Es war so dumm von Warren. Aber er wird sich überlegen müssen, wie er es heute selbst herunterbekommt.«

Das Glück – in Gestalt unseres erweiterten Kreises von Familienangehörigen und Freunden – half ihm aus der Patsche. Warren ging nicht zur Arbeit, da er sich nach der langen Nacht nicht wohlfühlte, und zufällig kam an genau diesem Tag mein Bruder Mark vorbei, um ein bisschen bei uns abzuhängen. Unser Nachbar Jonathan arbeitete von zu Hause, und er kam ebenfalls rüber.

»Gute Neuigkeiten, Warren, komm her«, rief ich, sobald sie eintrafen. »Ihr könnt jetzt dieses Bett vom Dach schaffen.«

Die drei Männer legten ein Seil um den schweren Holzrahmen des Betts und ließen es seitlich am Haus hinuntergleiten. Um zwei Uhr nachmittags, zwölf Stunden nachdem Warren das Projekt eigenhändig in Angriff genommen hatte, stand Emmas extragroßes Kastenbett auf dem Rasen vor unserem Haus.

Aber selbst das war noch nicht das Ende.

Nachdem sie es ächzend und stöhnend heruntergeschafft hatten, wurde den Männern bewusst, dass sie das Bett bei Gina und

Sal niemals über die Treppe hochbekommen würden. Niemand war in der Stimmung für weitere Abenteuer mit noch mehr Dächern, Seilen und Fenstern.

»Was machen wir jetzt?«, fragte Warren.

Jeder, der an dieser chaotischen Räumaktion beteiligt gewesen war, stand auf dem Gehsteig und starrte auf Emmas Bett. Ich stellte klar, dass ich es nicht wiederhaben wollte, sah Jonathan an und hatte spontan eine Idee. Wenn etwas richtig ist, weiß ich es einfach. »Könnt ihr es nicht gebrauchen?«, fragte ich ihn. »Es passt zu dem anderen Bett. Und ihr habt zwei Kinder.«

Er sah mich besorgt an, erinnerte sich an die Hysterie, die ausgebrochen war, als er sich das letzte Mal bereit erklärte, ein Bett zu nehmen. Aber ich lächelte, daher nickte er.

»Na klar«, sagte Jonathan und fügte dann, von seinem Sohn sprechend, hinzu: »Colton ist bald alt genug für ein Bett. Er würde es lieben.«

War das eine Laune des Schicksals? Zufall? Bestimmung? Ein süßer Witz von meinen Engeln im Himmel? Jedenfalls landeten Emmas und Katies Bett irgendwie wieder in demselben Haus, in zwei Kinderzimmern, die Tür an Tür lagen.

Wie bei so vielem anderen war es nicht leicht, aber wir hatten es geschafft.

23

Jeder, den ich kannte, schien begeistert davon, dass ich wieder ein Baby bekam, und warum sollten sie das auch nicht sein? Ich hatte viel dafür durchgemacht. Immer wieder rief ich mir in Erinnerung, dass ich eine Entscheidung getroffen hatte. Aber war es die richtige? Bei Emma, Alyson und Katie war ich so stolz gewesen, ein glückliches Haus und eine glückliche Familie zu haben. Kinder hatten nichts Geringeres verdient. Aber wenn das Glück nicht mehr zu meinem Repertoire gehörte, dann konnte ich diesem Baby vielleicht nicht das gute Leben bieten, das es verdient hatte.

Ich musste immer wieder an einen Tag kurz vor dem Unfall denken, als Warren und ich eine Auseinandersetzung gehabt hatten, und da wir schon vor Längerem die Abmachung getroffen hatten, uns niemals vor den Mädchen zu streiten, schickten wir Katie und Alyson zum Spielen nach draußen. Unser Streit war kaum der Rede wert, aber als er zu Ende war, rannte ich mit verletzten Gefühlen in den Keller hinunter und brach in Tränen aus.

Alyson musste mich von dort, wo sie im Garten spielte, gesehen haben, denn sie hielt mit dem inne, was sie tat, und kam herüber und presste ihr Gesicht ans Kellerfenster. »Nicht weinen, Mommy«, sagte sie.

Sie blickte unerträglich traurig, und ihre bedrückte Miene brach mir das Herz. Mich weinen zu sehen hatte sie ihrer ganzen normalen Fröhlichkeit beraubt. Das konnte ich ihr nicht antun.

Ich hatte mir also die Tränen weggewischt und ihr ein breites Lächeln geschenkt.

Jetzt, mitten in meiner Schwangerschaft, dachte ich immer wieder daran, wie ich mich gefühlt hatte, als ich Alysons trauriges Gesicht sah, und wusste, dass ich ihr damals Kummer bereitet hatte. Für Alyson hatte ich meine Stimmung aber sehr schnell ändern können, und sie fand ihre übliche gute Laune ebenfalls leicht wieder. Aber wie würde das Leben für das neue Baby sein, wenn es in ein Haus kam, das von Leid erfüllt war? Würde Düsterkeit seine Standardeinstellung sein?

»Ich überlege, ob ich das Baby zur Adoption freigeben soll«, sagte ich eines Tages in meinem zweiten Schwangerschaftsdrittel zu Melissa.

»Du wirst das Baby nicht zur Adoption freigeben«, erwiderte Melissa. »Wir werden alle hier sein, um dir zu helfen. Dieses Baby wird genauso geliebt werden wie jedes andere auf der Welt.«

Ihre Worte hallten in mir nach. Selbst zu den düstersten Zeiten fühlte ich mich geliebt und getragen von meinen Freundinnen, und ihre großzügige Geisteshaltung würde dem Baby ebenso guttun. Sich um das Baby zu kümmern, würde sogar ein Klacks sein im Vergleich zu der Aufgabe, mit mir selbst fertigzuwerden. Ich entschied prompt, dass das Baby drei Patinnen haben würde – Melissa, Isabelle und Jeannine.

Wenn meine verrückten Gedanken jetzt um Adoption kreisten, dann dachte ich wenigstens nicht mehr an Selbstmord. Das konnte ich nicht. Dank dieser Schwangerschaft lastete eine Verantwortung auf mir, und es gab etwas Wichtigeres als mich selbst, worum ich mir Sorgen machen musste.

»Du warst eine solch gute Mutter für die Mädchen«, sagte Isabelle sanft, »und du wirst wieder eine gute Mom sein.« Sie sah mich mit ihren großen Rehaugen an, und ich musste unwillkürlich lächeln. Selbst wenn sie im Ernst sprach, brachte Isabelle meine alberne Seite zum Vorschein.

»Und was war damals, als ich den Krach im Haus nicht ausgehalten habe? Weißt du noch? Ich habe Katie zu dir geschickt und mich dann im Bad eingeschlossen«, sagte ich.

»Wer von uns hat das denn noch nie getan?«, lachte Isabelle.

Seit dem Unfall sehnte ich mich jeden Tag danach, die Mädchen kichern und lachen zu hören, oder auch nur streiten und weinen. Wie hatte ich diesem fröhlichen Tumult je entkommen wollen? Jetzt würde ich alles geben, um die Geräusche eines normalen Familientrubels wieder zu hören. Wenn ein neues Baby weinte, dann würde das kein Krach für mich sein, es würde eine Rückkehr zur Musik unseres Lebens sein, ein Ende der unheimlichen Stille.

Isabelle hatte recht. Selbst in meinem schwangeren, verunsicherten Zustand wusste ich im Grunde meines Herzens, dass ich für Emma, Alyson und Katie eine liebevolle Mom gewesen war. Sie hatten meine Zuneigung genossen und waren stark und selbstsicher aufgewachsen. Jeden Morgen vor der Schule hatte ich sie umarmt und geküsst, und keine war je ohne ein Lächeln aus dem Haus gegangen.

Bis auf einen Morgen, als Emma gerade in die dritte Klasse ging. Sie war mit dem linken Fuß aufgestanden und weigerte sich, Aly ihre Jacke zu borgen. Als ich darauf bestand, dass sie sie ihr lieh, erklärte sie theatralisch, wie ungerecht ich sei, und begann zu weinen. Ich versuchte sie zu beruhigen, aber dann begann sie zu toben, weil ihr nicht gefiel, wie ihre Haare aussahen.

»Du benimmst dich wie eine Göre«, sagte ich, sodass sie noch mehr weinte.

Warum stellte sich mein braves Mädchen so an? Als sie zur Schule losging, sah sie noch einmal zu mir, aber ich sah einfach geradeaus und tat nichts – keine Umarmung, kein Kuss, kein »Hab einen schönen Tag«.

Sobald sich die Tür geschlossen hatte, begann die ganze unfreundliche Szene an mir zu nagen. Ich fühlte mich fürchterlich. Wie konnte ich Emma nur unglücklich zur Schule gehen lassen? Vielleicht hatte sie sich nicht sehr gut benommen, aber sie war ein achtjähriges Mädchen, das Bestärkung brauchte, keine Vorwürfe. Als Erwachsene hätte ich die Situation klären und dafür sorgen sollen, dass sie sich wieder besser fühlte. Ich zückte einen Schreibblock und schrieb Emma rasch eine Nachricht, in der ich mich für den schlechten Morgen entschuldigte und ihr sagte, dass ich sie liebe. Ich steckte sie in einen Umschlag und fuhr zu ihrer Schule.

»Könnten Sie diese Nachricht Emma so bald wie möglich geben?«, bat ich die Schulsekretärin im Büro.

»Natürlich, Mrs. Hance«, sagte sie. »Ist alles in Ordnung?«

»Sobald sie die Nachricht bekommen hat, ja«, sagte ich erleichtert.

Ich hatte dafür zu sorgen, dass sich meine Kinder glücklich und geliebt und sicher fühlten. Das war meine Aufgabe. Ich war einmal gut darin gewesen, und vielleicht konnte ich das – mit der Liebe und Unterstützung meiner Freundinnen – wieder sein.

Einem Klischee zufolge ist es einer Schwangeren egal, ob es ein Junge oder ein Mädchen wird – Hauptsache, das Baby ist gesund. Ich wollte ein gesundes Baby. Und ich wollte ein Mädchen. In manchen Fruchtbarkeitskliniken kann man die DNA eines Embryos untersuchen lassen, bevor er eingesetzt wird, aber Dr. Rosenwaks wollte möglichst wenig eingreifen, daher führte er kein Geschlechtsscreening durch. In der Zwischenzeit erzählte ich allen, ich sei mir sicher, es würde ein Junge werden – und ich meinte es ernst.

Beim Ultraschall in der zwanzigsten Woche sagte die technische Assistentin, das Baby sei jetzt so weit entwickelt, dass ich das Geschlecht erfahren könne.

»Ich will es nicht wissen«, sagte ich entschieden.

Die emotionalen Belastungen dieser Schwangerschaft hatten mich praktisch an den Rande des Zusammenbruchs gebracht, und ich nahm an, die nächsten Monate würden noch härter werden, wenn ich wusste, dass das Baby nicht das Geschlecht hatte, das ich mir heimlich wünschte. Oder vielleicht nicht ganz so heimlich. Alle wussten, dass ich verzweifelt hoffte, dieses Baby würde mir einen Teil der Freude wiederbringen, die ich mit meinen drei Mädchen empfunden hatte.

»Wirklich?«, fragte die Assistentin, die ich an diesem Tag zum ersten Mal sah. »Sind Sie sicher, dass Sie es nicht wissen wollen?«

Ich lag für einen Moment völlig still auf dem Tisch. Irgendwann würde ich akzeptieren müssen, dass ich einen Jungen großziehen würde. »Okay, finden wir es heraus«, sagte ich.

Sie nahm sich noch eine Minute Zeit, um es zu überprüfen, bemüht, ja keinen Fehler zu machen. »Sie bekommen ein Mädchen«, sagte sie schließlich.

Ich begann zu weinen. Zu heulen. Große Tränen kullerten mir über die Wangen, und ich zitterte am ganzen Körper. Die Assistentin hatte keine Ahnung, was sie Falsches gesagt hatte, und verließ nervös den Raum. Draußen erklärte ihr jemand, wer ich war, und sie kam lächelnd zurück.

»Sind Sie sicher, dass es ein Mädchen ist? Sind Sie ganz sicher?«, fragte ich sie.

»Ich bin mir sicher.«

»Ist es wirklich ein Mädchen? Und es ist am Leben?«

»Sehen Sie sich ihren Herzschlag an.«

Ihren. Herzschlag.

Mein eigenes Herz flatterte wild. In dem Moment, in dem ich wusste, dass das Baby ein Mädchen sein würde, wusste ich auch ihren Namen: Kasey Rose.

Ich hatte mich für Kasey schon einen Monat vor der Implantation entschieden, während ich im Fernsehen eines Abends nebenbei die Miss-Amerika-Wahl gesehen hatte. Ich hörte nur mit halbem Ohr zu, als die Kandidatinnen zu Beginn der Show antraten, um sich vorzustellen. Eine der Kandidatinnen stellte sich als Kasey vor – den Nachnamen bekam ich nicht mit –, und als ich auf die Einblendung auf dem Bildschirm sah, sah ich Kasey mit einem K.

Ich stöhnte auf. Der Name Casey hatte mir schon immer gefallen, aber ich hatte ihn noch nie mit einem K gesehen. Ich sprang fast vom Sofa auf, so aufgeregt, als hätte ich im Lotto gewonnen. Das war es! Ein wunderschöner Name, der ein EAK für Emma, Aly und Katie beinhaltete. Ich fühlte mich, als würde mich die Miss-Amerika-Kandidatin persönlich ansprechen.

Nachdem ich schwanger geworden war, überlegte ich, wie ich Dr. Rosenwaks je für sein wunderbares Geschenk danken könnte. Ich hatte ihm bereits einen langen Dankbrief geschrieben, aber jedes Geschenk, das mir einfiel, schien unpassend. Eine Schachtel edle Pralinen? Eine Flasche teuren Champagner? Ein herrlicher Blumenstrauß? Augenblick, das konnte ich besser. Wenn ich das Baby zu seinen Ehren Rose nannte, dann würde die Blume nie aufhören zu blühen.

Warren und ich stritten jetzt nicht mehr so viel und nahmen stattdessen, völlig überwältigt, kaum noch Anteil aneinander. Selbst an diesem Punkt, zwei Jahre später, behielt Warren seine düsteren Gedanken meistens für sich. Seine Trauerarbeit beinhaltete körperliche Betätigung: bauen, bewegen, gärtnern. Vielleicht ist das typisch Mann. Er hatte Trost darin gefunden, den Steingarten und den Wasserfall in unserem Garten dort anzulegen, wo früher die Schaukel gestanden hatte, und er verbrachte Stunden in den Centennial Gardens, um für unseren Familienspaßtag Pflanzen zu setzen, zurückzuschneiden und den Park zu säubern. Ich brauchte eine Weile, bis mir noch etwas anderes auffiel, das er tat, um den Namen seiner Töchter in Ehren zu halten: Tätowierungen.

Etwa zwei Monate nach dem Unfall hatte sich Warren ein Kreuz auf die Brust tätowieren lassen, über dem Herzen. Für das Design wählte er dasselbe grüne Kreuz aus, das wir bei der Totenwache der Mädchen auf den Gebetskarten verwendet hatten.

Ich sagte nichts.

Ein paar Monate später fiel mir auf, dass etwas aus Emmas Zimmer fehlte. Ein Bild, das sie gemalt hatte, mit einem Friedenszeichen und dem Wort »Frieden« in ihrer hübschen Handschrift darüber, war von der Wand ihres Zimmers verschwunden.

»Weißt du, wohin Emmas Bild verschwunden ist?«, fragte ich Warren an dem Abend, an dem ich bemerkt hatte, dass es nicht mehr da war.

»Welches Bild?«, fragte er. Aber ich konnte an seiner Miene ablesen, dass er genau wusste, welches ich meinte.

Und er wusste, dass ich es wusste.

»Das Friedenszeichen«, sagte ich.

»Ich zeig's dir später«, sagte er.

»Zeig es mir jetzt.«

Warren knöpfte langsam sein Hemd auf und krempelte den Ärmel hoch, und ich sah Emmas Handschrift. Er hatte das Bild mit zu einem Tätowierer genommen und sich auf den Arm stechen lassen. Die letzte Zeichnung, die Emma je gemacht hatte, würde jetzt für immer ein Teil von ihm sein.

Ich war verblüfft. Und Emmas Friedensbild war nicht die letzte Tätowierung, die er haben sollte.

Warren verbrachte viel Zeit damit, in dem Steingarten zu sitzen, den er zum Gedenken an die Mädchen mit seinem Freund angelegt hatte, und er erzählte mir, er hätte dort immer einen Rotkardinal gesehen. Er betrachtete den Vogel als Zeichen dafür, dass die Mädchen in der Nähe waren.

Ein paar Monate später landete der Kardinal in Form einer weiteren Tätowierung auf seinem noch freien Arm – mit Flügeln, auf denen die Buchstaben EAK standen.

»Gefällt er dir?«, fragte er, als er mir seine neueste Errungenschaft zeigte.

»Ja«, sagte ich. »Aber ich denke dennoch, du solltest mit den Tattoos langsam aufhören.«

Eines Freitagabends kehrte Warren unerwartet spät von der Arbeit in der Stadt nach Hause. Am nächsten Morgen kam er ohne Hemd herunter und schlenderte durch die Küche, als versuchte er, meine Aufmerksamkeit auf sich zu ziehen. Warren stolzierte selten oben ohne durchs Haus, aber ich muss zu vertieft in Sorgen um meinen eigenen dicker werdenden Babybauch gewesen sein, um auf ihn zu achten. Er rempelte mich ein paar Mal an, und als ich noch immer nichts sagte, kam er ganz nah und streckte mir seinen Bizeps hin. »Wirst du es denn nie bemerken?«, fragte er.

»Was?«, fragte ich.

Er deutete auf den Rotkardinal auf seinem Oberarm. Dem Vogel war ein neuer Flügel mit einem K für Kasey gewachsen. Auf dem anderen Arm befand sich ein brandneues Tattoo: Emma, Alyson, Katie und Kasey standen alle in Kursivschrift darauf, mit einem Friedenszeichen darüber.

Ich berührte sanft das K und die Namen aller vier Mädchen. Nicht ein einziges Mal in all den Jahren, die ich ihn kannte, hatte

Warren von einem Tattoo geredet, und jetzt konnte er gar nicht mehr damit aufhören.

»Hast du etwa vor, einer dieser Typen zu werden, die am ganzen Körper tätowiert sind?«, neckte ich ihn sanft.

»Vielleicht«, sagte er.

Die Körperkunst zeigte mir eine völlig neue Seite meines Mannes. Manchmal glaubte ich, dass er gar nicht an die Mädchen, die Tragödie oder unsere veränderten Lebensumstände dachte. Aber dann tat er so etwas, wie sich seinen Körper mit ihren Namen verzieren zu lassen, und ich begriff, dass er ebenso verzweifelt an ihnen festzuhalten versuchte wie ich.

24

An Emmas elftem Geburtstag, zwei Jahre nach ihrem Tod, fuhr ich zum Friedhof, um die Geschenke abzulegen, die ich für sie gekauft hatte. Ich setzte mich neben den Grabstein und erzählte meiner ältesten Tochter von Kasey Rose, ihrer kleinen Schwester, die bald zur Welt kommen würde. Ich erklärte, dass ich hoffte, Kasey uneingeschränkt zu lieben, dass das aber nicht hieße, dass ich sie, Emma, je weniger lieben würde. Liebe ist kein begrenztes Gut, das man sorgfältig teilen und zumessen muss. Genau wie damals, als erst Alyson und dann Katie zu unserer Familie stießen, würde die Liebe, die ich zu geben hatte, einfach wachsen und sich ausdehnen.

Was ich sagte, war völlig logisch, und Emma, schon immer ein kluges Mädchen, würde es bestimmt verstehen. Viel wichtiger war die Frage, ob ich mich selbst überzeugen konnte oder nicht. Im Augenblick erschien mir Kasey weitaus weniger echt als Emma, Alyson und Katie.

Als ich vom Friedhof zurückkam, brach ich zusammen. Ja, ich war schwanger, und alle freuten sich für mich – aber ich bekam dieses Baby nur, weil drei andere Kinder tot waren. Wie so oft, wenn ich von Trauer überwältigt wurde, begannen Warren und ich zu streiten. Selbst während wir uns an jenem Wochenende stritten, konnte ich sehen, dass ich ihn erschöpfte.

»Ich bekomme eine Panikattacke«, sagte ich irgendwann mitten in der Nacht. »Ich kriege kaum noch Luft.«

Unsere monatelange Therapie machte sich bezahlt, als er versuchte, etwas Mitgefühl zu bekunden. »Jackie, wenn ich mich so fühlen würde wie du, was würdest du mir sagen, das ich tun soll?«

»Ich würde dir empfehlen, ein Xanax und ein Ambien zu nehmen und dich schlafen zu legen«, fauchte ich. »Aber ich bin schwanger, daher kann ich keines von beidem nehmen.«

»Was kann ich denn dann für dich tun?«, fragte er.

Ich sah ihn an, und Tränen liefen mir übers Gesicht. So lange hatte ich mir gewünscht, dass mein Ehemann sich wieder um mich kümmerte, hatte mich nach dem Mann gesehnt, der nicht selbst verzehrt von Trauer und Schmerz war. Ich brauchte ihn, damit er mich hielt und seine Kraft durch meine Poren strömen ließ und mich wiederbelebte. Ich brauchte keinen Ehemann – ich brauchte Superman.

»Was kann ich in diesem Augenblick für dich tun?«, fragte Warren noch einmal ganz pragmatisch.

»Ich weiß nicht«, sagte ich. »Vielleicht eine Umarmung.«

»Eine Umarmung?« Warren sah mich mit einer Mischung aus Verblüffung und Verachtung an. »Eine Umarmung? Wirklich, Jackie? Ich bitte dich seit einem Jahr darum, mich zu umarmen. Und jetzt ist es das, was du willst?«

Ich schluchzte weiter, und Warren verließ das Zimmer. Er hatte recht. Monatelang hatte er mich immer wieder gebeten, ihn in den Arm zu nehmen, aber mein Herz war zu kalt und zu gebrochen dafür gewesen. War es jetzt, als ich mich endlich nach seiner Umarmung sehnte, möglich, dass sein Herz zu kalt geworden war? Ich war über eine lange Zeit hinweg so verletzend gewesen, dass vielleicht keiner von uns bekommen konnte, was wir wollten.

Ein paar Minuten später hörte ich Schritte auf der Treppe, und Laura kam herein.

»Was tust du denn hier?«, fragte ich.

»Warren hat mich angerufen, damit ich vorbeikomme und helfe«, sagte sie.

»Es ist mitten in der Nacht, und ich will nicht, dass er dich anruft«, sagte ich. »Ich will, dass er sich um mich kümmert.«

»Das hast du ihn schon lange nicht mehr tun lassen«, sagte Laura vernünftig.

»Ich habe ihn gebeten, mich zu umarmen«, sagte ich.

Laura lächelte matt. »Na ja, vielleicht ist das ein Anfang. Ihr beide müsst einfach wieder lernen, wie das geht.«

Bei jeder meiner früheren Schwangerschaften hatte ich vierzig oder fünfzig Pfund zugenommen und war glücklich mit meinem rundlichen, fruchtbaren Zustand gewesen. Aber als ich in mein letztes Schwangerschaftsdrittel mit Kasey kam, hatte ich nur fünfzehn Pfund mehr auf den Rippen. Ich hatte nie Hunger, und da es mir schwerfiel, die Schwangerschaft zu akzeptieren, widerstrebte es mir vielleicht, meinen Körper wachsen zu lassen. Ich versuchte, mich gesund zu ernähren, und trieb nach wie vor Sport, aber ich rief nie die Ärztin an, um irgendwelche Fragen zu stellen. Warum sollte ich mir Sorgen machen, wenn ich nicht glaubte, dass dieses Baby je echt sein würde? Es schien zu viel verlangt, zu hoffen, dass es heranwuchs und gesund war.

Wohin ich auch ging, kamen die Leute mit einem breiten Lächeln auf mich zu, um mich zu beglückwünschen. »Oh, ich freue mich ja so für Sie!«, sagte eine Frau, die ich kaum kannte, als sie mich eines Tages in einem Geschäft sah.

»Danke«, sagte ich unsicher.

»Ein neues Baby ist genau das, was Sie verdient haben«, sagte sie eifrig. »Fühlen Sie sich gut?«

»Ja«, erwiderte ich mit einem misstrauischen Lächeln, während ich mich rasch entfernte. Ich fühlte die üblichen Gewissensbisse. War es das, was jetzt passieren würde? Würden alle Emma, Alyson und Katie vergessen und nur noch von dem neuen Baby reden?

Warren fieberte dem Ende der Schwangerschaft mit großer Hoffnung und Erwartung entgegen, und er begann von einer Babyparty für mich zu reden.

»Ich will keine Babyparty«, sagte ich. »Die Mädchen können keine Party haben, warum sollte das Baby dann eine haben?«

»Alle wollen dir gratulieren. Du könntest gut alles auf einmal hinter dich bringen.«

Warren schmiedete Pläne für einen Ladies' Lunch. Ich nahm an, es würde wie ein Geburtstagsdinner sein, das sie einmal für mich veranstaltet hatten – eine kleine Gruppe von Frauen, die zusammenkam, um ganz entspannt zu feiern. Das war perfekt gewesen. Für die Babyparty würde Warren das Essen bezahlen, und wir würden Melissas Haus als Veranstaltungsort nehmen.

Aber je näher die Party rückte, desto mehr graute mir davor. Ich hatte nicht das Gefühl, eine Party verdient zu haben, und ich wollte nicht, dass meine Freundinnen noch mehr für mich taten. Die Leute hatten schon jetzt zu viel getan. Ich sagte Melissa und Isabelle, dass ich die Party absagen wollte.

»Das können wir wirklich nicht machen«, widersprach Isabelle.

»Warum denn nicht? Wir würden Melissa viel Mühe ersparen.«

Widerstrebend gestand sie, dass Warren doch keine kleine Runde geplant hatte. Er hatte einen Saal angemietet – denselben, in dem wir Alysons Kommunionsparty gefeiert hatten – und über einhundert Leute eingeladen.

»Du machst Witze«, sagte ich.

»Es ist zu spät, um jetzt noch einen Rückzieher zu machen«, sagte Isabelle. »Es ist ein Lunch. Alle freuen sich schon darauf. Keine Sorge. Es wird alles gut gehen.«

Er hatte alle eingeladen. Ich verspürte nichts als Angst bei der Aussicht auf eine große Feier, und spätabends fragte ich mich: Warum kann er nicht tun, was *ich* will?

Ich versuchte, nicht wütend auf Warren zu werden. Im Grunde meines Herzens wusste ich, dass er aus guten Motiven handelte. Er wollte so überschwänglich und eifrig sein wie jeder werdende Vater. Wenn er eine Babyparty für seine Frau gab, konnte er sich normal fühlen. Wir hatten Partys und Feiern immer gemocht, und das hier war seine Art zu zeigen, dass das Baby ein hervorragender Grund für eine Feier war. Er hoffte, dass es einen Schlussstrich unter die Traurigkeit ziehen würde, und er erklärte, dass die Welt aufhören konnte, Mitleid mit uns zu haben – für uns würde eine gute und glückliche Zeit beginnen. Die Party war sein Versprechen an jeden Freund, der unser Leid mit uns geteilt hatte, dass zwischen den Wolken wieder Sonnenschein hindurchschimmerte.

Aber natürlich hatte er mir nichts von alledem gesagt.

Am Tag vor der Party ließ ich mir die Haare machen, und Isabelle kam vorbei, um mir bei der Entscheidung zu helfen, was ich anziehen sollte. Ich zog ein glitzerndes Minikleid aus dem Schrank, das ich ein paar Monate zuvor gekauft hatte. Vermutlich hatte ich es aus Versehen eine Nummer zu groß genommen, und ich hatte es nie getragen, da es nur schlaff an mir herunterhing. »Darin sehe ich aus wie ein Zirkuszelt«, sagte ich und hielt es hoch.

»Probier es an«, sagte sie.

Ich schlüpfte hinein, und jetzt, mit meinem etwas dickeren Bauch, fiel das Kleid elegant. Isabelle grinste. »Das ist es. Zieh das an.«

Und so schminkte ich mich sorgfältig und zog das glitzernde Minikleid und ein paar Stilettos an.

»Toll siehst du aus«, lächelte Warren mich augenzwinkernd an, als ich die Treppe herunterkam.

»Ich bin im achten Monat schwanger.«

»Und du siehst toll aus«, sagte er noch einmal.

Ich lächelte. Bei dem aufrichtigen Kompliment meines Mannes fühlte ich mich unerwartet gut. So sehr ich seit dem Unfall auch auf unserer Ehe herumgetrampelt war, die Liebe und die tiefe Verbundenheit zwischen uns waren noch immer da.

Warren fuhr mich zu dem Saal und versprach, erst ganz zum Schluss zu dem Nur-für-Frauen-Lunch zu stoßen. Ich gab ihm einen Kuss und ging hinein. Der Saal war voller Frauen, die ich aus jedem meiner Lebensbereiche kannte – Nachbarinnen und enge Freundinnen, Frauen aus meiner Gebets- und meiner Bowlinggruppe, Verwandte von beiden Seiten der Familie und sogar ein paar Schwestern von Dr. Rosenwaks' Praxis. Ich stellte die Frauen einander vor, und die Unterhaltung riss nie ab. Alle schlürften bunte Drinks und aßen Vorspeisen, und der Stapel wunderschöner Geschenke auf einem Beistelltisch wurde immer höher.

»Du siehst toll aus«, sagte die Mutter einer Freundin. »Es ist so schön, dich lächeln zu sehen.«

»Keine Sorge, das Lächeln ist aufgesetzt«, sagte ich lachend.

Aber umgeben von all den Leuten kicherte und redete ich und nahm Komplimente an. Irgendwann warf ich einen Blick auf meine Uhr. Die erste Stunde hatte ich überstanden. Ich schlüpfte auf die Toilette. Zum Glück war sie leer, und ich schloss die Tür einer Kabine, setzte mich und weinte fünf Minuten lang.

Ich weinte um Emma, Alyson und Katie und um das Leben mit ihnen, das ich verloren hatte. Selbst mitten auf einer Party konnte ich sie nicht vergessen. Ich fragte mich, ob alle im Saal die Botschaft der Feier verstanden. Vermutlich schon. Aber es ist schwer, traurig und hoffnungsvoll zugleich zu sein, daher versuchten alle außer mir angestrengt, die Mädchen aus ihrem Bewusstsein zu verdrängen.

Ich trocknete meine Augen, frischte im Spiegel mein Make-up auf und ging zurück zu der Party. All diese Leute waren gekommen, um mit mir zu feiern, und ich würde ihnen die Stimmung nicht verderben. Der Saal wogte vor guter Laune und Wohlwollen, und dafür wollte ich mich dankbar zeigen. Eine Gruppe von Frauen scharte sich um mich, und ich hörte mich fröhlich mit ihnen lachen, gekünstelt, um es zu überstehen.

Nach der Party brachten Isabelle, Jeannine und Melissa all die Geschenke zu mir nach Hause. Es war überwältigend. Auf der Einladung hatte Warren darum gebeten, die Geschenke unverpackt mitzubringen, um es mir zu ersparen, Päckchen öffnen zu müssen. Er wusste, wie schmerzlich das sein würde, weil es mich an die Geburtstage meiner drei Mädchen erinnern würde. Die Leute waren großzügig und kreativ gewesen, hatten Babygeschenke in schönen Körben mit durchsichtigem Plastik und bunten Schleifen arrangiert. Jetzt, während meine Freundinnen die Schleifen lösten, konnte ich mich nicht dazu durchringen, ein großes Ah und Oh um die entzückenden rosa Kleidchen zu machen, die hervorflatterten, oder um die gehäkelten Deckchen, gestrickten Pullover und Kleidchen mit Tüllborte, bei denen das Herz jedes Babys (und seiner Mom) höher schlagen würde. Melissa nahm alle Kleider mit, um sie zu waschen. Die größeren Gegenstände, die wir nicht sofort brauchten, stellten wir in die Garage.

Erschöpft von dem anstrengenden Tag, legte ich mich für eine Weile hin, und als ich wieder ins Wohnzimmer kam, waren die drei noch immer mit Auspacken, Organisieren und Arrangieren beschäftigt.

Da plötzlich, völlig unerwartet, tauchte Warrens Mutter Eileen bei uns auf. Was tun Sie denn hier?, dachte ich, während sie herumwuselte und zu helfen versuchte.

Ich war schockiert, als ich hörte, dass Warren sie zu der Babyparty eingeladen hatte, da die beiden seit Jahren keinen Kontakt mehr hatten. Als ich ihn fragte, warum er so großzügig und einladend gewesen sei, blickte er nachdenklich.

»Ich will niemanden kränken«, sagte er. »Hier finden schon genug Kränkungen statt. Ich will nicht die Ursache von noch mehr sein.«

Es erfüllte mich mit Respekt, dass er seiner Mutter verzeihen konnte, die sich aus seinem Leben verabschiedet hatte, als er ein Teenager war. Jetzt sah ich seine Mutter in unserem Haus – ironischerweise dem Haus, in dem sie lange Jahre gelebt hatte. Ich fragte mich, ob sie die HBO-Dokumentation im Sommer gesehen hatte und auch die Interviews des leitenden Produzenten kannte, der von dem psychologischen Schaden faselte, den Diane vielleicht genommen hatte, weil ihre Mutter einst die Familie im Stich ließ. Die Wut hatte so lange in Warren gegärt, dass ich seine Fähigkeit zur Vergebung jetzt bewunderte. Diane, die Jüngste, hatte vermutlich noch mehr darunter gelitten. Wir würden nie erfahren, ob Eileens Entscheidung, ihre Familie als junge Mutter zu verlassen, Diane bleibenden Schaden zugefügt – und zu unserem Schmerz geführt – hatte.

Jeannine, Isabelle und Melissa versuchten Warrens Mutter zu beschäftigen, während ich das Zimmer verließ. Zu sehen, wie die Geschenke geöffnet wurden, stimmte mich traurig. Ich halte sehr viel von Dankbriefen, und ich hatte einen allgemeinen verfasst, der bereits ausgedruckt war. Aber die drei führten sorgfältige Listen, sodass ich jedem einen persönlichen Dank dazuschreiben konnte.

Die Organisation nach der Party dauerte länger als die Party selbst, und ich versuchte ebenso nachsichtig zu sein, wie Warren zu seiner Mutter gewesen war.

Etwas später in dieser Woche schickte Warren eine E-Mail an Isabelle, Jeannine und Melissa: *Danke für alles am letzten Sonntag. Eure absolute Selbstlosigkeit ist etwas ganz Besonderes. Ich sehe die Traurigkeit, Freude und Hoffnung in den Augen von euch allen, während ihr diese Reise an unserer Seite antretet. Jackie und ich würden es ohne euch nicht schaffen.*

Ich habe mich immer gewundert, wie Emma, Aly und Katie so verschieden sein konnten, obwohl sie alle aus derselben Familie kamen. Ihr drei und Jackie seid verschiedene Frauen aus völlig verschiedenen Familien, die sich wie Schwestern verstehen – sich lieben, hassen, streiten und versöhnen. Der Sonntag hatte etwas von allem. Aber hauptsächlich hatte er, was ich am meisten vermisse – das Gefühl und die Geräusche, die man nur in einer Familie bekommen kann. Daher hoffe ich, dass ihr vier, egal, was das Leben für uns bereithält, die schwesterliche Verbundenheit, die ihr habt, niemals vergessen werdet. Vergesst nie, was im Leben wirklich wichtig ist … Freunde, Familie und Freunde, die Familie sind.

Er hatte recht. Ich würde es nie vergessen.

25

Als ich eben dachte, die Luft wäre rein, tauchten die Paparazzi wieder auf. Mitte September, ein paar Tage nach der Babyparty, bekam ich Anrufe und SMS-Nachrichten von Freunden, die sich vergewissern wollten, dass ich von dem Bild in der Zeitung nicht schockiert war.

»Was für einem Bild denn?«, fragte ich.

Panisch ging ich auf die Webseite der New York Post. Die gedruckten Zeitungen eignen sich vielleicht nur noch dafür, Fische einzuwickeln (wie die alte Redensart lautet), aber ihre Webseiten bleiben ewig bestehen. Und da war es – ein Artikel unter der Überschrift »Taconic-Moms Mutterfreuden«, mit einem Foto von mir, wie ich, meinen dicken Bauch vor mir her schiebend, über meinen Rasen ging. »Nachdem sie eine unsägliche Last getragen hat, trägt sie jetzt wieder brandneues Leben in sich«, begann der Artikel.

Auf dem Bild hatte ich eine Pyjamahose an und mir das Haar zu einem Pferdeschwanz gebunden, und meine Hand ruhte auf meinem Bauch. Ich wusste genau, wann das Bild entstanden sein musste – als ich in der Woche zuvor hinüber zu einer Nachbarin gegangen war. Auf dem Bild schien ich zu lächeln, was zum Thema der Geschichte passte. Aber wenn mich irgendjemand gefragt hätte, dann hätte ich erklären können, dass mein Gesicht in genau diesem Augenblick tatsächlich eine schmerzverzerrte Grimasse war, was auch erklärte, weshalb ich mir die Seite hielt.

»Jackie Hance wurde letzte Woche sichtlich schwanger vor ihrem Haus auf Long Island gesehen, während sie lächelnd mit einer Nachbarin plauderte. Hance lehnte jeden Kommentar ab.«

Lehnte jeden Kommentar ab? Um genau zu sein, hatte mich niemand irgendetwas gefragt. Kein Reporter war an mich herangetreten, und was noch beunruhigender war, ich hatte den Fotografen auf der Straße nicht einmal gesehen. Wenn ich gewusst hätte, dass mich jemand verfolgte, hätte ich das Haus bestimmt nicht im Pyjama verlassen.

Der Artikel zitierte eine namenlose »Freundin« mit den Worten: »Im Moment sind wir alle für Jackie da. Es ist eine ganz besondere Zeit. Wir wollen nur, dass alles gut verläuft. Die beiden haben etwas Freude verdient.«

Eine nette Bemerkung, aber trotzdem hätte ich das erste Fläschchen meines Babys verwettet, dass der Kommentar der Fantasie irgendeines Reporters entsprungen war.

Alle fanden, es sei süß und positiv, aber seltsamerweise versetzte mich die Vorstellung, dass Leute mich für glücklich hielten, in Rage. Es war schon dreist von einem Reporter, mir zu unterstellen, ich könnte glücklich sein, wenn meine Kinder nicht hier waren. Und die Schlagzeile machte mich ebenso wütend.

»Ich bin nicht die Taconic-Mom«, sagte ich zu Warren. »Deine Schwester ist die Taconic-Mom. Nicht ich!«

Ich war jedes Mal tief empört, wenn ich diese fragwürdige Bezeichnung verliehen bekam, aber ausnahmsweise entschied ich, alles auf sich beruhen zu lassen. Ich war machtlos gegen die Schlagzeile, und ich würde mich von einem Boulevardblatt nicht um den Verstand bringen lassen.

Ein paar Tage später, als ich mit Karen und Isabelle im Einkaufszentrum unterwegs war, bekam ich auf einmal entsetzliche Schmerzen.

»Alles in Ordnung?«, fragte Karen.

»Es geht mir gut, es geht mir gut«, sagte ich. »Ich muss mich nur setzen.« Aber ich muss schrecklich ausgesehen haben, denn Karen bestand darauf, dass wir nach Hause fuhren.

Ich wusste, dass ich keine Wehen hatte, denn Wehen treten in Wellen auf, und dieser Schmerz war konstant. Als wir zurück nach Floral Park kamen, wollte Isabelle entweder bei mir bleiben oder mich ins Krankenhaus fahren, aber ich bestand darauf, dass sie nach Hause ging. »Ich muss mich nur hinlegen«, sagte ich.

Doch kaum war Isabelle gegangen, rief ich die Ärztin an und schilderte meine Symptome.

»Klingt, als ob es Nierensteine sein könnten«, sagte die Ärztin. »Fahren Sie ins Krankenhaus.«

Ich entschied, dass ich das selbst erledigen konnte und niemanden bemühen musste, daher wählte ich die Nummer eines Taxis. Warren fuhr vor, bevor das Taxi kam. »Steig ein«, sagte er, kopfschüttelnd über meine Entscheidung, eine solche Situation allein zu bewältigen. »Ich fahre dich hin.«

Als wir zur Aufnahme des Krankenhauses kamen, konnte die Schwester meinen Namen im Computer nicht finden. Letztendlich kamen wir zu dem Schluss, dass die Geburtshelferin versucht hatte, meine Privatsphäre zu wahren und uns vor neugierigen Reportern zu schützen. Als ich in meinem Krankenzimmer war, erschien eine entzückende Schwester namens Rachel, um sich um mich zu kümmern. Sie schlug vor, mich unter einem Decknamen zu registrieren.

»Haben Sie irgendeine Idee, welchen Namen Sie gern verwenden würden?«, fragte sie.

Ich zuckte die Schultern, wechselte das Thema und machte ihr ein Kompliment zu ihrer schönen Halskette. »Dieses Gold ist so hübsch«, sagte ich überschwänglich. »Ich selbst trage nicht viel Gold, aber das hier ist wunderschön. Es gefällt mir sehr.«

Wir unterhielten uns ein paar Minuten, und dann sagte sie noch einmal, dass ich einen Decknamen bräuchte.

»Wählen Sie einen aus«, sagte ich, während ich mich aufs Kissen fallen ließ. Ich fühlte mich mit Sicherheit nicht wie ich selbst – aber ich hatte keinen Namen für die Person, die in diesem Bett lag.

»Na ja, Augenblick, mein Vorname ist Rachel, und Ihnen gefällt das Gold, wie wär's dann, wenn wir die beiden kombinieren? Rachel Gold.« Sie lächelte und strich mir noch einmal über den Kopf. »Sie können Rachel Gold sein. Wäre Ihnen das recht?«

»Na klar.« Rachel Gold. Ich verspürte eine seltsame Mischung aus Verwirrung und Staunen darüber, wie leicht es war, eine andere Identität anzunehmen.

Ärzte kamen und gingen den ganzen restlichen Tag über, sahen auf ihre Klemmbretter und sagten fröhlich: »Hallo, Rachel, wie fühlen Sie sich?« Manchmal vergaß ich zu antworten, und dann stieß mich Schwester Rachel sanft in die Seite.

Die Diagnose lautete akute Gallensteine, und nach zwei Nächten im Krankenhaus fuhr ich wieder nach Hause. Aber ich wusste, wenn ich zur Entbindung erneut ins Krankenhaus kam, würde ich wieder Rachel Gold sein. Es schien richtig: Jackie Hance war die Mutter dreier wundervoller Mädchen gewesen. Als sie gestorben waren, war auch ein Teil von ihr gegangen. Sie war zu einer anderen Person geworden.

Jackie und Rachel. Mein Leben hatte sich so dramatisch verändert, dass es mich nicht hätte wundern sollen, einen anderen Namen zu haben. Ich musste mich daran gewöhnen, gleichzeitig ich selbst und jemand anders zu sein.

Wir näherten uns dem Ende der Schwangerschaft, aber Warren war sich offenbar nicht sicher, ob wir es je erreichen würden.

Mit Freunden auszugehen war für Warren und mich im Allgemeinen ein guter Muntermacher. Aber eines Wochenendes im September ging es uns so abgrundtief schlecht, dass nicht einmal das half. Wir trafen uns mit einigen Paaren in einem nahe gelegenen Restaurant, und während die Unterhaltung dahinplätscherte, schien Warren völlig abwesend. Er hörte gar nicht zu, als Brad davon redete, vielleicht ein Ferienhaus zu kaufen, und Mark erzählte, wie glücklich er und Isabelle in ihrem neuen Haus seien.

»Ich will immer einen Traum haben«, sagte Mark. »Das treibt mich an.«

Der Kommentar brachte mich zum Nachdenken. Wie schön wäre es, wieder Träume für die Zukunft zu haben. Ich sah hinüber zu Warren, der auf seinem Teller herumstocherte, aber nichts aß. Oder auch nur aufsah.

»Was sind deine Träume, Warren?«, fragte ich, um ihn wieder in die Unterhaltung einzubeziehen.

»Ich träume davon, den Tag zu überstehen«, sagte Warren. »Das ist so ziemlich alles.«

»Das ist so deprimierend«, sagte ich.

Warren legte seine Gabel hin und stützte den Kopf in die Hände. »Ich bin erschöpft«, sagte er. »Ich glaube, ich muss nach Hause fahren.«

Brad seufzte. »Ihr zwei seid heute Abend einfach so traurig.«

Warren stand vom Tisch auf, und während ich ihm folgte, ergriff Brad meine Hand. »Lass ihn heute Abend einfach schlafen gehen, Jackie«, flüsterte er. »Er ist völlig erledigt.«

Warren und ich fuhren schweigend nach Hause, und ich befolgte Brads Rat und ließ Warren wortlos nach oben gehen. Ich begann zu verstehen, dass meine geballte Energie und meine achterbahnmäßigen Emotionen die Leute zermürben konnten. Im Allgemeinen konnte ich die ganze Nacht streiten und reden und reden und streiten, aber im Augenblick wäre das nur kontraproduktiv. Warren musste seine Kräfte auftanken.

»Bei dem Abendessen gestern hatte ich zum ersten Mal das Gefühl, dass ich nicht einmal mehr zu meinen Freunden passe«, sagte ich am nächsten Morgen zu Warren.

»Warum nicht?«, fragte er.

»Vielleicht weil sie von Träumen für die Zukunft gesprochen haben«, sagte ich. »Wir müssen auch wieder Träume haben, Warren. Träumen heißt hoffen. Wir müssen träumen, um zu leben.«

Ich hoffte, er würde die positive Stimmung des Augenblicks spüren, aber stattdessen schüttelte er nur den Kopf. »Ich bin innerlich so zerbrochen«, sagte er zitternd. »Meine Reserven sind völlig aufgezehrt. Ich kann nicht träumen. Ich kann kaum einen Tag in der Arbeit überstehen.«

Warrens eigener Trauerprozess war nicht so lautstark gewesen wie meiner, aber er muss ebenso quälend gewesen sein. Es tat weh, zu sehen, wie er unter der Last der Traurigkeit, der Prozesse und der Sorgen um die Zukunft immer tiefer sank. Und ich machte es ihm auch nicht leichter.

»Wie kann ich meinen Mann zurückbekommen?«, fragte ich. »Den, der sich immer um alles gekümmert hat.«

Eine tiefe Traurigkeit zog sich über Warrens Miene. »Ich weiß nicht, wie ich dir geben soll, was du brauchst«, sagte er. »Ich habe verstanden, dass du nicht willst, dass ich deine Freundinnen anrufe, wenn du aufgelöst bist. Du willst, dass ich mich um dich kümmere. Aber ich habe nicht das Gefühl, dass ich das kann. Ich kann nicht einmal mehr meine Frau glücklich machen.«

Ich sah ihn verblüfft an. Sein Moment der Verletzlichkeit ließ mich unvermittelt innehalten. Ich hatte nie gedacht, dass Warren mich hörte, wenn ich sagte, ich wolle in meinen dunkelsten Momenten von ihm, nicht von meinen Freundinnen, getröstet werden. In jeder Nacht, in der ich geweint und er Laura angerufen hatte, war ich davon ausgegangen, er wollte einfach nichts mit meiner Hysterie zu tun haben. Aber als ich jetzt mit ihm dastand, sah ich ihn auf einmal von einer anderen Seite. Er wollte mein edler Ritter sein, mein emotionaler Retter. Wie beschämend musste es für ihn sein, das Gefühl zu haben, dass er nicht mehr die Kraft besaß, der Held zu Pferd zu sein, der angeritten kam, um den Tag zu retten. Die Welt hatte unterschiedliche Erwartungen an Warren und mich, wie wir mit unserer Tragödie umgingen. Ich, die erschütterte Mutter, durfte zusammenbrechen, vor Schmerz schreien, toben angesichts der Ungerechtigkeit des Schicksals. Warren, der untröstliche Vater, sollte zur Arbeit gehen und meine Stütze sein.

Jetzt trat ich etwas näher an ihn heran. »Weißt du noch, was ich an jenem Abend gesagt habe? Ich brauche eine Umarmung von meinem Mann.«

Er sah mich argwöhnisch an. Die Kehrseite davon, nicht zu bekommen, was ich von Warren wollte, war, dass ich ihm auch nicht die Liebe, den Trost und den Beistand angeboten hatte, die er brauchte. Ich hatte mich lange Zeit gegen jede physische Nähe gesträubt. Unsere Diskussion darüber hatte uns vor einer Weile nicht weitergebracht.

»Können wir es wenigstens versuchen?«, fragte ich.

Wir standen unbeholfen in der Küche, während wir versuchten, die Arme umeinander zu legen. Mein Bauch kam uns dabei in die Quere, und wir lächelten und stellten uns anders hin. Die Umarmung hielt nicht lange an, aber es war ein Anfang.

Zwei gebrochene Menschen, die nach dem Klebstoff suchten, der sie wieder zusammenfügen würde, und zu hoffen wagten, ihn in dem jeweils anderen zu finden. Vielleicht war das der beste Traum von allen.

26

Meine Angst wurde schlimmer, je weiter die Schwangerschaft voranschritt, und ich konnte nicht mehr schlafen und aß kaum noch etwas. Ich hatte noch immer nur fünfzehn Pfund zugenommen. Das Baby schien gesund zu sein, aber die Ärztin wollte kein Risiko eingehen. Obwohl mein errechneter Geburtstermin erst in einigen Wochen war, legte sie den Termin für einen Kaiserschnitt auf den 6. Oktober fest. »Das ist Warrens Geburtstag«, sagte ich entzückt. »Sie haben einen perfekten Tag ausgewählt.«

Ich suche immer nach Omen, und dieses schien ein gutes zu sein. Ich war mir nicht sicher, was der Zufall dieses Datums bedeuten könnte, aber irgendwie hatte ich das Gefühl, es könnte ein Glückstag sein.

Meine Ärztin Randi Rothstein, erklärte, sie würde vor der Entbindung eine Fruchtwasseruntersuchung durchführen, um sicher zu sein, dass die Lungen des Babys ausreichend entwickelt waren. Erst wenn das Baby diesen Test bestanden hatte, würde ich für den Kaiserschnitt ins Krankenhaus kommen.

Ich markierte den 6. Oktober in meinem Kalender mit einem großen roten Stern. Wenigstens war ich die Sorge los, für Warren ein Geburtstagsgeschenk kaufen zu müssen. Das Baby würde mein Geschenk für ihn sein, eingewickelt in eine der weichen rosa Decken und hübschen Seidenschleifen, die ich zu der Babyparty bekommen hatte.

Aber bei meinem nächsten Termin hatte Dr. Rothstein den

Plan geändert. »Die Klinikvorschriften gestatten keine Fruchtwasseruntersuchung zur Überprüfung der Lungenfunktion vor der achtunddreißigsten Woche«, erklärte sie. »Das heißt, wir werden Ihren Termin auf den 11. Oktober verlegen.«

»Das können Sie nicht machen«, sagte ich. Ich fühlte mich wie ein Kind, dem man eben seinen Lutscher weggenommen hat.

»Es ist nur eine Woche«, tröstete sie mich.

Ich begann ihr das mit dem Glückstag zu erklären, aber dann brach ich ab. Sie schien nicht der abergläubische Typ zu sein.

Ich rief all meine Freundinnen an, um ihnen von der Terminverschiebung zu erzählen, und stöhnte immer wieder, das müsse bedeuten, dass sich das gute Omen in ein schlechtes verwandelt hatte. Die meisten sagten mir, ich solle nicht albern sein, oder wiederholten Dr. Rothsteins Kommentar, dass es schließlich nur sieben Tage waren. Aber Warren, der es gewohnt war, dass ich nach Vorzeichen und Prophezeiungen suchte, verstand es besser, die Situation zu retten. Er war eben von der Arbeit nach Hause gekommen und suchte die Küchenschränke nach irgendetwas Essbarem ab. Aber dann sah er meine geknickte Miene und setzte sich sofort mit mir an den Küchentisch.

»Der 11. Oktober«, sagte er nachdenklich. Er kritzelte eine Minute lang auf ein Blatt Papier, dann grinste er. »Ein Glück, dass sie es geändert hat, denn der 11. Oktober ist das perfekte Datum. Numerologie. Es könnte gar nicht besser sein.«

»Wovon redest du denn?«, fragte ich.

»Die Schreibweise des Datums ist 10/11/11. Sieh mal.« Er schob mir das Blatt hin, und ich sah: 101111.

»Na und?«, fragte ich.

»Also, die Einsen stehen für Mädchen, und die Nullen für Jungen. Ich bin die Null in der Reihe. Du bist die Eins auf einer Seite von mir. Und meine vier Töchter sind auf der anderen Seite.«

Ich sah noch einmal auf die Zahlen, die vor meinen Augen zu verschwimmen schienen. »Erklär es mir noch einmal.«

»Das hier ist Jackie«, sagte er, während er auf die erste 1 zeigte. Dann glitt er mit dem Finger weiter zu der 0. »Das hier ist Warren.« Und dann glitt er weiter zu der Reihe von Einsen: »Emma, Alyson, Katie, Kasey. Das heißt, das ist Warren, umgeben von seinen fünf Damen.«

101111. Ich verstand es.

»Das ist irgendwie erstaunlich«, sagte ich, auf einmal lächelnd.

»Und ich habe gar nichts dagegen, die dicke fette Null zu sein«, witzelte er.

Vielleicht kann man alles im Leben wie ein gutes Zeichen aussehen lassen, wenn man sich nur genug Mühe gibt. Eine Reihe von Zahlen kann ein Datum im Kalender sein, oder sie kann für eine liebevolle und wachsende Familie stehen. Es geht nur darum, die Zahlen – und das Leben – positiv zu interpretieren.

Am 10. Oktober führte meine Ärztin die Fruchtwasseruntersuchung durch, um herauszufinden, ob ich am nächsten Tag entbinden könnte. Die Ergebnisse würden in zwei Teilen kommen – ein »Schnelltest« dauerte sechs Stunden, der ausführlichere Test zwölf.

Das Ergebnis des Schnelltests war nicht sehr ermutigend. »Es sieht aus, als ob Sie noch eine Woche warten müssen«, sagte die Ärztin, als sie mich anrief.

»Oh nein«, seufzte ich schwer ins Telefon.

»Ich werde Sie heute Abend gegen neun noch einmal anrufen, wenn wir die Ergebnisse des anderen Tests haben, und Ihnen eindeutig Bescheid geben«, sagte sie.

Da es Montagabend war, kam Denine vorbei, um wie üblich mit mir fernzusehen, und Karen stieß ebenfalls dazu. Meine Mom war aus New Jersey gekommen, da sie dachte, wir würden am nächsten Tag das Baby bekommen, und der Anruf zuvor hatte sie nicht überzeugen können, zu Hause zu bleiben. Wir saßen alle im Wohnzimmer, sahen fern und aßen Eiscreme. Warren schaute immer wieder bei uns herein und fragte, ob die Ärztin schon angerufen hätte.

»Es wird nicht passieren«, sagte ich zu ihm. »Ich werde nicht ins Krankenhaus fahren. Du kannst für morgen einen regulären Arbeitstag einplanen.«

Als die erste Fernsehsendung vorbei war, sagte Karen: »Es ist neun Uhr. Ruf sie an, Jackie. Vielleicht hat sie vergessen, dich anzurufen.«

Ich nahm das Telefon in die Hand, aber dann legte ich es wieder hin. Vergessen? Wie wahrscheinlich war das? Ich hatte die Hand noch auf dem Hörer, als es klingelte.

»Hallo?«

»Packen Sie Ihre Taschen«, sagte die Ärztin. »Sie fahren morgen ins Krankenhaus, um Ihr Baby zu bekommen.«

»Sie machen Witze. O mein Gott.« Ich ließ die Schale mit Eiscreme fallen und sah dann zu, wie sie sich auf den Boden ergoss. Ich zitterte am ganzen Körper. »Ich dachte, erst nächste Woche.«

»Die Ergebnisse des Zwölf-Stunden-Tests waren gut. Es bleibt bei morgen.«

Auf einmal fühlte ich nur noch schieres Entsetzen. Die Ärztin hatte mich gewarnt, dass der Kaiserschnitt schwierig sein würde, und ich konnte den Gedanken an physische Schmerzen nicht ertragen. Außerdem machte ich mir Sorgen, wie ich auf das Baby reagieren würde. Was, wenn ich anstelle einer Welle mütterlicher Liebe für die Tochter, die eben in mein Leben getreten war, anfangen würde, um die Töchter zu weinen, die ich bereits verloren hatte?

Während ich auf die Eiscremepfütze starrte, die sich langsam auf dem Küchenboden ausbreitete, spitzten sich all die Ängste, Schuldgefühle und Unsicherheiten dieser Schwangerschaft zu. Als Warren herüberkam, hielt ich ihn am Arm fest. »Bitte zwing mich nicht dazu«, sagte ich heiser.

»Du schaffst das schon«, sagte er und legte einen Arm um mich.

»Ich will nicht wieder aufgeschnitten werden.«

»Es wird alles gut gehen«, sagte er besänftigend. »Du machst das nicht zum ersten Mal.«

Meine Freundinnen versicherten mir, dass alles gut gehen würde, und beseitigten das Chaos, das ich hinterlassen hatte. Mit Küssen und guten Wünschen verabschiedeten sie sich schließlich, und meine Mutter, überwältigt von ihren eigenen Emotionen, verschwand in das Gästezimmer im Keller, um sich schlafen zu legen.

Warren legte eine Hand auf meinen Rücken und schob mich sanft die Treppe hoch zum Schlafzimmer. Wir krochen unter die Decke, und ich zitterte in seinen Armen, während er mich hielt. Ich konnte meine spiralförmig kreisenden Gedanken nicht bremsen. Am nächsten Morgen würde ich ins Krankenhaus kommen, und wer wusste, was dort wirklich passieren würde? In dem Szenario, das alle anderen erwarteten, würde ich, wenn ich das nächste Mal nach Hause kam und mich in dieses Bett legte, mein Baby hier bei mir haben. Nach allem, was ich durchgemacht hatte, erschien mir das noch immer zu unwirklich, um es mir vorzustellen.

Kasey Rose Hance erblickte am 11. Oktober 2011 morgens um 10.20 Uhr das Licht der Welt. Sie wog 6 Pfund und 13 Unzen. Sie war rundum gesund, mit rosigen Lippen und langen Wimpern, die entzückend blinzelten, als sie ihren ersten Blick in die Welt warf.

Ich hatte eine PDA bekommen, daher konnte ich die meisten Teile meines Körpers nicht spüren. Ich stöhnte benommen von den Beruhigungsmitteln, die die Ärzte mir verabreicht hatten.

Ich sah, wie Warren Kasey hielt.

»Sieh mal, Jackie. Ist sie nicht hinreißend?« Er hielt mir das hübsche Baby hin, aber ich konnte sie kaum wahrnehmen. Der Moment war zu überwältigend.

Eine Schwester kam herein und nahm das Baby, um es zu waschen, und Warren verließ den OP-Saal mit ihr. Irgendjemand rollte mich in den Aufwachraum, und Leute begannen zu kommen und zu gehen – Jeannine, Isabelle und Melissa waren da, ebenso Cortney und Kara aus New Jersey, Laura und Bob aus unserer Straße und Warrens Dad und meine Mutter und ich weiß nicht, wer noch alles.

Ich versuchte mich zu konzentrieren, aber ich war zu verwirrt von den ganzen Schmerzmitteln, mit denen man mich vollgepumpt hatte, um Gesichter zu erkennen oder mich an Details zu erinnern, weshalb ich im Krankenhaus war. Mein Sinn für Realität begann mir zu entgleiten.

»Kümmert sich irgendjemand um Oliver?«, fragte ich, da ich offenbar vergessen hatte, dass unser Hund schon vor vielen Monaten gestorben war. Ich fragte nicht nach unserem neuen Haustier Jake. Vielleicht hatten mich die Schmerzmittel so benebelt, dass ich mich ein paar Jahre zurückversetzt fühlte.

»Wie geht es Emma?«, fragte ich. »Geht es Emma gut?«

»Emma ist nicht hier, Jackie. Das weißt du doch«, sagte Warren, verblüfft von meinem Anfall von Gedächtnisverlust.

»Wurde Emma denn nicht eben geboren? Wie geht es Emma?«

Warren begann sich aufzuregen, machte sich Sorgen, der Gedächtnisverlust, den ich nach dem Unfall erlitten hatte, könnte wiederkehren. Die Schwestern versicherten ihm, dass es nur die Medikamente seien, und sie hatten recht, denn eine Stunde später war mein Bewusstsein wieder da.

Ich ging in ein privates Zimmer, und eine Schwester brachte Kasey herein. Ich versuchte sie zu stillen, und sie nahm meine Brust sofort an. Dann bestand die Schwester darauf, eine Technik auszuprobieren, die sich »Haut-an-Haut« nennt, bei der sie das nackte Baby auf meine entblößte Brust legte und uns beide zusammen in eine Decke wickelte. Ich lag da und fühlte mich verlegen und unbehaglich, während Warren und unsere Freunde Bilder schossen. Aber offenbar war an dieser Technik etwas dran, denn das quengelnde Baby, das meine Körperwärme und meinen Herzschlag spürte, hörte prompt auf zu weinen.

Im Laufe des Nachmittags wurden die postoperativen Schmerzen so schlimm, dass ich vor Qualen die Fäuste ballte. Die Schwestern verabreichten mir noch mehr Schmerzmittel über die Infusion, aber nichts schien zu helfen. Verzweifelt rief Warren die Entbindungsschwester, die großzügig und sanft gewesen war und angeboten hatte zu helfen, wie immer sie könne.

»Jemand hat vergessen, die Klemme an dem Infusionsschlauch zu öffnen, daher ist nichts durchgekommen«, sagte sie, als sie ins Zimmer trat. Warren lief hochrot an, wütend, dass ich gelitten hatte, obwohl es vermeidbar gewesen wäre.

»Jetzt müsste es besser werden«, sagte die Schwester, während sie den Schlauch neu fixierte.

Aber zwanzig Minuten später verspürte ich noch immer keine Erleichterung.

»Du solltest nicht solch starke Schmerzen haben«, beharrte Warren. Er rief das Schmerzbehandlungsteam, aber offenbar hatten sie an diesem Tag viele Schmerzen zu behandeln, denn es dauerte über eine Stunde, bis irgendjemand kam. Während wir warteten, konnte Warren seine Wut kaum noch im Zaum halten. Als sie endlich an mein Bett traten, erkannte das Schmerzteam das Problem rasch – die Epiduralnadel war Stunden zuvor herausgerutscht. Anstatt dass irgendwelche Medikamente in mich eingeleitet wurden, waren die einfach in die Matratze gesickert.

»Es ist alles schiefgegangen?«, fragte Warren fassungslos. »Der Infusionsschlauch war nicht geöffnet, und die Epiduralnadel ist herausgerutscht? Wie konnte das passieren?«

»Schon gut, Warren«, sagte ich, als ich sah, wie er sich immer mehr in Rage redete. »Sei einfach nett zu allen. Sie geben sich Mühe.«

»Das hätte nicht passieren dürfen. So etwas Idiotisches! Das hast du nicht verdient!«, donnerte er. Er wollte sich um mich kümmern.

»Entspann dich, jetzt geht es mir ja gut«, versicherte ich ihm.

Er wollte über Nacht bleiben, aber ich bestand darauf, dass er nach Hause fuhr und etwas Schlaf bekam, um seine Anspannung abzubauen. Ich ließ das Baby auf die Säuglingsstation bringen und versuchte zu schlafen. Die nächsten paar Tage im Krankenhaus verliefen problemlos, sodass Warren kein einziges Mal über Nacht bleiben musste. An einem Tag begleitete er die Fünftklässler von Floral Park auf dem »Wachs-mit-mir«-Ausflug der Stiftung zu den Centennial Gardens. Das war inzwischen Warrens Lieblingsprogramm zum Andenken an die Mädchen, aber er sah so erschöpft aus, als er danach ins Krankenhaus stolperte, dass ich ihn wieder nach Hause schickte. Und am Freitagabend, als er nach der Arbeit kam, sah er aus, als würde er krank werden, sodass ich wieder darauf bestand, dass er nach Hause fuhr.

»Ich brauche dich gesund, wenn ich nach Hause komme«, sagte ich zu ihm.

Ich fühlte mich wohl und gut versorgt im Krankenhaus, und ich hatte das Gefühl, alles im Griff zu haben. Mehrere meiner Freundinnen fragten, ob sie einplanen sollten, bei mir zu übernachten, wenn ich nach Hause kam, aber ich erklärte entschieden, dass ich gut zurechtkommen würde. Meine Mutter würde da sein, falls ich Unterstützung bräuchte, und wir würden das schon schaffen. Mit einem kleinen Baby würde ich klarkommen.

Aber als wir das Krankenhaus am Samstag verließen, brach ich in Panik aus. Warren kam, um mich abzuholen, und eine Schar Nachbarn drängte sich in unserem Haus, als wir ankamen. Ich wollte mich nur noch hinlegen.

»Geh und ruh dich aus«, sagte Warren ritterlich. »Ich werde mich um Kasey kümmern.«

Ich ging nach oben und brach in Tränen aus, niedergeschmettert von irgendeiner Mischung aus Wochenbettdepression und der erschütternden Erkenntnis, dass ich nur deshalb ein Baby bekommen hatte, weil ich drei andere Kinder verloren hatte. Ich hatte nach Katies Geburt an einer Depression gelitten, und ich erinnerte mich, dass ich meine Mutter angerufen hatte, um ihr zu sagen, einem dritten Kind sei ich einfach nicht gewachsen. Aber die Intensität meiner Emotion diesmal überstieg alles bisher Dagewesene. Ich lag schluchzend im Bett, fühlte mich angewidert und krank. Ich konnte nicht mehr, und meine Hormone spielten völlig verrückt.

Am Abend, als Warren mit unserer kleinen Tochter ins Schlafzimmer kam, starrte ich Kasey Rose an. Manchmal sah sie genauso aus wie Emma als Neugeborene, und manchmal wie Katie. Wie auch immer, sie war hier, weil sie es nicht waren.

Als es Schlafenszeit war, ging ich mit Kasey in ein anderes Zimmer. Wie es bei Neugeborenen oft der Fall ist, weinte sie in der Nacht regelmäßig, und wir blieben zusammen wach, beide untröstlich. Ich versuchte sie zu stillen, nur um sie zu beruhigen, aber nichts schien zu helfen. Ihr Schreien zerriss mich innerlich und erfüllte mich mit Entsetzen und Verzweiflung.

Ich hatte gedacht, die Geräusche eines Babys im Haus würden nach der ständigen Stille der letzten beiden Jahre eine willkommene Erleichterung sein, aber mein Unterbewusstsein begann mir seltsame Streiche zu spielen. Das neue Geräusch von Kasey, die in ihrem Gitterbett weinte, war wie ein Echo des gespenstischen Geräuschs von Emma, die in Dianes Wagen gefangen war, mich anrief und weinte – ein Geräusch, das ich noch immer hörte. Kasey und Emma. Beide weinend. Ich konnte keine von beiden besänftigen. In meinem erschöpften, leidenden und benebelten postnatalen Zustand wusste ich nicht einmal, welches meiner Kinder ich hörte. Die ersten Schreie von Kasey schienen ebenso erschütternd und entsetzlich wie die letzten Schreie von Emma.

In jener ersten Nacht zu Hause schlief Kasey mehrere Stunden am Stück, aber ich blieb auf, um an ihrer Seite zu sein, falls sie aufwachen und wieder zu wimmern beginnen sollte. Am nächsten Morgen war ich erschöpft und bis ins Mark erschüttert.

»Warum haben wir das getan?«, fragte ich Warren, während ich im Schneidersitz auf dem Bett saß und hin und her wippte. »Was haben wir uns nur dabei gedacht, dieses Baby in die Welt zu setzen? Davor ging es uns doch gut.«

»Davor ging es uns nicht gut, Jackie.«

»Doch.«

»Wir haben jeden Tag überstanden, aber wir haben unser Leben nicht gelebt. Kasey wird dafür sorgen, dass wir wieder anfangen zu leben.«

»Ist das etwas Gutes?«

»Ich denke schon«, sagte Warren, auch wenn seine Stimme dabei unsicher schwankte.

Es war gut möglich, dass genau diese Vorstellung, wieder zu leben, uns beide vor Angst lähmte. Kasey war wie ein Scheinwerfer, der alles anstrahlte, was wir verloren hatten. Früher konnten wir – und insbesondere Warren – Tage des Leugnens überstehen, das Elend beiseiteschieben und einfach unserem Alltag nachgehen. Arbeiten, essen, fernsehen, schlafen gehen. Nicht nachdenken, nichts fühlen. Aber jetzt musste Warren von der Arbeit nach Hause kommen und mir mit dem Baby helfen. Er musste ein Vater im wirklichen Leben sein, nicht nur in Erinnerungen.

In den vergangenen zwei Jahren war ich die Mutter dreier Mädchen gewesen, die nicht mehr hier waren. Ich würde nie aufhören, ihre Mutter zu sein. Aber jetzt hatte ich noch eine andere Tochter, deren Bedürfnisse dringender waren.

Warren rief Isabelle an, um zu sagen, er wüsste nicht, was wir uns gedacht hätten, aber wir bräuchten nun doch wirklich Hilfe. Genau wie sie es nach dem Unfall getan hatte, erstellte sie einen Zeitplan für Leute, die bei uns übernachteten, damit ich etwas Ruhe und Unterstützung bekam. Tagsüber wimmelte es bei uns ohnehin schon von Leuten, die vorbeischauten. Ich hatte kein Vertrauen in mich und fast Angst davor, mein Baby zu berühren. Ich sah zu, wie andere Leute sich um sie kümmerten und sie liebten.

Ich kann das nicht, dachte ich. Lass sie das machen.

Kaseys quengelige Zeit schien abends zu sein, zwischen sechs und acht Uhr, wenn sie müde war, aber noch nicht bereit einzuschlafen. Dann weinte sie, es sei denn, jemand hielt sie. Gina und Sal, die gegenüber wohnten, kamen eines Abends vorbei, und als Sal sie hielt, beruhigte sie sich sofort. Vielleicht war es das, was Kasey brauchte – einen starken, selbstbewussten Mann, der sie hielt, nicht eine zitternde Mutter. Ich stand da und sah zu, wie meine

Freunde sie küssten, umarmten und mühelos mit ihr umgingen. Würde es sich jemals wieder ändern? Eine Mom zu sein war mir früher so natürlich erschienen, und jetzt wusste ich kaum noch, was ich dabei tun sollte. Ich fühlte mich unbeholfen mit dem Baby, steif und unsicher, wie ich mich verhalten sollte.

Drei Tage hintereinander aß oder schlief ich nicht, und ich schluchzte noch viel mehr als Kasey. Am Dienstag sah ich grau aus und konnte mich kaum noch rühren. Trotz allem, was ich in den vergangenen Monaten erlebt hatte, konnte ich mich nicht daran erinnern, mich je so schlecht gefühlt zu haben. Ich hatte die fünfzehn Pfund, die ich während der Schwangerschaft zugenommen hatte, innerhalb kürzester Zeit wieder verloren, dazu noch einmal ungefähr sieben. Ich konnte nichts schlucken, und selbst ich konnte sehen, dass ich spindeldürr war. Warren drängte mich immer wieder, etwas zu essen, aber ich fühlte mich, als hätte sich meine Kehle zugeschnürt, sodass unmöglich irgendetwas hindurchkonnte. Karen kam vorbei, um mich noch einmal zur Ärztin zu fahren.

»So muss sich der Tod anfühlen«, sagte ich zu ihr, fast zu erschöpft, um es bis zu ihrem Wagen zu schaffen.

Dr. Rothstein führte ein paar Untersuchungen durch und stellte rasch fest, dass ich an Blutarmut litt, was zum Teil erklären konnte, weshalb ich mich so schlecht fühlte. Sie gab mir ein Rezept, um den Eisenmangel zu behandeln, zusammen mit einer Warnung: »Wenn Sie nicht anfangen zu essen, werde ich Sie ins Krankenhaus einweisen lassen müssen.«

Sie schickte mich zu einem Psychiater, der mir Prozac und Clonazepam verschrieb und sagte, es sei kein Wunder, dass die Wochenbettdepression mich so schwer getroffen hatte. Ich fühlte mich, als sei ich in die Wochen unmittelbar nach dem Unfall zurückgeschleudert worden, jene albtraumhafte Zeit, als ich mich rund um die Uhr völlig am Boden zerstört fühlte. Ohne dass es mir bewusst war, hatte sich mein Zustand seitdem deutlich verbessert, daher war es jetzt ein Schock, mich wieder so elend zu fühlen. Wie in jener allerersten Nacht mit ihr zu Hause stürzte mich Kaseys Weinen in irgendeine anormale Form einer posttraumatischen Belastungsstörung. Wie ein aus dem Krieg heimgekehrter Soldat, der die Fehlzündungen eines Autos hört und die Grauen des Krieges noch einmal erlebt, hörte ich Kasey wimmern und erlebte immer wieder das letzte Gespräch, das ich mit Emma geführt hatte.

Ich spürte, dass ich Angst davor hatte, mit dem Baby allein zu sein. Ich stellte mir vor, so entnervt von ihrem Schreien zu sein, dass ich einfach zur Haustür hinausgehen und sie allein lassen würde. Man musste nicht Sigmund Freud sein, um das als emotionale Metapher für die Schuldgefühle zu interpretieren, die ich Emma, Alyson und Katie gegenüber hatte. Ich hatte sie im Stich gelassen, als sie mich brauchten, hatte nicht auf sie aufgepasst. Nichts konnte mich von meiner heimlichen Schande befreien. Wenn ich aufhörte, darüber nachzugrübeln, verstand ich, dass der Autounfall ein unerklärlicher Vorfall war, ein absolut unwahrscheinliches Vorkommnis, das niemand hätte vorhersehen können. Wie anders war es mit Kasey, deren leise Schreie nur sagten, dass sie eine frische Windel oder ein Fläschchen brauchte oder sanft und liebevoll gewiegt werden wollte. Das alles konnte ich. Ich wusste es nur noch nicht.

»Warum kann Gott das nicht leicht machen?«, fragte ich Isabelle.

»Was willst du denn, das Gott tut?«

»Ein braves Baby aus ihr machen.«

»Sie ist ein braves Baby«, rief Isabelle.

Tatsächlich quengelte Kasey nach jener ersten langen Nacht

weniger als die meisten Neugeborenen, und alle bewunderten ihre hübschen Züge und ihr freundliches Wesen. Aber anstatt mütterlichen Stolz zu empfinden, schauderte ich angesichts meiner Untreue gegenüber ihren Schwestern.

Alyson war auch ein glückliches Baby. Hat jeder sie vergessen? Geht es jetzt nur noch um Kasey?

Nachdem ich bei Dr. Rothstein gewesen war, versuchte ich mich zum Essen zu zwingen, was immerhin einigermaßen klappte, aber beim Schlafen war ich weniger erfolgreich. Jede Nacht blieb ich wach und schlenderte durch mein Zimmer, während ich mich fragte, was ich getan hatte. Selbst wenn Freunde im Haus übernachteten, um zu helfen, lauschte ich auf jeden Piepser von Kasey und stürzte in ihr Zimmer. Schlafentzug kann Verwirrung, Halluzinationen und Depressionen auslösen, und auch wenn sich internationale Gerichte uneins sind, ob es eine Form von Folter ist, sind sich doch alle einig, dass es grausam und zerstörerisch ist.

Und jetzt tat ich genau das mir selbst an. Das ging weit über die normale Erschöpfung hinaus, die jede neue Mom fühlt und die ich bereits dreimal erlebt hatte. Anders als bei den Mädchen, als sie klein waren, schlief ich bei Kasey nicht, wenn sie schlief. Ich schlief überhaupt nicht.

Am Ende der Woche, nachdem ich bei der Ärztin gewesen war, geschah ein Wunder. Kasey schlief in einer Nacht fünf Stunden durch, und ich auch. Als ich am nächsten Morgen aufwachte, fühlte ich mich wie neugeboren. Ich betrachtete meine Tochter im Morgenlicht und berührte ihre weiche Wange.

Ich nahm sie aus ihrem Gitterbett, und selbst während ich sie hielt, verspürte ich ein seltsames Gefühl von Verschiebung. War mein früheres Leben nur ein Traum? Dieses Baby hier war echt, eine greifbare, süß duftende Gegenwart in meinen Armen. Aber wie war es hierhergekommen? Wie war ich an diesen Punkt gelangt? Zu versuchen, die Teile meines Lebens zusammenzufügen, war, als wollte man ein Puzzle lösen, bei dem ein paar zusätzliche Teile in der Schachtel lagen.

Eine traurige Mutter, deren drei Töchter gestorben sind.

Eine hoffnungsvolle Mutter, die ein neues Baby hat.

Konnte ich beide Frauen gleichzeitig sein?

In mancher Hinsicht war es leichter gewesen, jeden Tag traurig zu sein und nur an ein Morgen zu denken, an dem ich Emma, Alyson und Katie wiedersehen würde. Warren hatte recht – ich hatte nicht gelebt, ich hatte nur Zeit abgesessen. Jetzt musste ich hier sein, für Kasey.

Als ich allmählich wieder etwas zu Kräften kam, erschien es mir albern, Leute bei uns übernachten zu lassen, und ich beendete Isabelles Zeitplan. Ich konnte mich selbst um Kasey kümmern. Aber das mentale Bild des Im-Stich-Lassens machte mir nach wie vor schreckliche Angst. Eines Tags fuhr Warren zu einem Jets-Spiel, das bis spätabends dauerte, und ich streifte allein durch unser dunkles und stilles Haus. Kasey schlief friedlich in ihrem Gitterbett. Auf einmal überkamen mich Visionen, ich würde zur Haustür hinausgehen und sie im Stich lassen, weggehen und niemals wiederkommen. Ich erschrak vor meinen eigenen Gedanken und rief Denine an, damit sie kam und bei mir war.

Die Fluchtfantasie machte mir Angst – bis ich anfing, sie laut auszusprechen. Und dann schenkte mir fast jede Frau, die sie hörte, ein wissendes Lächeln. »Komm schon, Jackie, hör auf, dich für etwas so Besonderes zu halten«, neckte mich eine meiner Freundinnen, eine liebevolle Mutter dreier Kinder. »Es gibt Zeiten, da würden wir alle gern vor unserem eigenen Leben davonlaufen und noch einmal neu anfangen.«

Ich sah sie schockiert an. »Wirklich?«

»Aber ja«, sagte sie. »Ich glaube, das gehört dazu, Eltern zu sein. Oder vielleicht auch nur dazu, verheiratet zu sein.«

Ihre lässige Einstellung zeigte mir eine neue Sichtweise auf. Ich dachte an Warrens Mom, die nicht nur mit dem Gedanken gespielt hatte, ihre Kinder zu verlassen – sie hatte es wirklich getan. Wenn das Leben allzu schwer wurde, vielleicht war es dann leichter davonzulaufen als durchzuhalten. Aber es hatte etwas Heldenhaftes, sich Schwierigkeiten und Schmerzen und Unsicherheiten zu stellen und sich nicht unterkriegen zu lassen, egal, was passierte.

»Ich werde für dich da sein«, flüsterte ich Kasey zu. »Ich werde nirgendwo hingehen. Aber du weißt schon, dass du drei Schwestern hast, oder?«

Ich setzte mich in ihr Zimmer, in dem die Namen aller vier Mädchen an die Wand geschrieben standen. Ich wiegte Kasey, während ich die Bilder ihrer Schwestern betrachtete. Vielleicht hatten wir doch nicht zu viele Teile des Puzzles in der Schachtel. Zum ersten Mal wurde mir bewusst, dass wir vielleicht genau die richtige Anzahl hatten – und ich konnte mir überlegen, wie ich die Teile zu einem wunderschönen Bild zusammenfügen wollte.

27

Bei meiner Kontrolluntersuchung nach sechs Wochen sagte die Ärztin, wenn ich das nächste Mal zu ihr käme, würde sie mir die Erlaubnis geben, wieder laufen zu gehen. Ich jauchzte vor Freude. Laufen hieß, ins Leben zurückzukehren. Danach würde sich alles andere wie von selbst ergeben. Das musste es. Ihre Neuigkeit erfüllte mich mit mehr Begeisterung, als es jedes Prozac-Rezept je könnte.

Mein nächster Termin bei ihr war an einem Montag, aber Geduld zählte noch nie zu meinen Stärken. Am Samstag rief ich Bernadette an, um sie zu fragen, ob sie ein erstes Mal wieder mit mir laufen gehen würde.

»Sollst du nicht noch warten?« Sie klang besorgt.

»Die Ärztin wird mir in zwei Tagen grünes Licht geben«, sagte ich lässig. »Lass uns heute laufen gehen.«

Zum ersten Mal seit Monaten zog ich meine schwarze Jogginghose, eine schwarz-violette Jacke und eine violette Wollmütze an. Bernadette kam in fast dem gleichen Outfit, aber mit einer weißen Wollmütze gegen die spätherbstliche Kälte. Wir grinsten uns an und liefen los, die Straße hinunter. Ich war ein bisschen wackeliger auf den Beinen als sonst, und nach etwa einer Meile rief Bernadette: »Jackie, ist alles okay? Sollen wir aufhören?«

Ich schüttelte den Kopf und lief weiter. Mit jedem Schritt fühlte ich mich besser. Wir liefen etwa drei Meilen, und als ich nach Hause kam, hatte ich das Gefühl, als sei die Welt wieder in

Ordnung. Wenn ich laufen konnte, dann konnte ich mich auch um Kasey kümmern. Ich konnte meinen Kopf freibekommen und wieder nach vorn blicken.

Jetzt, wo ich wieder laufen ging und mich gesünder fühlte, besserte sich allmählich auch meine seelische Verfassung. Eines Sonntagabends schaltete ich den Fernseher zu *Oprah's Lifeclass* ein. Ich hatte schon immer eine Schwäche für inspirierenden Zuspruch, und während Oprah davon redete, Schicksalsschläge zu meistern, richtete ich mich kerzengerade auf. Im Laufe der letzten paar Jahre hatte ich erkannt, dass eine Tragödie – welcher Art auch immer – mehr Leute traf, als ich mir hätte vorstellen können. Das völlige Alleinsein, das ich nach jenem Tag im Juli empfand. Das Gefühl, die Einzige zu sein, deren Leben aus seiner bequemen Bahn geschleudert worden war, war verschwunden.

Während ich mit Kasey schwanger war, hatte ich den Mut gefasst, einen Zeitschriftenartikel über die Mädchen und den Unfall zu schreiben. Kaum war er erschienen, bekam ich Briefe und E-Mails von Leuten aus dem ganzen Land, die ihr eigenes Leid mit mir teilen wollten – Krankheit, Tod, Verlust. Die Redensart »Geteiltes Leid ist halbes Leid« klingt abgedroschen, aber vielleicht ist es ein natürlicher Instinkt, Erfahrungen zu teilen und Trost bei denen zu suchen, die noch Schlimmeres überlebt haben als man selbst.

Es gibt so viel Elend auf der Welt, vielleicht konnte ich wenigstens eines tun: Andere Leute wissen lassen, dass sie nicht allein waren. Als ich von einem schrecklichen Autounfall auf dem nahe gelegenen Meadowbrook Parkway hörte, bei dem drei Jugendliche im College-Alter ums Leben kamen, verstand ich die absolute Verzweiflung, die die Eltern empfinden mussten. Ich wollte ihnen sagen, dass der Schmerz nachlassen würde, selbst wenn sie das im Moment unmöglich glauben konnten. Ich brachte den Eltern

Blumen, die einen Sohn verloren hatten, und ging zur Totenwache der beiden Mädchen, die ebenfalls bei dem Unfall das Leben verloren hatten. Alle drei waren gestorben, als sie auf dem Weg zu einem Behinderten-Ferienlager gewesen waren, wo sie Ferienjobs als Betreuer angenommen hatten.

Tolle Kinder, genau wie meine.

Ein sinnloser Verlust, genau wie meiner.

Während ich Oprah zuhörte, verstand ich, dass jeder mit seinen eigenen Dämonen zu kämpfen hat. Unglück, Verzweiflung und Traurigkeit sind bedauerlicherweise eher die Regel als die Ausnahme. Aber egal, wie groß der Verlust ist, man muss sich zurück ins Leben kämpfen und trotz alledem sein eigenes Glück finden.

Immerhin tat ich winzige Schritte in die richtige Richtung. Ich war nicht mehr jeden Morgen beim Aufwachen wütend darüber, am Leben zu sein. In den letzten zwei Jahren hatte ich mir jeden Tag gesagt, mein einziger Zweck sei es, mit meinen Töchtern zusammen zu sein, und wenn sie nicht mehr waren, sollte ich auch sterben. Jetzt, mit Kasey, traf ich eine neue Entscheidung. Zu leben.

Kasey hatte dieselbe glückliche Kindheit verdient, die ich ihren Schwestern zu bieten versucht hatte. Als sie klein gewesen waren, hatte ich meine eigenen Probleme – Angst, Bulimie, Unsicherheit – bewusst beiseitegeschoben, um die fröhliche, selbstbewusste und fürsorgliche Mutter zu sein, die sie verdient hatten. Meine Probleme jetzt erschienen mir zwar weitaus dramatischer, aber die Schlussfolgerung war dieselbe. Wenn ich schon leben würde, dann konnte ich auch das Beste daraus machen. Für uns alle.

Vor dem Unfall, als ich ein bequemes Leben in einer netten Stadt geführt hatte, umgeben von glücklichen Freunden und Familienangehörigen, hatte ich gedacht, »Katastrophe« würde heißen, dass Emma in einem Theaterstück nicht die Rolle bekam, die sie haben wollte. Rückblickend betrachtet, verstehe ich nicht, warum ich je auch nur einen einzigen Moment daran verschwendet habe, unglücklich oder deprimiert zu sein.

Die abgrundtiefe Verzweiflung, die ich seit dem Unfall verspürt hatte, war natürlich verständlich – aber was nützte sie irgendwem? Auch wenn es mir gelungen war, aus den tiefsten Höhlen des Elends herauszukriechen, spürte ich noch immer die Düsterkeit, die aus meiner Seele strömte.

Ich hörte Oprah noch eine Weile zu, dann rief ich Jeannine an, da ich wusste, dass sie nicht um den heißen Brei herumreden würde, wenn ich ihr eine offene Frage stellte.

»Ist es schwer, meine Freundin zu sein?«, fragte ich sie. »Verbreite ich negative Energie?«

»Du bist oft düster«, räumte sie ein.

Düster. Na ja, dem konnte ich nicht widersprechen. Aber ich wollte nicht mehr düster sein. Stattdessen wollte ich eine Quelle des Lichts sein. Ich wollte, dass Kasey ausschließlich positive Energie von ihrer Mutter spürte.

»Bin ich einer von diesen Menschen, die alle Energie aus einem Raum saugen?«, fragte ich, in Oprahs Redestil.

»Nein«, sagte Jeannine, ohne zu zögern. »Du hast eine sehr schlimme Zeit durchgemacht. Aber nichtsdestotrotz nehmen wir noch immer die positive Person wahr.«

»Oprah sagt, wir sollten uns von den Leuten im Leben lossagen, die die positive Energie aus uns saugen«, sagte ich.

»Ich werde mich nicht von dir lossagen«, sagte Jeannine mit einem leisen Lachen.

»Na ja, ich werde versuchen, mich von der Negativität in mir selbst loszusagen«, versprach ich ihr.

Ein paar Tage später stellte ich meine neue Haltung auf die Probe. Warren kam morgens in die Küche, während ich das Baby stillte, und ich konnte sofort sehen, dass irgendetwas nicht stimmte. Vielleicht hatte er nicht gut geschlafen, oder er hatte einen dieser nächtlichen Traueranfälle gehabt, die wie ein Blitz zuschlugen und ebenso tief brannten.

Wie so oft äußerte sich seine Verzweiflung in Angriffslust.

»Du siehst allmählich magersüchtig aus«, sagte er, während er sich vor mir aufbaute, die Arme vor der Brust verschränkt.

»Es ist alles in Ordnung«, sagte ich, bemüht, mich von seinem Auftreten nicht aus der Fassung bringen zu lassen. »Es geht mir gut.«

»Du hast versprochen, mehr zu essen, wenn du wieder laufen gehst.«

»Ich esse jede Menge Energieriegel und Joghurt, um mich bei Kräften zu halten«, sagte ich.

»Das reicht nicht«, sagte er mit Nachdruck.

»Ach nein? Seit wann bist du denn der Experte dafür?«, fragte ich, allmählich gereizt. »Vielleicht solltest du selbst besser essen und mehr Sport treiben.«

»Du brauchst Kraft, um das Baby zu versorgen«, versuchte er mich zu provozieren. Und es klappte. Trotz meines Plans, eine Quelle der Positivität und des Lichts zu sein, war es schwer, mit alten Gewohnheiten zu brechen.

»Ich versorge sie ja. Um genau zu sein, bin ich die Einzige von uns, die sie versorgt«, sagte ich. Ein Wort gab das andere, und in einem Muster, das wir inzwischen allzu oft wiederholt hatten, artete der alberne Knatsch zu einem handfesten Streit aus.

Irgendwann ging ich hinaus, um Kasey in ihren Babysitz zu

setzen. Ich wollte nicht, dass sie – auch wenn sie erst zwei Monate alt war – uns streiten hörte.

»Lass uns diesen Streit beenden«, sagte Warren, als ich zurück in die Küche kam.

»Na schön«, versuchte ich es zum ersten Mal bewusst mit Positivität.

»Na schön?« Er sah mich ungläubig an. Er bat mich oft, einen Streit zu beenden, wenn er außer Kontrolle geraten war, und ich erklärte mich nie bereit dazu. Im Allgemeinen hatte ich noch mindestens eine Sache zu sagen. Aber diesmal nicht.

»Ja. Beenden wir ihn«, sagte ich.

»Das ist alles?«, fragte er. Er klang verblüfft – oder enttäuscht.

»Ja. Du willst ihn beenden, also beenden wir ihn.«

Warren fuhr zur Arbeit, und anstatt ihn, wie so oft nach einem Streit, anzurufen, um zu weinen, zu jammern oder ihn erneut zu attackieren, schob ich unsere Auseinandersetzung einfach beiseite und nahm meinen Tag in Angriff. Für einen Teil des Vormittags hatte ich eine Babysitterin engagiert, was hieß, dass ich zwei Stunden frei hatte, nur für mich. Ich wollte diese Zeit nutzen, um mich gut zu fühlen, und sie nicht mit Wut und Streit vergeuden.

Warren musste sich gewundert haben, nichts von mir zu hören, denn als ich shoppen ging und entspannt durch die Shopping Mall schlenderte, klingelte mein Handy. »Ich will über heute Morgen reden«, sagte Warren.

»Was ist damit?«, fragte ich, während ich mir ein hübsches Teil im Schaufenster einer netten kleinen Boutique ansah.

»Warum hast du den Streit beendet?«, fragte er.

»Du hast gesagt, du wolltest ihn beenden, daher haben wir es getan«, sagte ich.

»Aber sonst bist du nie bereit dazu. Was war denn diesmal los?«

Ich seufzte, leicht entnervt. »Warren, du machst wohl Witze.

Ich bin bummeln. Rufst du mich wirklich hier an, um mich zu fragen, warum wir *nicht* streiten?«

»Ich will nur wissen, was heute Morgen anders war.«

»Ich habe zwei Stunden ohne das Baby. Ein bisschen seltene freie Zeit für mich allein. Ich versuche sie produktiv zu nutzen. Streiten ist nicht produktiv.«

Ich konnte seine Ungläubigkeit durchs Telefon hören. »Das ist alles?«

»Das ist alles«, sagte ich. »Und ich liebe dich.«

Die Wahrheit war, ich konnte selbst nicht recht erklären, was an diesem Morgen eigentlich anders war. Vielleicht hatte allein schon das Nachdenken über positive Energie mir etwas davon gegeben. Wut loszulassen fühlte sich weitaus besser an, als an ihr festzuhalten.

Manchmal war unsere Ehe wie eine Wippe – wenn einer von uns oben war, war der andere unten. Wir schienen nie zur selben Zeit am selben Ort zu sein. Und vielleicht war das auch gut so. Als ich auf den Boden aufschlug, war Warren stark geblieben, um mich wieder aufzurichten. Aber jetzt, wo ich härter und entschlossener schien, konnte Warren seine eigene Unruhe zulassen.

Freunde schauten noch immer regelmäßig vorbei, und wenn Warren von der Arbeit kam, war unser Haus oft voller Leute. Im Allgemeinen schlüpfte er dann rasch durchs Wohnzimmer, gab Kasey einen flüchtigen Kuss und verschwand dann für den Abend. Eines Abends kam Warren nach Hause und sagte kaum Hallo. Ein paar Minuten später schickte er mir eine SMS: *Kannst du Kasey hochbringen, ohne dass es jemand merkt?*

Ohne zu fragen warum, nahm ich das Baby sanft einer Nachbarin ab, die es gewiegt hatte, und ging hoch in unser Schlafzimmer.

»Was ist los?«, fragte ich Warren.

»Da waren so viele Leute, und mir war nicht nach reden«, sagte er. »Aber ich wollte sie sehen.«

Ich legte Kasey neben ihm aufs Bett und streckte mich ebenfalls aus. Wir drei lagen nebeneinander da – ein kleines und etwas unbeholfenes Familientreffen auf einem großen bequemen Bett. Kaseys glitzerndes Kleidchen schimmerte im Licht, und sie sah unwiderstehlich aus.

Warren küsste und knuddelte sie ein paar Minuten, dann reichte er sie mir wieder. »Okay, danke«, sagte er. »Ich bin erschöpft. Ich werde jetzt schlafen.«

»Das ist nicht fair«, sagte ich. »Du kannst jetzt nicht mehr einfach von der Arbeit nach Hause kommen und dich schlafen legen. Der Tag ist noch nicht zu Ende. Wir haben ein Baby, das uns braucht. Du musst Zeit mit ihr verbringen.«

»Du brauchst mich doch nicht«, sagte er. »Jedenfalls nicht wirklich. Es ist immer jemand da, der sich um sie kümmert.«

»Aber du bist ihr Vater«, sagte ich. »Ich will nicht allein dafür zuständig sein.«

Warren blickte verzweifelt. »Ich weiß, Jackie. Ich werde es versuchen, wirklich. Nur heute Abend kann ich einfach nicht.«

Ich schüttelte den Kopf über mich. Wie könnte ich Warren bitten, meinen Zeitplan zur Genesung zu teilen? Er war mit meinem abgrundtiefen Elend fertiggeworden, und jetzt sollte ich sein Bedürfnis nach Anpassung respektieren. Aber es war hart. Zwei Jahre lang hatte ich geweint und geschrien und getobt und meiner Hoffnungslosigkeit ins Gesicht gestarrt. Jetzt, mit Kasey, wollte ich langsam kleine Schritte in Richtung Zukunft tun. Aber Warren hatte genau diese Zeit damit verbracht, sich stoisch zu geben und den Schmerz zu leugnen. Er machte am Ende seines Arbeitstages dicht und versuchte zu verhindern, dass die Trauer sich langsam in sein Bewusstsein schlich.

Ich nehme an, er dachte, wenn er die Erinnerungen ausschließen könnte, dann würde er weniger leiden. Aber Kasey konnte er nicht ausschließen.

Wenn er sein kleines Mädchen betrachtete, sah er wieder in vollen, lebendigen Farben die Gesichter ihrer Schwestern, und er war nicht vorbereitet auf die Sintflut von Emotionen, die ausgelöst wurde, wenn er sie hielt. Mit der Zuneigung und Liebe und dem Bedürfnis, sie zu beschützen, kamen der Schmerz, die Trauer, die Trostlosigkeit und die Qual, die er zu vermeiden versucht hatte.

»In der Küche steht dein Abendessen«, sagte ich in der Annahme, mit praktischen Angelegenheiten auf der sicheren Seite zu sein.

»Hast du gekocht?«, fragte er hoffnungsvoll.

»Stell dein Glück nicht auf die Probe«, sagte ich lachend, um die Stimmung ein bisschen aufzulockern. Nachbarn brachten uns noch immer selbst gekochte Mahlzeiten und Takeaway-Köstlichkeiten vorbei. Unser fantastisches Hilfsnetzwerk stand uns in jeder nur erdenklichen Hinsicht zur Seite, um ein glückliches und gesundes Baby großzuziehen – und um sicherzustellen, dass Warren nicht verhungerte. Aber Kochen war für mich schon immer ein Lieblingshobby gewesen und eine Art, Liebe zu zeigen. Kasey würde bald feste Nahrung zu sich nehmen können, und auch wenn ich im Moment noch keine Torten und Soufflés zaubern konnte, musste ich doch etwas Besseres auf den Tisch zaubern als Energieriegel und Diätlimonade.

Ein paar Tage später, als ich mich besonders mutig fühlte, zog ich Kasey etwas Niedliches an und packte sie ein, um mit ihr nach draußen zu gehen. Als wir eben vor die Tür traten, rief mich Warren auf dem Handy an, nur um zu hören, wie es mir ging. Isabelle neckte mich oft, Warren und ich seien trotz unserer Streitereien so eng verbunden wie ein Highschool-Pärchen, das an der Hüfte zusammengewachsen ist.

»Was machst du gerade?«, fragte Warren.

»Ich gehe zum Lebensmittelgeschäft«, sagte ich beiläufig, als wäre ein Gang zum Lebensmittelgeschäft für mich so banal wie für die meisten Moms. »Wir brauchen Brot und Milch.«

»Zum *Lebensmittelgeschäft*?«, fragte Warren. Er klang so schockiert, als hätte ich gesagt, ich würde zu einem Stripklub gehen, um die Haushaltskasse aufzubessern. »Bist du denn bereit dafür?«

»Ich denke schon«, sagte ich. »Es ist, wie wenn man ein Heftpflaster abreißt. Man macht es besser schnell, damit man es hinter sich hat.«

Der Einkauf verlief ereignislos. Ich legte Brot und Milch und ein paar andere Dinge in den Einkaufswagen und ging zur Kasse. Ich kannte die Damen an den Kassen noch immer, und sie kannten mich auch. Sie machten ein großes Getue um mein hübsches Baby, kassierten meinen Einkauf ab, und das war's.

Ein paar Tage später fuhr ich mit Kasey zu dem großen Supermarkt und überstand es ebenso unbeschadet – Einkaufstaschen in der Hand, Emotionen unversehrt. Ein dunkler Ort war aus meinem Leben verschwunden.

Ich rief mir regelmäßig in Erinnerung, dass ich nichts weiter tun konnte, als mein Bestes zu versuchen, um auch andere Unsicherheiten zu überwinden. Genau wie mit dem Supermarkt fühlte ich mich etwas mulmig dabei, mit Kasey allein spazieren zu gehen. In der Öffentlichkeit mit meinem Baby gesehen zu werden machte mich nervös. Was würden die Leute sagen? Es war Zeit, es herauszufinden. Ich legte Kasey in ihren Kinderwagen und wagte mich hinaus, nur wir beide auf einem Spaziergang durch die Stadt. Inzwischen erkannten mich die meisten Leute in Floral Park, und viele blieben stehen, um mit mir zu reden.

Eine Frau, die ich noch nie gesehen hatte, trat auf mich zu und stellte sich vor, bewunderte Kasey überschwänglich und ergriff dann meine Hand. »Ich freue mich ja so, dass Sie ein Baby haben«, sagte sie schlicht. »Aber ich möchte Sie wissen lassen, dass ich noch immer für Emma, Alyson und Katie bete.«

»Danke«, sagte ich, während mir Tränen der Dankbarkeit in die Augen traten. Was könnte es Besseres geben? Sie bewunderte mein hübsches Kind, aber sie betrachtete Kasey als Teil einer größeren Familie von Schwestern, die alle gleichermaßen geliebt wurden. Diese Fremde hatte auf den Punkt gebracht, wonach ich mich sehnte.

Ich ging weiter, und mir wurde bewusst, dass ich mich gut fühlte, während ich mit meinem Baby spazieren ging.

Genau wie jede andere Mom.

Ich schnitt vor Kasey kleine Grimassen, während wir gingen, benahm mich so albern wie jede neue Mutter, die völlig verzückt alles tut, um ihr Baby zum Lächeln zu bringen. Kasey sah so süß aus, und sie hatte ein glückliches Leben verdient.

Als wir wieder nach Hause kamen, rief ich Isabelle an. »Ich glaube, ich mag sie. Vielleicht.«

»Wen?«, fragte sie.

»Kasey.«

Isabelle lachte. »Das ist ja schön zu hören.«

»Nein, im Ernst. Ich liebe sie noch nicht, aber ich fange an, sie zu mögen.« Ich hielt inne, denn selbst dieses Eingeständnis löste einen Anflug von Schuldgefühlen in mir aus.

»Ich vermisse Katies Umarmungen noch immer«, ergänzte ich rasch. »Ich wünschte, Kasey könnte mich so umarmen wie Katie oder mich so anlächeln wie Aly.«

»Das wird sie schon noch«, sagte Isabelle. »Gib ihr Zeit.«

Eines Tages stand ich mit Kasey da und betrachtete die Bilder von Emma, Alyson und Katie an der Wand.

Die Mädchen waren echt gewesen, mein Fleisch und Blut, meine Lieblinge. Aber jetzt waren sie verschwunden, und Kasey würde Dinge haben, die sie nie gehabt hatten. Emma hatte sich immer gewünscht, einmal ins Disneyland zu fahren, und ich hatte ihr einen Familienausflug dorthin versprochen, wenn sie zehn wurde und Katie alt genug war, um ebenfalls Spaß dabei zu haben. Aber der Aufschub hieß, dass keine von ihnen je dorthin gekommen war. Ich würde nicht warten, um mit Kasey zum Zauberreich zu fahren. Carpe diem. Aber würde ein Ausflug mit ihr eine Art sein, das Andenken der Mädchen zu ehren – oder einfach unfair erscheinen?

Mit Kasey in meinen Armen ging ich durchs Zimmer und wippte verwirrt auf den Fersen. Vor dem Unfall war mein Leben glücklich, ereignisreich und erfüllt von Kindern und Liebe. Nach dem Unfall war es traurig, elend und einsam gewesen. Jetzt war ich ahnungslos in eine dritte Phase gestolpert, zu der Teile von jedem und Erinnerungen an beides gehörten. Ich versuchte diese verworrene Mischung aus Vor-dem-Unfall-Glück und Nach-dem-Unfall-Schmerz zu verstehen, die ich jeden Tag empfand. In dieser neuen Phase – Nach-nach-dem-Unfall? – begannen die verschiedenen Teile meines Lebens zu einem zusammenhängenden Ganzen zu verschmelzen.

Ein paar Tage später kam eine Freundin vorbei und wollte Kasey sehen. »Sie ist im Mädchenzimmer«, sagte ich und deutete zur Treppe. Und mir wurde bewusst, dass das Ganze Gestalt anzunehmen begann. Kaseys Gitterbett, ihre Spielsachen und Kleider schmückten das Zimmer, das Emma und Alyson sich einmal geteilt hatten und das für immer »das Mädchenzimmer« bleiben würde. Viele von Emmas und Alysons Lieblingssachen waren noch immer dort, und ihre alten Schätze mischten sich problemlos mit Kaseys neuen. Anstatt unheimlich zu sein, erschien die Kombination genau richtig. Das »Mädchenzimmer« – jetzt vielleicht mehr denn je. Kasey war eines der Mädchen. Anstatt zu denken, dass ich mich nicht an meinem neuen Baby erfreuen sollte, musste ich das Leben, das meine drei ersten Töchter geführt hatten, in das ihrer Schwester einbeziehen, und umgekehrt.

In den ersten Wochen, während andere Leute Kasey knuddelten und küssten, hatte ich mich still und leise um sie gekümmert. Ich hatte auf dem Wickeltisch nicht mit ihr geredet, und ich hatte sie pflichtbewusst gestillt. Aber jetzt plauderten wir die ganze Zeit, und ich erzählte ihr von ihren Schwestern. Eines Tages, als ich ihre Windel wechselte, begann ich ein kleines Lied zu singen. Ich dachte, ich würde es mir ausdenken, während ich es sang, aber die Worte müssen seit dem Tag in meinem Herzen gewesen sein, an dem sie geboren wurde.

K steht für Katie
A steht für Aly
S steht für Schwestern
E steht für Emma
Y steht für YOU!

Ich sang die kleine Melodie, und Kasey gluckste fröhlich. Bald wurde das unser spezielles Lied. Ich sang es, während sie auf dem Wickeltisch lag und zu mir hochsah, oder wenn ich sie in meinen Armen in den Schlaf wiegte. Das Lied wurde zu einer Zaubermelodie, die sie bei jedem Kummer besänftigte. Oder vielleicht beruhigten die Worte mich selbst, und Kasey spürte, wie ich mich entspannte. Aus welchem Grund auch immer, das Lied besagte, dass Kasey zu einer ganzen Familie und einer größeren Geschichte gehörte. Sie hatte Schwestern, die sie liebten, auch wenn sie sie nicht halten konnten. Aber sie war mehr als nur ein Epilog in einer tragischen Geschichte. Sie strahlte für sich allein als kostbares Mädchen, ein kleines Bündel von Hoffnung und Möglichkeiten, das sowohl als Teil eines Kontinuums als auch als eigenständige Seele existierte. Ihre Schwestern trugen zu ihrem Namen und ihrer Identität bei, aber das Y – das YOU! – musste ebenso hell und klar strahlen dürfen wie die anderen Buchstaben.

28

Ich fühlte mich Kasey immer verbundener und sorgte gern für sie, aber meine Schuldgefühle hingen noch immer über mir wie ein schwarzer Umhang. Ich versuchte sie beiseitezuschieben. Ich musste dieses Baby lieben. In Fernsehwerbespots und kitschigen Familienfilmen sieht die Mutter ihrem Baby in die Augen, die Musik schwillt an, und ihr Gesicht nimmt einen sanften, zärtlichen Ausdruck an. Freude und ein Happy End folgten mit Sicherheit.

Aber vielleicht würde in meiner Version dieses Werbespots auch das wirkliche Leben mit all seinen Schmerzen und Tragödien folgen. Ich scheute mich davor, mein Herz einem Baby zu schenken, da ich das Risiko kannte, dass dieses Herz gebrochen werden konnte. So viele andere Freunde und Familienangehörige liebten Kasey schon jetzt bedingungslos. Warum konnte ich es dann nicht? Ich rief mir immer wieder genau die Momente in Erinnerung, in denen ich mich in jedes der anderen Mädchen verliebt hatte, und ich fragte mich, wann – oder ob – das mit Kasey je passieren würde.

Bei Emma war ich nach zwei Monaten wieder arbeiten gegangen. Nachdem ich in Salvina eine wundervolle Babysitterin gefunden hatte, machte ich mir keine Sorgen darum, von ihr getrennt zu sein. (Ich hatte ja keine Ahnung!) Mein erster Arbeitstag schien kein Ende zu nehmen, und während ich nach Hause stürzte, um Emma abzuholen, war ich fast hysterisch vor

Vorfreude, sie endlich wiederzusehen. Ich klingelte ungeduldig an Salvinas Tür. Kaum öffnete sie, stürzte ich ins Haus und nahm Emma in meine Arme, und eine Woge von Zuneigung durchströmte mich.

Wow, ich liebe dieses Baby wirklich, dachte ich damals.

Ich lächelte Salvina an, die meine Wange berührte, als sie die Verzückung in meinen Augen sah. »Du liebst dein kleines Bambino«, sagte sie.

Bei Alyson hatte ich die Erkenntnis der Liebe nach sieben Wochen, als sie mich anlächelte. Alyson hatte ein großes, breites Lächeln gehabt, das anscheinend die ganze Welt umarmen wollte. Sobald sie es mir zum ersten Mal schenkte, wusste ich, dass ich alles für sie tun würde. Und dieses Gefühl legte sich nie.

Katie war erst sechs Wochen alt, als ich sie zu einer regulären Kontrolluntersuchung brachte und die Ärztin dachte, sie könnte ein gesundheitliches Problem haben, mit dem sie zu einem Neurochirurgen müsste. In den nächsten Wochen konnte ich keinen Termin bekommen. Außer mir vor Sorge, las ich in dieser Zeit alles, was ich über Kraniosynostose finden konnte, eine Erkrankung, bei der sich die Schädelnähte zu schnell schließen, sodass das Gehirn keinen Platz zum Wachsen hat. Der Chirurg muss den Schädel aufschneiden, und nach der Operation trägt das verletzliche Baby einen Helm zum Schutz. Zwei Wochen lang hatte ich einen Kloß im Hals. Die Vorstellung, dass mein Baby operiert werden musste, war so schwer zu ertragen, da ich es so sehr liebte. Letztendlich erwies sich Katie als völlig gesund, und meine Ängste verschwanden, aber die Liebe verging nie. Ebenso wenig wie das Bedürfnis, sie zu beschützen und vor jedem Leid zu bewahren.

Drei Mädchen. Drei Momente, in denen ich mich verliebte.

Und jetzt Kasey, mein viertes Mädchen.

In der ersten Zeit haben Kleinkinder endlose Bedürfnisse, und alles, was sie der Mutter im Gegenzug für ihre erschöpfenden Anstrengungen geben, ist eine Aura der Hilflosigkeit und ein Duft nach Babypuder, warmer Milch und Reinheit. Schließlich ändert sich auch das.

Eines Tages, als sie neun Wochen alt war, schlief Kasey die ganze Nacht durch. Ich stand um halb fünf auf, um wie gewohnt laufen zu gehen, und als ich bei ihr hereinschaute, war sie weit weg in irgendeinem glücklichen Traumland. Ich ging laufen, da ich wusste, dass Warren zu Hause war, und als ich ungefähr eine Stunde später wiederkam, hatte sich Kasey noch immer nicht gerührt. Beflügelt von Energie, so wie immer nach dem Laufen, wollte ich sie stillen und ihre Windel wechseln und den Tag in Angriff nehmen, daher stupste ich sie in ihrem Gitterbett sanft an, um sie zu wecken. Sie schlug die Augen auf, als ich sie hochhob – und lächelte mich an.

Ich spürte, wie mein Herz dahinschmolz.

»Im Ernst? Du lächelst?«, fragte ich und begann zu lachen. »Aber ich habe dich eben geweckt! Was für ein perfektes Baby bist du denn?«

Sie lächelte wieder.

Ich lächelte zurück.

Ich verspürte diese Woge von Liebe gegenüber meinem Baby, die ich noch so gut in Erinnerung hatte, die tiefe Zuneigung, die sich in meinem Herzen regte. Ich stillte Kasey und spielte eine Weile mit ihr, aber dann erkannte ich, dass sie noch immer müde war. Kein frühmorgendliches Laufen für dieses Baby! Ich legte sie wieder in ihr Gitterbett, und sie schlief sofort wieder ein. Ich stand noch lange da und sah sie an, mit einer seltsamen Mischung aus Stolz, Zufriedenheit und Erleichterung. Ich kannte mein Kind. Ich wusste, was sie wollte und brauchte. Während ich sie zudeckte, begriff ich, dass mein Strahlen von mehr als einem erneuerten Gefühl von Kompetenz herrührte.

Ich liebe sie. Ich fühle mich wie ihre Mom, dachte ich. Ich liebe sie. Einen Moment lang wollte ich mich bremsen und Emma, Alyson und Katie sagen, dass ich sie auch immer noch liebte. Aber das musste ich nicht. Sie wussten es.

Alle fragten mich, was ich zu Kaseys erstem Weihnachtsfest tun würde, und meine Antwort lautete: Nichts. Ein drei Monate altes Baby braucht keinen Weihnachtsmann, und egal, wie weit ich es gebracht hatte, ich war immer noch nicht bereit zu feiern. Jeannine und Isabelle boten an, Weihnachtskarten mit einem Familienfoto für mich zu basteln, die ich verschicken konnte, aber ich lehnte ab. Ich brauchte ihre Hilfe bei Karten, Geschenken oder Dekorationen nicht – ich mochte dieses ganze Zeug. Und nächstes Jahr würde ich es wieder tun.

Aber wieder einmal wollten unsere Freunde die Feiertage nicht unbeachtet verstreichen lassen. Im Jahr zuvor hatte unser Freund John eine elegante Silbertanne in unserem Vorgarten aufgestellt, und Isabelle und andere Freundinnen hatten auf einem Tisch einen Korb mit Weihnachtsschmuck hinterlassen, zusammen mit einem Notizbuch, einem Stift und einem Bild der Mädchen. Freunde, Nachbarn und Passanten waren vor unserem Haus stehen geblieben, um Weihnachtsschmuck an den Baum zu binden und ihre guten Wünsche zu hinterlassen. Es hatte so hübsch ausgesehen, dass ich nicht umhinkonnte, ein bisschen Festtagsstimmung zu empfinden. Isabelle hatte eine Notiz an der Haustür befestigt, in der die Leute gebeten wurden, unsere Privatsphäre zu respektieren, aber ich hatte sie entsetzt abgenommen. Wie könnte ich Leute, die ihre guten Wünsche aussprechen wollten, nicht ins Haus bitten? Das Haus war erfüllt von Leuten, Lärm und Gelächter gewesen – und wie so oft hatte mich das Schweigen erdrückt, als sie wieder gingen.

Dieses Jahr würde das nicht passieren. Mit Kasey war der Fluch der Stille beendet. Schweigen erdrückte uns nicht mehr. Am Weihnachtsmorgen kamen unsere Freunde zu meinem inzwischen traditionellen Weihnachtsfrühstück zu uns (im dritten Jahr in Folge!). John hatte vor dem Haus wieder einen Baum aufgestellt, den die Nachbarskinder schmückten.

Warren und ich gingen mit Kasey hinaus und sahen zusammen zu, wie die Kinder Schleifen und Schmuck an den grünen Zweigen befestigten. Die Leute blieben länger, als wir erwartet hatten, aßen und unterhielten sich und genossen die gute Stimmung. Als sie schließlich gingen, senkte sich eine andere Art Panik über mich. Ich hatte zu viel zu tun. Ich wollte die Mädchen auf dem Friedhof besuchen, und ich musste es schnell erledigen, da wir vorhatten, nach New Jersey zum Weihnachtsessen mit meinem Bruder Stephen und seiner Familie zu fahren. Ich hatte Stephen seit der Zeit vor dem Unfall nicht mehr zu Hause besucht, und ich hatte mich darauf gefasst gemacht, die Tradition wiederzubeleben, die die Mädchen liebten. Familien sollten zusammen sein, denn Stephens Kinder waren immer noch entsetzt von unserer Abwesenheit.

»Die Kinder vermissen ihre Tante Jackie«, hatte mein Bruder eines Tages zu mir gesagt.

»Ihre Tante Jackie gibt es nicht mehr«, hatte ich traurig erwidert. Die sorglose, fröhliche Person, die ihre Nichten Isabelle und Marguerite und ihren Neffen Spencer über alles liebte, schien zu diesem Zeitpunkt für immer verschwunden zu sein.

Aber vielleicht konnte Tante Jackie doch wieder in den Schoß der Familie zurückkehren. Mit Kasey fühlte ich mich endlich stark genug, um wieder ein Teil einer Familie zu sein. Ich freute mich darauf, Kasey ihren Cousinen und ihrem Cousin vorzustellen.

Das einzige Problem: Die Zeit war nicht auf meiner Seite.

»Ich bin noch nicht angezogen, Kasey ist noch nicht angezogen, und wir müssen auch noch zum Friedhof«, rief ich Warren zu. »Sag meinem Bruder, dass wir nicht kommen können! Wir müssen die Mädchen besuchen.«

Warren sah auf seine Uhr. Und natürlich, wir hatten keine Zeit für alles. Aber da die Familie meines Bruders in New Jersey auf uns wartete, mit einem Weihnachtsschinken, der angeschnitten werden sollte, setzte er andere Prioritäten.

»Lass uns den Friedhof auslassen und gleich zu deinem Bruder fahren«, schlug Warren vor. »Wir fahren ein andermal zum Friedhof.«

»Machst du Witze? Wie könnte ich die Mädchen an Weihnachten nicht sehen?«

»Jackie, du musst nicht dorthin fahren, um sie zu sehen. Sie wissen es«, sagte er.

»Wir müssen alles unterbringen«, beharrte ich. »Wir können die Mädchen nicht außen vor lassen, und wir können Kasey nicht ignorieren. Augenblick, fahr du zum Friedhof, und ich fahre mit dem Baby zu meinem Bruder. Oder nein, ich werde zum Friedhof fahren und du zu meinem Bruder. Oder vielleicht –«

»Beruhige dich«, unterbrach Warren meine Tirade.

Ich funkelte ihn an, während mir vor Plänen der Kopf schwirrte.

»Jackie, wir müssen in der Gegenwart leben«, sagte Warren entschieden. »Und das heißt, dass wir alle zusammen zu deinem Bruder fahren und Weihnachten feiern. Die Mädchen sind bei uns, egal, wohin wir fahren.«

Ich bin mir nicht sicher, warum seine Logik diesmal zu mir

durchdrang, aber so war es. Ich zog Kasey ihr festliches rot kariertes Taft-Weihnachtskleidchen an und machte mich selbst schneller als sonst fertig. Wir fuhren nach New Jersey, und ich betrat das Haus meines Bruders, noch immer aufgewühlt, aber mit dem Baby in meinen Armen. Ein paar Verwandte, die Kasey noch nicht gesehen hatten, umringten mich, und meine Cousine Michele, die in demselben Zweifamilienhaus lebt wie meine Mom, begann zu weinen.

»Hör auf, Michele«, sagte ich lächelnd, während ich spürte, wie mir selbst Tränen in die Augen traten. »An Weihnachten wird nicht geweint.«

»Oh, Jackie, ich habe mir geschworen, nicht zu weinen«, sagte sie. »Ich versuche es ja. Aber sie ist einfach so schön.«

Ich sah hinunter auf das kleine Bündel und lächelte. Der Weihnachtsbaum meines Bruders funkelte in der Ecke, und auf einmal nahm Weihnachten eine ganz neue und unerwartete Bedeutung an. Sowohl in der Religion als auch im Leben kann ein neues Baby ein Retter sein und Hoffnung geben, wo keine war.

Kasey, meine persönliche Retterin. Mein wunderschönes Baby.

Ein paar Tage vor Silvester ließ ich Kasey bei einer Babysitterin, um etwas Zeit auf dem Friedhof verbringen zu können. Ich hatte ein schlechtes Gewissen, dass wir es an Weihnachten versäumt hatten, aber vielleicht war es nur zum Besten, dass ich nicht hierhergekommen war und Kasey und Warren den Tag nicht verdorben hatte.

Vor Kasey hatte ich die Mädchen vier- oder fünfmal die Woche besucht, aber es war emotional zu erschöpfend. Am letzten Muttertag, als ich bereits schwanger gewesen war, hatte ich einen

Stuhl mit zum Friedhof genommen und sechs Stunden lang da gesessen, den Mädchen vorgelesen, ihre Grabsteine geschmückt und ihnen Geschichten erzählt. Als ich wieder in meinen Wagen gestiegen war, hatte ich so laut gewimmert und geschrien, dass der Wagen bebte.

Als ich jetzt an diesem Tag Ende Dezember zum Friedhof kam, nahm ich ein paar der Geschenke, Blumen und Gegenstände von dort mit, die die Leute seit meinem letzten Besuch dort hinterlassen hatten. Kein Schnee war gefallen, und es war für die Jahreszeit ungewöhnlich warm, aber der Boden war hart und gefroren. Der Weihnachtsschmuck konnte noch ein bisschen länger bleiben, bis es Zeit war, für den Valentinstag umzudekorieren.

Jeannine hatte in ihrer Garage eine Tonne mit all den Dekorationen, die ich immer wieder verwendete, und eine andere, in die ich all die Barbiepuppen, Armbänder mit Anhängern, Kleider und Zeitschriften packte, die die Leute an den Grabsteinen der Mädchen ablegten. Ich ließ diese Dinge jetzt nicht mehr auf dem Friedhof, wo sie sich anhäuften, bis die Friedhofsgärtner sich darum kümmerten, aber ich wollte auch nicht diejenige sein, die irgendetwas wegwarf. Was Jeannine mit dieser Geschenketonne tat, fragte ich nie.

Es war das erste Jahr, in dem ich nicht Unmengen von Weihnachtsgeschenken für die Mädchen kaufte. Stattdessen rechnete ich zusammen, wie viel ich vielleicht ausgegeben hätte, und entrichtete eine entsprechende Spende an die Stiftung.

Bei all meinen Besuchen auf dem Friedhof war ich nie zu Dianes Seite der Grabstelle gegangen, sondern hatte immer nur kurz einen wütenden Blick hinübergeworfen. Aber jetzt, an diesem Dezembernachmittag, ging ich aus irgendeinem Grund langsam zu Dianes Grab. Diane, meine Schwägerin. Diane, die Frau, die meine Mädchen getötet hatte. Ich starrte eine Weile auf den

Grabstein und rieb mit der Spitze meines Stiefels über die Erde. Ich dachte an einen Inspirations-Guru, den ich an jenem Morgen bei Oprah gesehen hatte und der gesagt hatte, Hass sei so mächtig und zerstörerisch, dass er jede Chance auf Liebe vereitelte. Dann dachte ich an Kasey, mein Baby zu Hause, das eine Mutter verdient hatte, die sie von ganzem Herzen liebte. Um das zu tun, begriff ich auf einmal, musste ich einige meiner sorgsam gehüteten Emotionen loslassen.

Du kannst nicht gleichzeitig lieben und hassen, dachte ich. Du kannst nicht gleichzeitig glücklich und wütend sein.

Wenn ich Diane weiterhin hasste, riskierte ich, Kasey die volle und reine Liebe vorzuenthalten, die ich ihr schenken wollte. Und wenn ich die unerbittliche Wut, die ich empfand, nicht losließ, dann konnte ich in meinem eigenen Leben mit Glück und Freude nicht weiterkommen.

Ich wusste besser als jeder andere, wie wenig Einfluss wir darauf haben, welche Richtung unser Leben nimmt. Ob man es Schicksal, Bestimmung oder Willkür des Universums nennt, manche Dinge geschehen aus Gründen, die wir nicht einmal annähernd verstehen. Zu versuchen, die Ereignisse unseres Lebens unter Kontrolle zu halten, ist letztendlich ein sinnloses Unterfangen. Alles, was wir wirklich beherrschen können, sind unsere eigenen Reaktionen.

Diane zu hassen erschien mir nicht länger richtig. Diane war mehr als die verkommene Person, als die jeder sie hinstellte. Sie hatte mich und Warren und die Mädchen geliebt. Sie hatte ihre eigenen Kinder geliebt. Bis sie auf dem Taconic Parkway in der falschen Richtung gefahren war, hätte jeder, der sie kannte, gesagt, sie sei eine fürsorgliche Mutter, Tante, Schwester, Schwägerin und Freundin. Jemand, dem man vertrauen konnte. Hatte sie heimliche Dämonen, die keiner von uns sah? Ich weiß es nicht, aber wer hat keine Dämonen? Obwohl ihr Leben und ihr Charakter nach dem Unfall genau unter die Lupe genommen worden waren, tauchte nichts Teuflisches auf, um das Grauen, das sie verursacht hatte, zu erklären.

Du kannst nicht gleichzeitig lieben und hassen.

Ich trat etwas näher an den Grabstein heran, und zum ersten Mal überhaupt streckte ich eine Hand aus, um ihn zu berühren. »Ich weiß nicht, warum du das getan hast, Diane«, sagte ich leise.

Ich ließ die Hand auf dem Grabstein ruhen, zeichnete mit einem Finger ein Muster auf der Oberfläche. Ich dachte an Kasey, und dass ich wieder lieben wollte, dachte, wie traurig es Warren stimmte, dass ich ihn nicht mehr umarmte. Ich dachte an mein eigenes Herz, das, anstatt ein leuchtend rotes Valentinsherz zu sein, von Stahl und Eis ummantelt war.

Das ist so seltsam, dachte ich. Aber auf einmal wusste ich, was ich sagen musste. »Ich werde nie erfahren, was an jenem Tag passiert ist«, sagte ich, jetzt etwas lauter. »Aber ich habe dich immer geliebt, Diane. Ich liebe dich noch immer. Und ich vergebe dir.«

Kein Blitz kam vom Himmel, und kein Riss tat sich in der Erde auf. Wenn Diane, Gott oder meine Engel im Himmel mich hörten, gaben sie mir jedenfalls kein Zeichen.

Oder vielleicht doch, denn ich spürte eine fast physische Veränderung, sobald die Worte heraus waren. Die kalte, klamme Hand des Hasses, die meine Brust gedrückt hatte, schien ihren Griff auf einmal zu lockern.

»Ich vergebe dir«, sagte ich noch einmal.

Ich blieb noch einen Moment an dem Grabstein stehen, dann entfernte ich mich langsam, während ich eine unerwartete Leichtigkeit verspürte. Die Last der Wut, die ich mit mir herumgeschleppt hatte, schien mich nicht mehr ganz so schwer nach unten zu drücken. Zu versuchen, eine Zukunft voller Liebe aufzubauen, war wichtiger, als an einer Vergangenheit voller Hass festzuhalten.

Als ich nach Hause kam, erzählte ich Warren nichts von meiner Erfahrung auf dem Friedhof, und obwohl ich im Allgemeinen jeden flüchtigen Gedanken mit meinen Freundinnen teilte, vermied ich das Thema auch ihnen gegenüber. Vergebung ist etwas sehr Privates. Ich hatte es nicht für die anderen getan. Und ich wollte abwarten, wie ich mich in den nächsten Tagen fühlte.

Offenbar arbeitet die Vergebung auf mystischen Wegen. Viele Leute sagten mir plötzlich, wie gut ich aussah und wie glücklich ich schien. Auf einmal lachte und grinste ich weitaus mehr, und meine Liebe zu Kasey schwoll an. Ich sagte mir, dass es vielleicht nur ein zeitlicher Zufall war, da Kasey zu dieser Zeit begann, ständig zu lächeln, und mein Herz mit jedem zahnlosen Grinsen, das sie mir schenkte, mehr dahinschmolz.

Aber wahrscheinlicher ist, dass die beiden Ereignisse sich gegenseitig beeinflussten. Ich glaube, dass ich mich, indem ich Diane vergab, für Kaseys lächelnde Zuneigung öffnete. Ich hatte es nicht geplant oder gar erwartet. Und wenn ich Diane gegenüber neues Mitgefühl empfand, dann musste ich dasselbe auch Warren gewähren. Was Diane getan hatte, war nicht seine Schuld. Warren hatte immer gesagt, er und ich hätten am Tag des Unfalls beide alles getan, was wir konnten, und objektiv betrachtet wussten wir, dass er recht hatte. Wir konnten es laut aussprechen, um jeden, der zuhören wollte, zu überzeugen, dass wir es ernst meinten. Und das taten wir auch. Aber spätabends, wenn die Erschöpfung und die Dunkelheit unser klares Denken trübten, griffen uns die Fragen nach dem Was-wäre-Wenn wie gut bewaffnete Eindringlinge aus einer anderen Dimension an.

Ich hätte sollen.
Ich hätte können.
Wenn doch nur.

Seltsamerweise ist es leichter, Nachsicht mit anderen zu haben als mit sich selbst. Unsere eigene Vergebung ist vielleicht am schwersten zu gewähren.

29

Ich fühlte mich in jeder Hinsicht kräftiger, und mit meiner Gesundheit schien auch wieder alles in Ordnung zu sein. Wenn ich zu meinen üblichen Kontrollterminen bei der Geburtshelferin ging, schien sie jedes Mal zufrieden mit meinen Fortschritten. Eines Tages, als ich nach der Untersuchung mit baumelnden Beinen auf ihrem Behandlungstisch saß, erinnerte sie mich, dass ich jetzt wieder Sex haben dürfe.

»Sagen Sie das bloß nicht«, sagte ich halb lachend zu ihr. »Das macht mir Angst.«

»Warum macht es Ihnen Angst?«, fragte sie.

»Es ist so lange her. Ich weiß gar nicht mehr, wie das geht. Ich fühle mich, als ob ich wieder sechzehn bin.«

»Tun Sie es einfach«, sagte sie halb im Scherz. »Ich glaube, es wird Ihnen alles von allein wieder einfallen.«

Warren und ich hatten eine Einladung zu einem Galadinner, die wir gern annehmen wollten, und Melissa und Brad boten an, das Baby über Nacht bei sich zu behalten. Warren und ich konnten ganz entspannt zu dem Dinner fahren, ohne gleich danach zurück zu einer Babysitterin stürzen zu müssen. Unser erster Abend allein seit Kaseys Geburt, und ich begann darüber nachzudenken, was wohl passieren würde.

»Können wir reden?«, fragte ich Warren eines Morgens.

»Du musst nicht fragen. Rede einfach mit mir«, sagte er, fast ohne aufzusehen.

»Okay.« Ich holte einmal tief Luft. »An dem Abend des Dinners sollten wir, denke ich, Sex haben, bevor wir ausgehen. Andernfalls werde ich mir den ganzen Abend den Kopf darüber zerbrechen.«

»Wir werden Sex haben?«, fragte Warren und sah jetzt doch auf.

»Hast du etwa nicht daran gedacht?«

»Ich dachte nicht, dass wir Sex haben würden«, sagte er.

»Warum denn nicht? Das Baby wird nicht hier sein.«

»Jackie, ich will dich nicht noch mehr unter Druck setzen. Es ist schon okay für mich, enthaltsam zu leben.«

Mir klappte der Kiefer herunter. »Enthaltsam leben? Aber das ist so traurig!«

»Du hast so viel zu bewältigen. Ich will es dir nicht noch schwerer machen.«

»Du fühlst dich nicht mehr zu mir hingezogen. Das muss es sein«, sagte ich, urplötzlich todtraurig. Ich konnte ihm eigentlich keine Vorwürfe machen. In den letzten paar Jahren war es nicht sehr lustig gewesen, mit mir zusammenzuleben. Andererseits hatte sich meine Stimmung verbessert, und selbst ich konnte sehen, dass ich wieder ein gewisses Strahlen bekommen hatte.

»Natürlich fühle ich mich zu dir hingezogen«, sagte Warren.

»Woher soll ich das wissen?«

»Ich habe mich immer zu dir hingezogen gefühlt. Das wird sich nie ändern. Aber das alles ist dir nicht mehr so wichtig.«

»Ich gebe mir wirklich große Mühe, in Form zu bleiben, Warren. Und das tue ich nicht nur für mich, sondern auch für dich. Ich will noch immer gut für dich aussehen. Willst du denn nicht gut für mich aussehen?«

Wie mit sechzehn. Wir klangen wie zwei Teenager, während wir versuchten, unser sexuelles Selbstbewusstsein zurückzugewinnen. Aber wenigstens hatten wir angefangen, darüber zu reden.

An jenem Nachmittag rief mich Warren von der Arbeit aus an. »Ich wollte dir nur sagen, dass ich einem Fitnessklub beigetreten bin. Ich will, dass du dich genauso zu mir hingezogen fühlst wie ich mich zu dir.«

Bereit für einen Abend der Wiederannäherung, setzten wir Kasey kurz darauf bei Melissa und Brad ab. Wir hatten keine Zeit für meinen Plan, den Abend mit Sex zu beginnen, aber wir hatten Spaß bei dem Dinner, hielten unter dem Tisch Händchen und flirteten. Warren ließ seine Hände auf dem Rücken meines schwarzen einseitig schulterfreien Kleids ruhen, während wir tanzten. Wir hatten ein Baby, wir hatten einander, wir hatten ein Date. Und später an diesem Abend stellte Warren überzeugend klar, dass keiner von uns ein enthaltsames Leben führen musste.

Als Kasey größer wurde und Warren und ich öfter ausgehen wollten, begann meine Mom, regelmäßig zum Babysitten herüberzukommen. Emma, Alyson und Katie hatten ihr stets das Gefühl gegeben, etwas Besonderes zu sein und gebraucht zu werden, vor allem nachdem mein Dad gestorben war. Ich rief sie oft an und sagte: »Hey, Mom, ich brauche morgen eine Babysitterin« – und sie stürzte glücklich los nach Floral Park.

Warren hatte sie gern bei uns, und ich auch. Sie hatte eine Aufgabe und fühlte sich nützlich. Und jetzt verwöhnte sie Kasey, genau wie sie Emma, Alyson und Katie verwöhnt hatte.

»Warum weint sie denn?«, fragte meine Mom einmal, als Kasey ungewöhnlich quengelig schien.

»Sie ist müde«, sagte ich, ohne zu zögern. »Sie weint nur, wenn sie hungrig oder müde ist, und ich kann den Unterschied heraushören.«

»Und was soll ich jetzt tun?«, fragte sie. Warren und ich wollten später ausgehen, und sie wollte alles über unser kleines Mädchen erfahren.

»Setz sie in den Babysitz, stell den Fernseher an, gib ihr ihren Schnulli, ihr Deckchen und ihr Lämmchen«, rasselte ich die Liste herunter. »Ich garantiere dir, sie wird einschlafen.«

Meine Mom befolgte die Anweisungen, und nach ein paar Minuten schlummerte Kasey tief und fest. »Du kennst dein Baby«, sagte sie bewundernd.

»Und ob«, sagte ich stolz.

»Katie ist einfach so schön«, sagte sie, während sie in das Gitterbett sah. Und dann stöhnte sie auf und holte einmal scharf Luft. »Ich meine, Kasey. Nicht Katie, Kasey. Oh, Jackie, es tut mir so leid. Warum habe ich das gesagt?«

»Schon gut«, sagte ich. »Das ist mir auch schon passiert.«

Als ich die Namen das erste Mal verwechselt hatte, war ich außer mir gewesen. Warum hatte ich Kasey einen Namen gegeben, der dem ihrer Schwester so ähnlich war? Aber dann hatte ich mich entspannt, und jetzt ließ ich Mom an meiner Weisheit teilhaben. »Es ist gar nicht so schlimm, die Namen zu verwechseln. Weißt du noch, wie du Emma manchmal aus Versehen Alyson genannt hast? Das ist genau dasselbe. Sie sind Schwestern. Und ich liebe alle beide.«

Meine Mom blickte ein paar Minuten besorgt, aber dann lächelte sie. »Kasey«, flüsterte sie, während sie das Deckchen sanft um sie feststeckte. »Katies Schwester Kasey.«

In unserem Kreis hatten die meisten Frauen zwei, drei oder sogar vier Kinder, bis sie Mitte dreißig waren, und jetzt war ich hier, mit vierzig und einem neuen Baby. Wir alle waren es gewohnt, unsere Erfahrungen als Eltern auszutauschen, und ich hatte das Gefühl, etwas hinterherzuhinken. Während Isabelle und Jeannine ihren Töchtern zujubelten, wenn sie bei Turnwettbewerben Saltos schlugen, klatschte ich, wenn Kasey sich allein aufsetzte. Anstatt Emma ihren ersten BH und ein Kleid für ihre Abschlussfeier nach der sechsten Klasse zu kaufen, bereitete ich Fläschchen zu und schob einen Kinderwagen. Ich hatte nicht damit gerechnet, mir an diesem Punkt in meinem Leben noch einmal die *Sesamstraße* oder *Die Teletubbies* anzusehen, und manchmal schloss ich die Augen und stellte mir die Gespräche vor, die ich mit Emma über Jungen und Dates führen sollte. Aber dieser Teil meines Lebens war aus der Bahn geworfen worden. Ich war auf einem neuen Gleis und begann die Fahrt noch einmal von vorn. Doch auch wenn der Zug ein anderer war, konnte ich die unerwartete Aussicht wenigstens genießen.

Während die Kinder meiner Freundinnen in der Schule waren, konnten wir Erwachsenen Zeit zusammen verbringen. Aber in den Schulferien gingen sie mit ihren Kindern bowlen, in der Stadt ins Museum oder in Teeniefilme, während ich mit Kasey zu Hause blieb. Diese unterschiedlichen Lebensphasen, in denen wir uns befanden, riefen mir in Erinnerung, dass ich in der realen Monopoly-Version zurück auf Los geschickt worden war. Wenigstens konnte ich das Spiel noch immer spielen. Ich hatte mehr Möglichkeiten zu würfeln, und dafür war ich dankbar.

Und ich erkannte bald, dass, so homogen unsere kleine Gruppe auch war, Frauen außerhalb unseres Kreises unterschiedliche Lebenspläne verfolgten. Sie taten andere Dinge in einem anderen Alter. Als ich eines Tages von Isabelle nach Hause ging, bemerkte ich eine Frau auf der Straße, die einen Jogger-Kinderwagen wie ich hatte. Ich winkte, und sie blieb stehen. »Sind Sie Jackie Hance?«, fragte sie.

Ich nickte, nicht sicher, worauf sie hinauswollte.

»Oh, ich freue mich ja so, Sie kennenzulernen«, sagte sie und stellte sich vor. »Ich habe ein zehn Monate altes Kind. Ein glücklicher vierzigster Geburtstag für mich.«

Ich lachte. »Ein Überraschungsbaby?«

»Sagen wir nur, ich habe auch noch ein zehn- und ein zwölfjähriges Kind. Hier in der Gegend gibt es nicht allzu viele von uns älteren Moms mit Babys.«

»Ich freue mich, dass wir uns kennenlernen«, sagte ich, angesteckt von ihrer guten Laune. »Wir sollten irgendwann mal zusammen in den Park gehen.«

Als ich nach Hause kam, rief ich prompt Isabelle an. »Ich habe eine neue Freundin gefunden«, sagte ich.

Ich erzählte ihr die Geschichte, und sie lachte.

»Sie schien nett zu sein«, sagte ich. »Ich kann nicht glauben, dass ich noch einmal ganz von vorn anfange. Wohin ich mit Kasey auch gehe, werde ich von Müttern umgeben sein, die überwiegend sechsundzwanzig sind und nichts mit mir gemeinsam haben.«

»Die Mütter der Freunde deiner Kinder müssen nicht unbedingt deine besten Freundinnen sein«, rief mir Isabelle in Erinnerung. »Bei uns war es nur zufällig so, dass wir alle zusammenpassen.«

»Perfekt zusammenpassen«, sagte ich wehmütig. Unsere Kinder hatten sich altersmäßig so genau entsprochen, dass Denine, deren jüngstes Kind ein Jahr jünger war als Katie, sich manchmal beklagt hatte, sie fühle sich, als ob irgendetwas nicht stimmte. Und das war nur ein Jahr Altersunterschied gewesen.

Aber ich hatte bereits begriffen, dass meine neue Lebensphase keine Wiederholung der vorangegangenen sein würde. Neue Mom mit vierzig? Man spielt die Karten, die man zugeteilt bekommt. Emma und Alyson hatten sich altersmäßig so nahe gestanden, dass sie sich immer miteinander hatten beschäftigen können, und als Katie dazugestoßen war, hatten sie sie gern auf ihren Schoß gesetzt und sie zum Lachen gebracht. Jetzt war mein Schoß der einzige, auf den sich Kasey setzen konnte.

Bei Emma, Alyson und Katie hatte ich mich der Mutterschaft so extrem und hingebungsvoll gewidmet, dass ich keine andere Identität mehr gehabt hatte. Ich hatte jede Minute genossen, aber als diese Rolle endete, war der Schock unvorstellbar groß. Kein Wunder, dass ich nach dem Unfall weiterhin Dinge für sie kaufte, Geburts- und Feiertage beging und mir sagte, dass ich immer ihre Mutter bleiben würde. Ich hatte nichts anderes zu tun, keinen anderen Sinn oder Zweck in meinem Leben. Wenn ich nicht wieder schwanger geworden wäre, hätte ich dann überhaupt noch einen Grund gehabt, auf dieser Erde zu verweilen?

Bei Kasey erwartete Warren von mir, dass ich wieder eine absolut aufopferungsvolle Vollzeit-Mom sein würde. Mit »absolut aufopferungsvoll« war ich einverstanden, aber ich konnte es nicht riskieren, die Dinge aufzugeben, die mir über die schlimmsten Zeiten hinweggeholfen hatten – von den Dienstagen mit Karen bis hin zu der Bowlinggruppe am Donnerstag. Aktivitäten in meinem Kalender zu haben, etwas, wo ich hingehen konnte, hatte mir geholfen, zu dem positiven Ort zu gelangen, an dem ich jetzt war, und das würde ich mit Sicherheit nicht aufgeben.

Ich ärgerte mich noch immer, wenn Warren zu viel auf der Couch lag, und er wurde manchmal überwältigt von meiner Energie und meinen endlosen Plänen. Wir machten uns zu viele Sorgen umeinander. Ich wollte sicherstellen, dass er genug Schlaf bekam, und er kümmerte sich darum, dass es mir gut ging. Wir blieben über die Maßen einfühlsam für die Stimmungen des anderen. So viele Leute staunten, dass wir zusammengeblieben waren, dass wir uns manchmal selbst darüber wunderten.

Eines Abends kamen wir von der Therapie nach Hause, und Warren sah aus, als hätte er ein Kriegsgebiet durchquert. Die Sitzungen waren für ihn jedes Mal härter als für mich, da es ihm unangenehmer war, seine Seele zu offenbaren. Emotional verausgabt, ging er nach oben und legte sich ins Bett.

Ich strotzte noch immer vor Energie und wollte irgendetwas Positives für mich tun. In der Annahme, dass Warren eingeschlafen war, setzte ich Kasey ins Auto und fuhr los zur Gebetsgruppe.

Auf halbem Weg dorthin klingelte mein Handy. »Wo bist du?«, wollte Warren wissen.

»Auf dem Weg zur Gebetsgruppe«, sagte ich.

»Wo ist das Baby?«

»Sie ist bei mir.«

Warren ging in die Luft. »Warum hast du sie nicht zu Hause gelassen? Ich bin in Panik ausgebrochen, als ich sie nicht finden konnte.«

»Ich dachte, du wärst eingeschlafen. Ich habe es nur gut gemeint.«

»Nein, das hast du nicht«, sagte er wütend. »Du wolltest mir auf die Nase binden, dass du dich um alles kümmern musst. Oder vielleicht vertraust du mir allein mit Kasey einfach nicht.«

Ich hielt am Straßenrand, da ich mich nicht am Steuer streiten wollte. Warren klang so aufgelöst, dass ich umkehrte und wieder zurück nach Hause fuhr. Ich konnte nicht verstehen, wie etwas so Positives – zur Gebetsgruppe zu fahren – in etwas so Negatives umschlagen konnte.

»Ich werde dir einen Gefallen tun und gehen«, sagte Warren, als ich zurück ins Haus kam.

»Wenn es das ist, was du willst, bitte«, sagte ich kalt.

»Ich glaube, es ist das, was *du* willst. Du willst doch, dass ich endgültig gehe.«

Ausnahmsweise einmal holte ich tief Luft und überlegte, was ich sagen wollte. »Nein, Warren. Ich bin durch die Hölle gegangen. Ich glaube nicht, dass ich das hier allein schaffe. Das heute Abend war ein dummes Missverständnis. So etwas können wir überstehen. Das müssen wir.«

Warren seufzte. »Danke, Jackie.«

Wir spürten beide, wie die Anspannung im Raum – und in unseren Körpern – verschwand. Kasey war in meinen Armen eingeschlafen, und jetzt reichte ich sie Warren.

»Natürlich vertraue ich dir das Baby an«, sagte ich, während meine Stimme zu schwanken begann. »Du bist ihr Vater. Sie braucht dich.«

Warren hielt Kasey in seinem starken Arm und legte den anderen um mich. »Wir brauchen alle einander«, sagte er schlicht.

Jetzt, wo einmal offen ausgesprochen worden war, dass wir beide zumindest die theoretische Möglichkeit hatten, einander zu verlassen, verstanden wir beide, wie sehr wir zusammenbleiben wollten.

Am nächsten Tag erzählte ich Isabelle, was vorgefallen war.

»Ihr zwei werdet euch nie trennen«, sagte sie, wie schon so oft. »Ihr habt euer ganzes Drama und Gezänk, und dann ist wieder alles in Ordnung. Und bei der kleinsten Kleinigkeit ist deine erste Reaktion: ›Ich muss Warren anrufen und es ihm sagen.‹«

Das stimmte. Warren und ich riefen einander mindestens fünfmal am Tag an – manchmal nur, um Hi zu sagen und zu fragen, wie es dem anderen ging. Manchmal mit einer witzigen Geschichte oder einer Frage. Oft hatte er kaum das Haus verlassen, wenn ihm irgendetwas einfiel, was er mir sagen musste. Einmal unterhielten wir uns auf unseren Handys, als mir bewusst wurde, dass wir uns noch immer sehen konnten, weil er bei unseren Nachbarn im Wohnzimmer stand und aus dem Fenster guckte.

Ich kicherte und winkte ihm zu – aber wir redeten noch immer weiter.

»Tun das nicht alle Paare?«, fragte ich Isabelle.

Nach dem seltsamen Blick zu urteilen, den sie mir zuwarf, offenbar nicht.

In der nächsten Woche sagte Dr. O'Brien unsere übliche Sitzung ab, da er erkrankt war.

»Ich habe eine ganze Liste, die ich durchgehen will«, sagte ich stöhnend zu Warren, als ich ihn auf der Arbeit anrief – zum vierten Mal an diesem Tag –, um ihm zu sagen, er müsse nicht in aller Eile nach Hause kommen. Dr. O'Brien hatte mich gedrängt, die ganze Woche über eine Liste mit Dingen zu führen, die mich störten, damit wir sie in aller Ruhe in einer Sitzung besprechen konnten, anstatt dass ich unter der Woche bei jeder Sache in die Luft ging.

»Okay, wir werden die Liste heute Abend zusammen durchgehen«, sagte Warren.

Er kam spät von der Arbeit nach Hause, und ich sagte: »Werden wir trotzdem noch reden?«

»Ich dachte, wir hätten schon geredet«, witzelte er.

»Sehr komisch.«

»Komm schon, setz dich. Gehen wir deine Liste durch.«

Ich zückte das Blatt Papier, auf dem ich all die kleinen Ärgernisse notiert hatte, die sich im Laufe der Woche angesammelt hatten und die mir auf die Nerven gingen. Ich war besorgt, dass wir ohne Dr. O'Brien nicht sehr weit kommen würden, aber wir fingen einfach oben an und redeten vernünftig über jeden einzelnen Punkt.

Eine Stunde später hatten wir die Liste durch, und Warren lächelte. »Wir haben eben hundertzwanzig Dollar gespart«, sagte er.

»Wir können das wirklich«, sagte ich, während ich die erledigte

Liste stolz in den Papierkorb warf. »Wir können miteinander reden.«

»Oh ja, das können wir«, sagte Warren. Er beugte sich vor und küsste mich. »Wir haben in diesen letzten paar Jahren viel getan, von dem wir nie gedacht hätten, dass wir es könnten. Das hier ist leichter als das meiste.«

30

Ende März fuhr mich Bernadette nach einem Morgenlauf nach Hause und setzte mich eben ab, als ein anderer Wagen vorbeischoss. »Pass auf!«, rief sie, als ich aus dem Wagen stieg, ohne auf die Gefahr zu achten.

Der Wagen scherte aus, um mich herum, und ich wandte mich grinsend zu Bernadette um. »Du musst dir keine Sorgen um mich machen«, sagte ich. »Offenbar werde ich nie sterben.«

Bernadette warf den Kopf zurück und lachte schallend auf.

Ich will nicht ernsthaft behaupten, unsterblich zu sein, aber ich hatte zwei Jahre lang gehofft zu sterben, und es nie getan. Jetzt war ich über die Maßen erleichtert, dass ich das Leben wieder genießen konnte. Das Schlimmste war bereits passiert. Es hatte mich nicht umgebracht. Ich hatte gelernt, dass wir alle stärker sind, als wir uns vorgestellt hätten.

Als mein Dad im Alter von sechsundfünfzig Jahren gestorben war, schien er so jung, und ich betrauerte seinen allzu kurzen Aufenthalt auf dieser Erde. Jetzt, im Vergleich, scheint es, als ob er ein erfülltes Leben hatte. Vielleicht erscheint die Zeit im Angesicht des Todes immer flüchtig und vergänglich. Alle Religionen versuchen uns zu helfen, mit der Unsicherheit des Todes fertigzuwerden, und uns die Hoffnung zu geben, dass sich die Süße und der Schmerz dieses Lebens in einer künftigen Ewigkeit irgendwie bezahlt machen werden. Ich weiß nicht, ob das stimmt oder nicht, aber bis Ostern hatte ich mich wieder mit der Religion versöhnt und war bereit, den Trost anzunehmen, den sie mir bot.

Melissa und Brad luden uns wieder zu ihrem Osteressen ein, und wir mochten unsere neue Tradition mit ihnen. Den ganzen Winter über hatte ich nichts Neues für Kasey gekauft. Freunde waren großzügig gewesen, und sie hatte schon jetzt mehr hübsche Kleidchen, als ein einziges Baby je tragen könnte. So seltsam es für mich auch war, es zuzugeben, ich konnte mich nicht mehr dafür begeistern, noch ein niedliches Kleid oder süßes Stofftier zu kaufen. Dinge waren nicht mehr wichtig. Die Jahre, die ich damit verbracht hatte, Warren überzeugen zu wollen, wir bräuchten ein größeres Haus, schienen lange, lange her zu sein. Mir gefiel es dort, wo wir lebten. Ich konnte mich nicht mehr erinnern, warum ich unbedingt eine neue Couch hatte haben wollen; wenn ich mit Kasey dasaß und mich entspannte, begriff ich, dass die, die wir hatten, völlig in Ordnung war. In meinem Wohnzimmer hatte ich einen Tisch, der mit Fotos der Mädchen bedeckt war, und das bereitete mir mehr Freude, als es ein neues Sofa, Haus oder noch so süßer Strampelanzug je könnten.

Andererseits war ich schon immer gern shoppen gegangen, und ich musste dieses Vergnügen auch meinem neuen Baby gönnen. Als Kasey fünf Monate alt war, sah ich einen Schachtelteufel-Affen in einem Spielzeuggeschäft – und kaufte mein erstes Geschenk für sie. Wie üblich hatte ich Schuldgefühle, dass ich ihren Schwestern gegenüber ungerecht war: Wie kannst du etwas für sie kaufen und nichts für Emma, Alyson und Katie?

Aber ich hatte eine neue Botschaft für diese schrille Stimme in meinem Kopf, die mir ein schlechtes Gewissen einreden wollte: Lass mich in Ruhe! Dass ich etwas für Kasey kaufen wollte, war ein gutes Zeichen, kein Grund zur Reue.

Und so schlug ich zu Ostern über die Stränge und kaufte Kasey das süßeste Kleid, das ich finden konnte – weiß mit bunten Blumen in Dunkelrosa, Hellrosa und Gelb und einer rosa Schärpe mit einer großen Schleife auf der Rückseite. Das dazugehörige Mützchen trug dieselben fröhlichen Blumen und die Schleife. Kasey schenkte mir ein zahnloses Lächeln, als sie fertig angezogen war – selbst sie schien zu wissen, wie hübsch sie aussah.

Wir fuhren hinüber zu den Katinases, und Melissa kam heraus, als wir vorfuhren. »O mein Gott«, sagte sie, während ich um den Wagen ging und Kasey aus ihrem Sitz nahm.

»Ich weiß, sie ist niedlich«, sagte ich, in der Annahme, sie sei so entzückt von Kaseys bezauberndem Kleidchen.

»Warte, bis du siehst, was ich meine«, sagte Melissa.

Wir gingen ins Haus, und sie rief Abby, die Katies beste Freundin gewesen war, nach unten. Abby sprang die Treppe herunter – in genau demselben Kleid wie Kasey, mit der Schärpe und den rosa und gelben Blumen.

»O mein Gott!«, wiederholte ich Melissas Reaktion.

Aber Abby lachte nur entzückt. »Kasey ist mein Herz«, sagte sie und küsste die Kleine, die wie die gleich gekleidete lebendige Puppe aussah. »Ich liebe sie über alles.«

Ich ließ Abby Kasey halten, und wie üblich wollte sie sie gar nicht mehr loslassen. Von Kaseys Geburt an hatte Abby gar nicht genug von ihr bekommen können. Sie hatte sie so leidenschaftlich angenommen, als wäre Kasey eine wiedergeborene Katie. Melissa erzählte mir, eines Tages, als sie für mich auf Kasey aufpasste, sei sie mit ihr zur Bushaltestelle gegangen, um Abby abzuholen.

»Meine Cousine ist da«, rief Abby, als sie aus dem Schulbus kletterte und auf sie zulief.

Jetzt sah ich, wie Abby Kasey hielt, und auf einmal verstand ich, was es hieß, seelenverwandt zu sein. Wir konnten alle die Verbindung spüren, die von dem schönen kleinen Mädchen zu dem schönen Baby verlief, während ihre hübschen, identischen Kleidchen ein Blumenfeld bildeten, in dem sie miteinander zu verschmelzen schienen. Ich war besorgt gewesen, dass Kasey keine Geschwister hatte, mit denen sie jeden Tag teilen konnte, aber sie würde andere Bindungen haben, nicht dieselben, aber ebenso bedeutsame. Nein, sie würden nicht die gleiche Freundschaft haben wie Abby und Katie, aber wichtige Beziehungen können vielerlei Formen annehmen. Die Blumen auf ihren identischen Kleidern waren fröhliche Vorboten des Frühlings. Und wer wusste, welche anderen Blüten in den Jahren, die vor uns lagen, noch sprießen würden?

Inmitten all meiner Entschlossenheit, positiv und hoffnungsvoll zu sein, erlitt ich dennoch einige Rückschläge. Ein paar Wochen nach Ostern fuhr ich allein vom Supermarkt nach Hause und hielt vor einem Stoppschild an. Da ich niemanden sah, fuhr ich weiter. In genau diesem Augenblick schoss ein Wagen von links genau auf mich zu. Ich riss das Lenkrad herum und trat die Bremsen durch, aber zu spät. Im nächsten Moment erlebte ich das absolute Grauen nach, das die Mädchen durchgemacht hatten. Der entsetzliche Zusammenprall und der Wagen, der sich überschlug und vor meinen Augen zerbarst. Überall Blut. Rauch. Feuer. Schieres Entsetzen. Ich spürte, wie meine Rippen brachen und mein Gesicht gegen den aufgeblasenen Airbag gedrückt wurde. Mein Körper zitterte krampfhaft, und Blut spritzte herum.

Ich stieg hysterisch schreiend aus dem Wagen.

Eine Frau rannte auf mich zu. »Geht es Ihnen gut? Ich rufe die Polizei«, sagte sie.

Ich stellte mir vor, wie die Rettungssanitäter kamen, die mich nicht retten konnten, der Krankenwagen, der mich in aller Eile ins Krankenhaus brachte. Dann warf ich einen Blick hinüber und sah meinen Wagen unversehrt auf der Kreuzung stehen.

»Haben Sie gesehen, was passiert ist?«, fragte ich die Frau mit hämmerndem Herzen.

»Das war knapp«, sagte sie. »Er hätte Sie fast erwischt. Ein Riesenglück. Sind Sie sicher, dass es Ihnen gut geht?«

Wir waren nicht zusammengestoßen. Tatsächlich war gar nichts passiert.

Ich setzte mich auf die Bordsteinkante und versuchte zu Atem zu kommen. Der Beinahezusammenstoß hatte eine so heftige Reaktion in mir ausgelöst, dass ich das Gefühl hatte, den Schock der Mädchen nachzuerleben – ein klassisches Symptom einer posttraumatischen Belastungsstörung. Ich fühlte den Schmerz, den die Mädchen erlitten haben mussten, und stellte mir ihre Angst vor. Ich fühlte, wie mein Körper hin- und hergeworfen wurde. Mir war flau im Magen von dem Gedanken, dass es die Situation war, die meine Mädchen selbst erlebt hatten.

Als ich nach Hause kam, war Warren noch in der Arbeit, und das Baby war mit Mr. Hance auf einem Spaziergang. Ich hatte es immer vermieden, mir irgendwelche Bilder des Unfalls anzusehen, aber jetzt setzte ich mich an meinen Computer und gab »Taconic-Autounfall« bei Google ein. Ich musste wissen, was die Mädchen durchgemacht hatten.

Aber mitten in meiner Suche hielt ich auf einmal inne. Ich lehnte mich auf meinem Stuhl zurück und dachte nach. Warum tat ich mir das eigentlich an? Mein Hirn litt vielleicht an einer PTBS-Reaktion, und dagegen konnte ich nicht viel tun. Aber meine bewussten Reaktionen hatte ich noch immer unter Kontrolle. Wenn ich ein positives Leben wollte, dann musste ich jedes bisschen Energie, Konzentration und Kraft aufbringen, das ich besaß, um mich auf das Gute zu konzentrieren.

Noch immer zitternd, schaltete ich den Computer aus und ging ins Wohnzimmer. Jake, mein kleiner flauschiger weißer Hund, war aufs Fensterbrett gesprungen. Ich ging zu ihm und kraulte ihn hinter den Ohren, und wir beide standen da und sahen aus dem Fenster und warteten darauf, Kasey nach Hause kommen zu sehen.

Seit dem Unfall der Mädchen hatte ich gelernt, wie unglaublich freundlich die Leute sein können. Doch das Ausmaß der Großzügigkeit und Fürsorglichkeit verblüffte mich nach wie vor. Eines Tages erzählte ich einer Fernsehproduzentin, die ich kennengelernt hatte, wie inspirierend es für mich gewesen sei, den Motivationsredner Tony Robbins im Fernsehen zu hören. Rein zufällig traf sie ihn am nächsten Tag – und erzählte ihm von mir. An jenem Nachmittag bekamen Warren und ich eine persönliche Einladung, bei einem dreitägigen Seminar in New Jersey seine Gäste zu sein.

Gespannt darauf, Tonys Ansatz zu »Wie man die Kraft in sich freisetzt« zu hören, nahm sich Warren drei Tage von der Arbeit frei, und ich vereinbarte mit meiner Mom und ein paar hilfsbereiten Freunden, dass sie auf Kasey aufpassten. Es heißt, dass Tony Robbins so ziemlich jeden gecoacht hat, von Präsident Bill Clinton bis hin zum Tennisstar Serena Williams, und er wurde von Prominenten, Sportstars und Politikern auf der ganzen Welt mit Lob überschüttet. Jetzt waren wir an der Reihe.

Wir saßen mit rund dreitausend Leuten, die viel Geld für dieses Wochenende bezahlt hatten, in einem riesigen Hörsaal. Als Tonys Gäste saßen wir in einer der ersten Reihen, und wir beugten uns auf unseren Plätzen vor, während er von der Notwendigkeit sprach, die eigene Geschichte und den eigenen Geisteszustand zu verändern. Wir sollten uns vorstellen, dass in jedem von uns Regale mit Videobändern waren – und dass wir die schlechten Bänder entfernen und durch gute ersetzen mussten.

So weit konnte ich ihm folgen.

Wir machten verschiedene Übungen, mentale und körperliche, um uns selbst beizubringen, wie wir unseren Zustand verändern könnten. An einer Stelle forderte Tony uns auf, die Augen zu schließen und an den schlimmsten Moment zu denken, der uns je passiert war.

»Ich will gehen«, sagte ich zu Warren. »Ich werde das nicht tun.«

»Dann lass diesen Teil einfach aus«, flüsterte Warren.

Ich musste mir den schlimmsten Moment, der mir je passiert war, nicht vorstellen – er war jeden Tag bei mir. Aber dann erklärte Tony, dass wir lernen müssten, zum nächsten Kapitel zu kommen. Er forderte uns auf, uns auf den Boden zu legen und zu einer Lieblingserinnerung zurückzukehren.

Ich stellte mir vor, wie ich an einem Freitagabend mit den Mädchen zusammen *What Not to Wear* angesehen hatte. Ich konnte sie bei mir spüren, während wir über die Sendung kicherten. Und dann dachte ich an meine andere Lieblingserinnerung, wie wir auf der Rückbank des Wagens das Ha-ha-Spiel spielten. Egal, wie schlecht gelaunt irgendeine von uns war, wir mussten immer alle lachen. Ich sagte »Ha«, dann sagte Emma »Ha-ha«, gefolgt von Alysons »Ha-ha-ha« und schließlich Katies »Ha-ha-ha-ha«. Während wir versuchten, das Spiel noch eine Runde weiter zu spielen, brachen wir natürlich in Gekicher aus.

Während ich in diesem riesigen Saal lag, umgeben von so vielen anderen Leuten, begann ich zu kichern. Tony hatte recht – verändere deine Geschichte, und du kannst deinen Geisteszustand verändern. Anstatt mich auf den Schmerz und die letzten Augenblicke der Mädchen zu konzentrieren, musste ich an die glücklichen Zeiten denken. Denn sie konnten mich noch immer zum Lächeln bringen.

Für Warren war der Moment leider weniger erfolgreich. An seine glücklichste Erinnerung – einen Augenblick mit den Mädchen – zu denken stürzte ihn nur wieder in Verzweiflung. Nach dem Seminar schrieb Warren Tony eine Nachricht, in der er sich für seine Liebenswürdigkeit bedankte und ihn fragte, was man tun sollte, wenn die eigenen Lieblingserinnerungen zugleich die größte Quelle des Schmerzes waren. »Wie soll man das überwinden?«, fragte Warren.

Da Tony jedes Jahr Zehntausende von Leuten coacht, hätte er die Frage als rhetorisch auffassen und einfach abtun können. Aber stattdessen fand Warren, als er ein paar Tage später seine E-Mails las, eine persönliche Voice-Message im Anhang. »Hey, Warren, hier spricht Tony Robbins«, sagte die inzwischen vertraute Stimme.

Er plauderte freundlich ein wenig und sagte, er sei auf Reisen gewesen. Er hoffte, Warren hätte aus der Veranstaltung in New York Kraft geschöpft. Und dann kam er zur Sache und begann, Warrens Fragen zu beantworten.

»Sie haben jedes Recht, weiterhin Schmerz zu fühlen«, sagte er. »Aber das Problem, wenn Sie in diesem Schmerz verharren, ist, dass er Ihre Mädchen nicht ehrt, er gibt Ihnen nicht das Gefühl, erfüllter zu sein, er gibt Ihnen nicht mehr von der Welt. Für alles gibt es eine Zeit, eine Zeit zu leiden und eine Zeit zu wachsen. Eine Zeit, traurig zu sein, und eine Zeit, sich zu überlegen, was Ihre nächste Entscheidung sein wird. Um eine Möglichkeit zu haben, Ihren Töchtern eine Ehre zu erweisen, Ihrer Frau und schließlich auch sich selbst und sich endlich wieder lebendig zu fühlen, werden Sie einen Schlussstrich unter das ziehen müssen, was passiert ist. Das heißt nicht, dass es nicht passiert ist. Sie sind nicht respektlos gegenüber der Vergangenheit, wenn Sie im Hier und Jetzt leben und darüber nachdenken, eine Zukunft aufzubauen.«

Er redete von seinen eigenen Verlusten, auch wenn er einräumte, nie etwas Vergleichbares erlebt zu haben, wie drei Töchter zu Grabe zu tragen. Was ihm jedoch geholfen hätte, schwierige Zeiten zu bewältigen, sei das Wissen, dass er nicht allein war und dass andere ähnliche Situationen durchmachten. Wenn wir einen Weg nach vorn finden könnten, dann könnten Warren und ich Millionen von Menschen mit unserer Geschichte helfen.

Meine Vergangenheit mit den Mädchen war ein Teil von mir, an den ich mich geklammert hatte, voller Angst loszulassen. Ich war besorgt, »nach vorn zu blicken« würde heißen, die Erinnerungen und Augenblicke aufzugeben, die mein Lebensmittelpunkt gewesen waren. Aber jetzt begriff ich, dass ich nicht ein Buch schließen musste, um ein neues zu beginnen. Warren und ich würden für immer die wunderschöne Geschichte haben, die wir mit unseren Mädchen begonnen hatten, und was geschrieben war, konnte ewig bestehen. Aber das Buch war nicht zu Ende. Wir konnten ein neues Kapitel beginnen.

Wir legten den Termin für Kaseys Taufe auf Anfang Mai fest, und ich merkte, dass ich mich tatsächlich darauf freute. Natürlich, ich hatte noch immer etwas Angst und Schuldgefühle, vor allem als mir bewusst wurde, dass Katies Kommunion an genau demselben Wochenende gewesen wäre. Als ich besorgt war, eine Party für die eine und nicht für die andere zu geben, erinnerte mich Bernadette rasch, dass der Familienspaßtag in nur wenigen Wochen war.

»Du tust etwas Wundervolles für Katie«, sagte sie mit ihrer üblichen geballten Energie. »Sie bekommt eine Party mit Tausenden von Leuten in den Centennial Gardens. Alle werden ihretwegen dort sein. Und sechstausend Mädchen kennen Katie und ihre

Schwestern bereits, weil sie an ›Beautiful Me‹ teilgenommen haben.«

Dagegen ließ sich schwer etwas sagen.

Ich kaufte Kasey das schönste Taufkleid, das ich finden konnte, weiße Seide mit gehäkelten Blümchen an den Ärmeln und einem dazu passenden geblümten Stirnband. Ich kaufte sogar Seidenhöschen.

Am Morgen der Taufe war die Kirche randvoll besetzt mit Freunden und Familienangehörigen, und Warren und ich trugen Kasey zum Altar. Ihre drei Pateneltern-Paare – Melissa und Brad, Jeannine und Rob und Isabelle und Mark – beugten sich liebevoll über sie, und der Priester vollzog seinen heiligen Ritus mit Öl und goss ihr dann Wasser über den Kopf. Kasey, unser braves kleines Baby, weinte oder quengelte nicht, und sie sah einfach hinreißend aus, während Dutzende von Freunden wie verrückte Paparazzi Fotos von ihr schossen.

Im Anschluss daran hatten wir eine Feier in der Knights of Columbus Hall geplant. Ich war besorgt, der Saal könnte zu düster sein, aber er sah wunderschön aus, als wir eintraten, strahlend von Blumen und Luftballons und über zweihundert Leuten. Die Kinder rannten umher und aßen Kuchen und Cupcakes, und ein DJ animierte sie zum Spielen und Tanzen. Dann erhob sich Warren, um eine Ansprache zu halten.

»Der Kreis hat sich geschlossen«, sagte er zu allen, die sich versammelt hatten, »und wir sind euretwegen hier. Ehrlich gesagt, kann ich kaum glauben, dass wir es tatsächlich sind. Es ist Zeit, nach vorn zu blicken, aber nicht zu vergessen und zu versuchen, ein gutes Leben zu haben. Es ist ein glücklicher Anlass. Emma, Alyson und Katie sind bei uns, und wir vermissen sie und lieben sie, aber heute ist Kaseys Tag.«

Die meisten Leute im Saal waren bei der Kommunionsparty

gewesen, die wir nach dem Unfall vor über zwei Jahren, für Alyson gegeben hatten, als Warren den Michael-Bublé-Song »Hold On« ausgewählt hatte. Ich liebe dieses Lied, aber damals schien mir der Text, dass wir die Glücklichen wären und alles gut werden würde, nichts mit uns zu tun zu haben.

Jetzt nahm ich Warren das Mikrofon aus der Hand und erinnerte die Menge an das Lied. »Ich dachte, er wäre verrückt, als er diesen Song bei Alys Kommunionsparty spielte«, sagte ich. »Damals verstand ich es nicht, aber jetzt ist es mir endlich klar. Es erfordert Zeit, harte Arbeit und viel Liebe von Familienangehörigen und Freunden, die schwersten Zeiten zu überstehen. In jeder Situation muss man wissen, dass alles gut werden wird. Heute ist ein weitaus glücklicherer Moment als damals.«

Die Musik setzte ein, und Warren kam herüber und nahm mich in die Arme. Und wir tanzten bei der Taufe unserer Tochter.

Als wir an jenem Abend nach Hause kamen, hielten unsere positiven Gefühle ausnahmsweise weiter an, anstatt wie so oft von Traurigkeit und Verzweiflung überlagert zu werden. Ich erinnerte mich, wie ich Warren ein Jahr zuvor gefragt hatte, ob er dachte, wir würden je wieder Glück empfinden.

»Wir werden Momente der Freude und Zufriedenheit finden, aber Glück ist zu viel verlangt«, antwortete er. »Glück ist nichts, was wir je wieder fühlen werden.«

»Ich will nur wieder glücklich sein. Ich will fühlen, was andere Leute fühlen«, hatte ich damals entgegnet.

»Du schraubst deine Erwartungen zu hoch«, hatte er gesagt.

Jetzt, mit Kasey, hatte sich dieses Gefühl verändert. Wir waren voller Erwartungen und Hoffnung. Wir blickten nach vorn anstatt zurück.

»Mir hat gefallen, was du heute darüber gesagt hast, dass du ein gutes Leben für Kasey willst«, sagte ich zu Warren, während ich das Taufkleidchen aufhängte. »Aber gut ist nicht genug. Ich will großartig.«

Wir gingen beide zu ihrem Gitterbett, in dem sie nach ihrem langen, aufregenden Tag schnell eingeschlafen war. Sie hatte ein Lächeln im Gesicht. Wer wusste, wovon sie wohl träumte?

»Ich glaube, wir werden alles erleben«, sagte Warren, während er eine Hand ausstreckte, um ein Stofftier näher an sie heranzuschieben. »Binnen eines einzigen Tages werden wir Glück, Traurigkeit, Wut, Liebe und Schmerz empfinden, alles. Das wird in den nächsten zwanzig oder dreißig Jahren unser Leben sein.«

»Auch wenn Kasey hier ist, kann ich den Gedanken nicht ertragen, die Mädchen dreißig Jahre lang nicht wiederzusehen«, seufzte ich. »Ich wünschte, ich könnte kurz zum Himmel hochfliegen, um bei ihnen hereinzuschauen und mich zu vergewissern, dass es ihnen gut geht.«

»Es geht ihnen gut«, sagte Warren.

Anstatt mich mit ihm zu streiten, nickte ich. Ich hatte es weit gebracht. Ich nahm Kasey aus ihrem Gitterbett und gab ihr einen Kuss. Ich wollte sicherstellen, dass sie in jedem einzelnen Moment ihres Lebens wusste, dass sie geliebt wurde. Im Leben gibt es keine Zeit zu verschwenden.

Und dann wandte ich mich um und küsste Warren.

EPILOG

Werde ich meine Mädchen im Himmel wiedersehen? Ich muss glauben, dass ich es tun werde. Aber jetzt verstehe ich, dass ich ihnen an jedem Tag meines Lebens begegne. Kasey ist ihretwegen hier. Und ihre Seelen leben fort in der Güte der Menschen, die von ihnen berührt wurden und die sich darum kümmern, die Welt zu einem besseren Ort für all unsere Kinder zu machen. Ich sehe meine Mädchen, wenn ich in den Spiegel blicke, erinnere mich an ihre lächelnden Gesichter neben mir und weiß, wie ihre Liebe mich verändert hat. Ich sehe meine Mädchen jeden Tag in den Freunden, die so hart arbeiten, um die Hance-Familienstiftung zu einem Erfolg zu machen, damit sie Kindern, die auf dieser Erde noch immer zu kämpfen haben, Glück bringen kann.

Wir alle haben ein tiefes Bedürfnis, in entsetzlichen Ereignissen Sinn zu finden, und viele Leute haben mir gesagt, dass Kasey vielleicht dieser Sinn ist. Sie wird irgendetwas Wundervolles im Leben tun, das dem Verlust, der sie hierhergebracht hat, einen Zweck geben wird. Ich weiß nicht, ob ich noch an diese Art eines großen Weltenplans glaube, und ich würde nicht wollen, dass meine engelsgleiche Tochter das Gefühl hat, dass ihre Existenz diese Art kosmischen Erfolg verlangt. Auf einer viel einfacheren Ebene ist Kasey der Beweis dafür, dass es im Leben nur eine Richtung gibt, in die wir uns bewegen sollten – und zwar vorwärts. Wir haben weniger Entscheidungsmöglichkeiten, als wir glauben, aber zugleich auch mehr. Ich hatte keine Wahl bei dem, was am

26. Juli passiert ist. Und ich habe lange gebraucht, um zu begreifen, dass das Einzige, was ich beherrschen konnte, die Art und Weise war, wie ich danach jeden Tag lebte.

Die Leute sagen mir oft: »Ich hätte nicht überleben können, was Sie überlebt haben.« Aber sie täuschen sich. Ich weiß nicht, wie Warren und ich es geschafft haben. Ich bin nicht stärker oder mutiger als irgendjemand sonst. Ich war nur eine gewöhnliche Frau, als meine Welt auf einmal aus den Fugen geriet. Wenn Leute, die selbst eine schwere Zeit durchmachen, sich heute Hilfe suchend an mich wenden, habe ich nur einen ganz einfachen Rat: Achten Sie darauf, dass Sie sich um sich selbst kümmern. Gehen Sie jeden Tag an die Sonne. Atmen Sie frische Luft und verlassen Sie das Haus. Tun Sie etwas, was Sie glücklich macht – für mich heißt das, mit meinen Freundinnen Kaffee trinken, shoppen gehen, mir die Haare machen lassen. Treiben Sie Sport, denn Sie müssen stark sein für die Trauer, die Sie womöglich durchmachen. Sie verlangt Ihnen viel ab.

Drei Jahre danach habe ich noch immer keine Erklärung für den tragischen Unfall, der mir meine Kinder genommen hat. Ein Zufall, ein Unglück, eine Laune des Schicksals. Letztendlich akzeptiere ich, dass es eine Willkür des Lebens gibt und dass Gott mich nicht bestraft hat. Meine Kinder wurden mir genommen, aber mir wurde alles gegeben, was ich zum Überleben brauchte – ein Ehemann, der mich liebt, Freunde und Familienangehörige, die mich mit Schutz und Fürsorge umgaben. Dr. Rosenwaks tauchte auf, um mir noch eine Chance aufs Leben zu geben. Und dann bekam ich Kasey.

Ein paar Wochen nach Kaseys Taufe bereiten rund vierhundert freiwillige Helfer den Familienspaßtag vor. Erst in seinem dritten Jahr, scheint der Familienspaßtag bereits eine lange Tradition in unserer Stadt zu sein. Warren arbeitet drei Tage durch, um sicherzustellen, dass alles klappt – er ist fast rund um die Uhr in den Centennial Gardens und beaufsichtigt Teams und errichtet neue Jahrmarktstände.

Am Samstagmorgen drängen sich fünfzehnhundert Erwachsene und Kinder an den Startlinien für die Rennen. Leute laufen in Teams, und wir verleihen Preise an das eifrigste Team und die größten Spendenbeschaffer. Ich lächele beim Anblick einiger Mädchen von dem örtlichen Tanzstudio, die in Ballettröckchen und T-Shirts laufen, auf denen »Emma, Alyson und Katie« steht. Eine andere Gruppe trägt T-Shirts, auf denen »Die schönen Schmetterlinge« steht, mit Flügeln, die an ihren Rücken befestigt sind. Ich sehe zu, wie alle zusammenkommen, um durch unsere Stadt zu laufen und ihre Unterstützung zum Ausdruck zu bringen, so wunderschön symbolisch und so völlig echt zugleich.

An jenem Nachmittag kommen dreitausendfünfhundert Leute für die Aktivitäten des Familienspaßtags zurück zu den Centennial Gardens, von Schlammrutschen über Gesichtsbemalungen bis zu Jahrmarktspielen. Wir haben Livemusik und Irish Dancers, einen DJ in der Kinderecke, fabelhafte Tombolapreise und Kinder, die ausschwärmen, um sich bei Katies Kostümverleih, Emmas Budenzauber und Alys Kunstgalerie zu amüsieren.

»Was für ein wundervoller Tag!«, sagen immer wieder Leute zu mir, während ich von einer Veranstaltung zur nächsten schlendere. Meine Mom bringt Kasey für eine Weile in den Park, und ich schiebe ihren Kinderwagen über das Gras. Wie jedes Jahr hält Warren eine kurze Ansprache, und dann spielt er seine Lieblingsaufnahme des Judy-Garland-Klassikers »Somewhere Over the Rainbow«.

Der ganze Park verfällt für ein paar Augenblicke in Schweigen, während Judy Garlands herrliche Stimme den Mainachmittag erfüllt. Ich betrachte all die Familien, die zusammengekommen sind, und ich bemerke, wie Eltern die Arme um ihre Kinder legen und ein paar Leute Tränen vergießen. Aber die meisten lächeln angesichts dieses wunderschönen Tages. Wie Kasey würde es auch diesen Tag, an dem Familien voller Liebe und Freude zusammenkommen, nicht geben, wenn die Tragödie nicht passiert wäre. Aber wir müssen das Gute im Leben annehmen, egal, aus welcher Quelle es kommt.

Someday I'll wish upon a star
And wake up where the clouds are far
Behind me …

Eines Tages werde ich einen Wunsch hinauf zu einem Stern schicken,
Und dort aufwachen, wo ich die Wolken
Weit hinter mir lassen kann …

Ich sehe hoch zu dem sonnigen Himmel und denke an Emma, Alyson Katie, Kasey, Warren und mich, und wie wir alle eines Tages wieder zusammen sein werden. Hinter dem Regenbogen.

Danksagung

Warren, du bist der stärkste Mensch, den ich je kennengelernt habe. Dein Schmerz ist so tief, und doch hast du nie aufgehört, ein Vater, Freund und vor allem ein Ehemann zu sein. Du hast unsere Mädchen wundervolle Werte wie Loyalität, Aufrichtigkeit und Fleiß gelehrt. Mein größter Wunsch ist, dass du Frieden findest und unsere Töchter irgendwann wieder umarmen kannst. Wie glücklich können wir uns schätzen, Kasey zu haben, die wieder Sonnenschein und Liebe in unser Leben gebracht hat. Deine fünf Mädchen werden dich ewig lieben.

Mom, danke, dass du mich Mitgefühl und Vergebung gelehrt hast. Du bist ein echter Superstar und wirst es immer sein. Ich bekomme meine Kraft von dir. Dad, ich liebe und vermisse dich. Du bist der großzügigste Mensch, den ich kenne, und von dir habe ich gelernt, was es heißt, ein guter Freund zu sein. Du hast ein riesiges Herz.

Stephen, mein Bruder und Freund, du hast meine Hand gehalten, seit wir Kinder waren, und du wirst immer mein Fels in der Brandung sein. Mark, du hast ein ebenso großes Herz wie Dad, und ich danke dir, dass du die Mädchen ebenso sehr liebst wie ich. Ich freue mich, dass du die wundervolle Familie hast, die du immer verdient hast.

Mr. Hance, Warrens Dad, du bist stets ein wundervolles Beispiel an Selbstlosigkeit und ein Vorbild für deine Kinder und Enkelkinder gewesen.

John und David, Warren kann sich glücklich schätzen, euch als Brüder zu haben. Wir sind dankbar für euch beide. David, die zwei Jahre mit den Wochenenden, die du bei uns zu Hause verbracht hast, haben wirklich etwas ausgemacht.

Sheila und Mike, Dan und Sarah, Amy und Kristie, Jeff und Michele, Caroline, Emma, Maggie, Lori und Melanie, danke, dass ihr bei jedem Geburtstag und jeder Veranstaltung der Stiftung an unserer Seite seid. Cassie, du hast meine Rufe gehört und bist immer gekommen, wenn ich dich gebraucht habe, egal, zu welcher Tageszeit.

Cortney, Kara und Tiffany, meine Jersey-Mädchen, ihr seid meine Freundinnen fürs Leben, meine Schwestern. Wir haben alle Augenblicke, gute und schlechte, miteinander geteilt. Danke, dass ihr euch nie habt aufhalten lassen, um an meiner Seite zu sein.

Isabelle, Jeannine und Melissa, ich liebe euch und fühle mich gesegnet, euch als Freundinnen zu haben. Ihr seid meine Familie. Ohne jede Einzelne von euch wäre ich nicht dort, wo ich heute bin. Eure Liebe zu meinen Mädchen ist wunderschön. Es bereitet mir so viel Frieden, zu wissen, wie viel Liebe sie von euch bekommen haben und noch immer bekommen.

Meiner Laufgruppe – Bernadette, Carrie, Una und Kerry – danke ich dafür, dass ihr nie ein Nein als Antwort akzeptiert und fast jeden Morgen vor Sonnenaufgang vor meiner Tür gestanden habt. Das Laufen hat mir das Gefühl gegeben, normal zu sein, und einen Grund, meinen Tag in Angriff zu nehmen. Ohne euch wäre ich vielleicht ewig im Bett geblieben, aber das habt ihr nie zugelassen.

Karen, ich danke dir für deine Hingabe und Freundschaft und dafür, dass du die Dienstage so wichtig gemacht hast. Denine, danke, dass du jeden Montagabend zu mir nach Hause gekommen bist und dass du mir, nach Kaseys Geburt, Frieden, Schlaf und Zeit geschenkt hast, um mein Selbstvertrauen als Mom wiederzufinden. Tara, du hast mich zu Charlottes Patin gemacht, als ich nicht glaubte, bereit dafür zu sein, und das hat mir so viel bedeutet. Ich danke meinen vielen Freundinnen in Floral Park, darunter Heather, Maria, Liz, Stephanie, Tricia, Kathy, Jane, Jen und so vielen anderen. Es war unglaublich freundlich von euch, stets mit Essen, Beistand und Gelächter vor meiner Tür zu stehen. Ihr wusstet immer, wie ihr mich aufmuntern konntet. Maria und Anthony, wir freuen uns so über die Heiligabend-Tradition, die ihr uns geschenkt habt.

Laura, Tia, Gina, Kathy, Libby und Desi, euch als Nachbarinnen und Freundinnen zu haben hat Warren und mir so viel Trost gespendet, und zu wissen, dass meine Mädchen eine wundervolle Zeit hatten, als sie hier lebten, gibt meinem Herzen ein klein wenig Frieden. Laura, wir werden nie vergessen, dass du öfter zu uns herübergelaufen bist, als wir zählen könnten. Warren und ich sind dir so dankbar für alles, was du tust. Denine, du bist Warrens rechte Hand, und in seinem beruflichen und privaten Leben hast du ihn nie enttäuscht.

Meiner Gebetsgruppe danke ich dafür, dass ihr mir geholfen habt, zur Kraft der Fürbitte zurückzufinden. Ihr heißt mich immer mit offenen Armen willkommen, und ich gehe jedes Mal mit einem Gefühl von Ruhe von euch fort.

Dr. Rosenwaks, Ihre Großzügigkeit hat mein Leben verändert – oder es vielleicht gerettet.

Bernadette und Kate, danke für eure Vision und euer außerordentliches Engagement für die Stiftung. Ich danke den Vorstandsmitgliedern – eure Hingabe und Liebe ist wirklich fantastisch, und ihr habt in eurem Engagement für unsere Mission nie nachgelassen. Ich danke den Vorstandsmitgliedern von »Beautiful Me«, vor allem Liz und Peggy – eure Selbstlosigkeit bedeutet so viel. Danke, dass ihr so vielen Menschen das Gefühl gebt, innerlich und äußerlich schön zu sein.

Ich werde jedem Einzelnen aus unserer Gemeinde und anderswo stets dankbar sein, der ehrenamtlich für die Stiftung arbeitet, Veranstaltungen besucht und seine Zeit spendet. Zeit ist ein Geschenk von unschätzbarem Wert; das weiß ich ganz sicher.

Jen Bergstrom, danke, dass Sie sich so sorgfältig um meine Geschichte und dieses Buch gekümmert haben. Ihre Einfühlung und Hingabe haben das alles erst möglich gemacht. Ich danke außerdem Louise Burke, Carolyn Reidy, Michael Selleck, Jennifer Robinson, Alex Lewis, Kate Dresser, Kiele Raymond und dem ganzen tollen Team bei Gallery Books für alles, was ihr getan habt.

Janice, du hast meine Gedanken zu Papier gebracht und mir geholfen, zu heilen. Danke, dass du während dieser ganzen Reise, auf der ich den Weg zurück ins Leben gefunden habe, meine Hand gehalten hast. Dieses Buch mit dir zu schreiben fühlt sich wie ein Geschenk von den Mädchen an. Du hast für dieses Projekt alles von dir gegeben und mir immer ein Gefühl von Sicherheit und Stolz vermittelt. Deine Wärme und dein Engagement haben mir geholfen, es anderen Leuten zu ermöglichen, meine schönen Mädchen kennenzulernen.

Und vor allem danke ich Emma, Alyson und Katie. Ihr seid der Grund, zu dem ich auf diese Erde gestellt wurde, und der Sinn, weshalb ich hier bin. Die Liebe und das Gelächter, die wir geteilt haben, haben mir mehr Freude bereitet, als ich mir in einem ganzen Leben je vorstellen könnte. Ich würde alles geben, um ein letztes Mal die Arme um euch legen zu können. Ich bin die stolzeste Mommy auf der ganzen Welt. Danke, dass ihr nie von meiner Seite gewichen seid. Es war mir nicht immer bewusst, aber ihr habt mich nicht eine Sekunde verlassen.

Kindesmissbrauch in einer Sekte

Natacha Tormey
EUER TRAUM WAR MEINE HÖLLE
Als Kind misshandelt und missbraucht in einer Sekte
Aus dem Englischen von Magdalena Breitenbach
288 Seiten
ISBN 978-3-404-60816-4

Natachas Eltern sind echte Hippies, sie träumen von der freien Liebe und dem Weltfrieden. Naiv lassen sie sich von der Sekte *Children of God* anwerben – so wird ihre Tochter Natacha in die Sekte hineingeboren, ebenso wie ihre Geschwister. Ein normales Familienleben wird Natacha nie kennenlernen. Die Sekte propagiert die freie Liebe, auch mit Kindern! Getrennt von ihren Eltern, sind Natacha und ihre Geschwister dem Missbrauch durch fremde „Onkel" und „Tanten" schutzlos ausgeliefert …

Bastei Lübbe

Werde Teil der Bastei Lübbe Welt
You Tube
www.luebbe.de/Meinewelt
Lesen, rezensieren, Bücher gewinnen
Lerne Autoren, Verlagsmitarbeiter und andere Leser kennen